生态环境产教融合系列教材

低碳经济概论

主　编　赵忠宝　李克国

副主编　代　伟　杨　卓　齐海云　陈　婧　薛忠财

中国环境出版集团·北京

图书在版编目（CIP）数据

低碳经济概论 / 赵忠宝，李克国主编 ；代伟等副主
编. -- 北京 ：中国环境出版集团，2025. 7. --（生态
环境产教融合系列教材）. -- ISBN 978-7-5111-6136-9

Ⅰ. F062.2

中国国家版本馆 CIP 数据核字第 2024NA7347 号

策划编辑　曹　玮
责任编辑　王　洋
封面设计　宋　瑞

出版发行　**中国环境出版集团**
　　　　　（100062　北京市东城区广渠门内大街 16 号）
　　　　　网　　　址：http://www.cesp.com.cn
　　　　　电子邮箱：bjgl@cesp.com.cn
　　　　　联系电话：010-67112765（编辑管理部）
　　　　　　　　　　010-67113412（第二分社）
　　　　　发行热线：010-67125803，010-67113405（传真）
印　　刷　北京中科印刷有限公司
经　　销　各地新华书店
版　　次　2025 年 7 月第 1 版
印　　次　2025 年 7 月第 1 次印刷
开　　本　787×1092　1/16
印　　张　14.75
字　　数　340 千字
定　　价　69.00 元

生态环境产教融合系列教材编委会

（按拼音排序）

主　任：李晓华（河北环境工程学院）

副主任：耿世刚（河北环境工程学院）
　　　　张　静（河北环境工程学院）

编　委：曹　宏（河北环境工程学院）
　　　　崔力拓（河北环境工程学院）
　　　　杜少中（中华环保联合会）
　　　　杜一鸣［金色河畔（北京）体育科技有限公司］
　　　　付宜新（河北环境工程学院）
　　　　高彩霞（河北环境工程学院）
　　　　冀广鹏（北控水务集团）
　　　　纪献兵（河北环境工程学院）
　　　　靳国明（企美实业集团有限公司）
　　　　李印杲（东软教育科技集团）
　　　　潘　涛（北京泷涛环境科技有限公司）
　　　　王喜胜（北京京胜世纪科技有限公司）
　　　　王　政（河北环境工程学院）
　　　　薛春喜（秦皇岛远中装饰工程有限公司）
　　　　殷志栋（河北环境工程学院）
　　　　张宝安（河北环境工程学院）
　　　　张军亮（河北环境工程学院）
　　　　张利辉（河北环境工程学院）
　　　　赵文英（河北正润环境科技有限公司）
　　　　赵鱼企（企美实业集团有限公司）
　　　　朱溢镕（广联达科技股份有限公司）

生态环境产教融合系列教材
总　序

　　培养大批应用型人才是贯彻落实党中央、国务院关于教育综合改革决策部署的必要之举，产教融合是高等学校培养应用型人才的必由之路。2017 年，国务院办公厅印发《关于深化产教融合的若干意见》（国办发〔2017〕95 号），明确要求深化职业教育、高等教育等改革，发挥企业重要主体作用，促进人才培养供给侧和产业需求侧结构与要素全方位融合，培养大批高素质创新人才和技术技能人才。深入推进产教融合在解决教育链与产业链脱节问题，将最新理论和技术落实落地，打破产业发展瓶颈，提升高校应用型人才培养质量等方面具有重要意义。

　　教材作为知识的载体，体现了人才培养目标的要求，是开展教学的基本工具，更是人才培养质量的重要保证。面对应用型人才培养的要求，教材改革迫在眉睫。目前在应用型人才培养过程中普遍缺乏合适的教材，往往借用原有的普通本科教材，其教学要求、教学内容和教学模式，都不适用于强调实践能力的应用型人才培养，难以实现应用型人才的培养目标；有些应用型教材地域性过于明显，或不成体系，限制了学生对行业整体性的了解。因此，面对行业产业需求，将专业教育链与对应的产业链有机衔接，编写兼具适用性和实用性的应用型系列教材非常迫切，并具有重要的现实意义。

　　党的二十大提出建设人与自然和谐共生的现代化；2023 年 12 月中共中央、国务院发布了《关于全面推进美丽中国建设的意见》，明确了要加快形成以实现人与自然和谐共生现代化为导向的美丽中国建设新格局。贯彻落实习近平生态文明思想，加快形成绿色低碳生产生活方式，把建设美丽中国转化为社会行为自觉，已成为新时代发展的必然趋势。高等学校是人才培养、文化传承的重要阵地，在美丽中国建设中，要承担起培养生态文明建设人才、传播生态文明思想、提高全民生态文明素质的重任。面对生态文明建设的新形势和美丽中国建设的明确要求，培养适应生态文明建设需要的应用型、复合型、创新型人才非常迫切。因为生态环境问题的交叉性、系统性和复杂性，在各行各业、生产生活各领域都存在生态环境问题，所以生态环境问题的解决不是某一个行业的事情。这样就使生态环境人才的培养具有两方面特点：一方面具有鲜明的应用型特点，要能够解决各行各业、各个领域的环境问题，另一方面具有交叉复合型特点，培养生态环境人才不仅仅是生态环境类专业独有的任务。因此，高等学校要站在将生态文明建设纳入"五位一体"总体布局的高度，将专业人才培养链与行业产业的生态环境需求有机衔接，培养生态文明建设需要的应用型人才。所以，开发针对各行各业生态环境问题的产教融合系列教材迫在眉睫。

河北环境工程学院前身是中国环境管理干部学院，由中国环保事业的奠基者曲格平先生创建，是中国最早开展环境教育的高校之一。建校40余年来，学校历经环保干部轮训、环保局长岗位培训、成人高等教育、高职教育、本科教育，为环保事业源源不断地输送了大批中坚和骨干力量。学校在我国环保事业发展的各个阶段都发挥了重要作用，其发展历程见证了中国环境保护事业的发展历程，长期以来被誉为环保系统的"黄埔军校"。近几年，学校坚持应用型办学定位，以绿色低碳高质量发展需求为导向，优化学科专业结构，建设与行业产业需求有机衔接的专业集群，以产教融合为人才培养主要路径，建立产教融合协同育人的有效机制；以培养高素质应用型人才为根本目标，建立"跨学科交叉、校政企共育共管、多元协同促教"的应用型人才培养模式，改革课程体系和教育教学方法。其中，以课程建设为突破口，以产教融合应用型教材开发为抓手，针对生态环境类专业，梳理生态环保行业的需求，校企合作编写应用型教材；针对非生态环境类专业，梳理其对应的行业产业相应的绿色低碳发展需求，跨学科、跨行业校企合作开发相关教材。通过几年的实践探索，校企合作开发了这套生态环境产教融合系列教材，以期解决高等学校生态环境应用型人才培养缺乏适用教材的问题。

本系列教材以习近平生态文明思想为指导，坚持绿色低碳发展理念，覆盖多学科门类和行业产业领域，具有鲜明的生态环境特色。系列教材中的环境类专业课程教材，直接与生态环境保护产业链相关领域结合，培养服务生态环保行业的应用型人才；系列教材中的非环境类专业课程教材，针对其行业产业链中存在的生态环境相关问题，有针对性地将绿色低碳理念融入教材教学内容，奠定学生坚实的生态文明职业素养。在具体的教材建设环节，成立了由高校"双师型"教师及行业企业一线具有丰富生产经验的专家组成的教材编写组，充分发挥校企合作双主体优势，立足于企业现实岗位中的具体工作过程，采取案例式、任务式、项目式教学设计模式，将企业先进的生产技术、管理理念和课程思政等教育元素融入教材，真正实现教材内容与企业具体岗位的需要全面融合，全方位保证了教材的适应性。本系列教材填补了全国生态环境产教融合应用型系列教材的空白，可供各普通本科院校、职业院校的生态环境类专业学生使用；同时，对非生态环境类专业，应开设与生态环境相关的课程，也可选取系列教材中相关的教材使用。

前　言

在全球气候治理加速重构与中国"双碳"战略全面推进的背景下，本书基于2011 年版《低碳经济概论》框架，深度融合近十五年全球低碳转型实践与中国生态文明建设成果，系统回应"双碳"目标下全球经济高质量发展的政策和技术路径。

21 世纪以来，全球气候变化从科学议题演变为关乎人类生存与发展的核心挑战。温室气体排放导致的极端天气频发、生态系统退化、粮食安全危机等问题，深刻揭示了传统高碳发展模式的不可持续性。在此背景下，低碳经济作为一种以低能耗、低污染、低排放为核心的可持续发展范式，成为全球应对气候变化、重塑经济增长逻辑的必然选择。

2015 年《巴黎协定》提出把全球平均气温较工业化前水平升高控制在 2℃以内的目标，标志着全球经济活动开始向绿色、低碳、可持续转型。作为全球最大的发展中国家和碳排放国，中国在低碳经济转型中肩负双重使命。2020 年，习近平主席向世界庄严承诺"二氧化碳排放力争于 2030 年前达到峰值，努力争取2060 年前实现碳中和"，这一"双碳"目标不仅彰显大国责任，更倒逼中国经济结构与能源体系深度变革。

本教材共 8 章，分别是低碳经济概述、低碳产业、发展低碳经济的技术支撑体系、低碳政策体系、碳排放核算、碳市场、低碳城市建设、低碳生活。书后列有低碳经济政策汇编（附录）。全书由河北环境工程学院赵忠宝、李克国、代伟、杨卓、齐海云、陈婧和河北民族师范学院薛忠财共同编写。第 1 章、第 6 章由李克国编写；第 2 章由薛忠财编写；第 3 章由杨卓编写；第 4 章由陈婧编写；第 5 章由代伟编写；第 7 章由齐海云编写；第 8 章由赵忠宝编写，低碳经济政策汇编由赵忠宝整理。全书由赵忠宝、李克国拟定编写大纲，并负责统稿。另外，在教材编写过程中得到了中国环境出版集团编辑曹玮、王洋的悉心帮助，在此一并表示衷心感谢。

　　本教材可作为高等院校环境科学、环境工程、环境生态工程、管理学、经济学等专业的教学用书，也可供从事环境保护专业的工作者参考阅读。低碳经济属于交叉学科，涉及不同学科领域。由于编者时间与水平有限，书中难免存在疏漏和错误之处，敬请广大读者批评指正。

编　者

2024 年 8 月

目　录

第 1 章　低碳经济概述

【学习目标】发展低碳经济是应对气候变化的有效措施，本章主要介绍低碳经济的产生与发展、低碳经济理论、碳达峰碳中和与低碳经济发展等内容。通过本章学习，应该掌握以下内容：①低碳经济的概念与发展低碳经济的意义；②低碳经济发展概况；③低碳经济理论基础；④低碳经济发展的重点领域与发展路径。

气候变化是当前最为突出的全球性环境问题之一，全球气候正在显著变暖，20 世纪中叶以来，全球平均温度增速达 0.15℃/10 a，未来气候变暖仍将持续，气候变化的不利影响和风险将不断加剧。

国际社会日益认识到气候变暖给人类当代及未来生存与发展带来的严重威胁和挑战，采取积极措施应对气候变化已成为全球共识。

党的二十大报告明确提出，中国式现代化是人与自然和谐共生的现代化，深刻指明推动经济社会发展绿色化、低碳化是实现高质量发展的关键环节。习近平总书记在 2023 年全国生态环境保护大会上指出，要加快推动发展方式绿色低碳转型，坚持把绿色低碳发展作为解决生态环境问题的治本之策，加快形成绿色生产方式和生活方式，厚植高质量发展的绿色底色。

国内外经验证明，发展低碳经济是应对气候变化的有效措施，本章将介绍低碳经济的基本知识。

1.1　低碳经济的产生与发展

1.1.1　低碳经济的产生背景

1.1.1.1　气候变化及其影响

气候变化是指气候平均状态统计学意义上的巨大改变或者持续较长一段时间（典型的为 10 年或更长）的气候变动。《联合国气候变化框架公约》（UNFCCC）第一款中，将"气候变化"定义为："经过相当一段时间的观察，在自然气候变化之外由人类活动直接或间接地改变全球大气组成所导致的气候改变。"

1988 年 11 月，世界气象组织（WMO）和联合国环境规划署（UNEP）联合建立了联合国政府间气候变化专门委员会（IPCC），就气候变化问题进行科学评估。IPCC 分别于 1990 年、1995 年、2001 年、2007 年、2014 年、2023 年发布了 6 次气候变化评估报告。2023 年，IPCC 发布的第 6 次气候变化评估报告指出：人类活动毋庸置疑导致全球变暖。相较于工业化前的地表温度，2011—2020 年全球平均地表温度升高了 1.1℃。全球温室气体排放主要来自能源领域、工业领域、交通领域、农业、林业和其他土地利用领域以及建筑领域。

全球气候正在显著变暖。20 世纪中叶以来，全球平均温度增速达 0.15℃/10 a，预计到 21 世纪中期，气候系统的变暖仍将持续，气候变化的不利影响和风险将不断加剧。与全球气候变化整体趋势一致，我国气温上升明显，1951—2020 年平均气温上升速率达 0.26℃/10 a，高于同期全球平均水平。

我国近百年的气候也发生了明显变化：一是近百年来，中国年平均气温升高了 0.5～0.8℃，略高于同期全球增温平均值。二是近百年来，中国年均降水量变化趋势不显著，但区域降水变化波动较大。三是近 50 年来，华北地区和东北地区干旱趋重，长江中下游地区和东南地区洪涝加重。四是近 50 年来，中国沿海海平面年平均上升速率为 2.5 mm。五是中国山地冰川快速退缩，并有加速趋势。

全球气候变化会导致冰川消融加快、海平面上升、热带雨林减少、部分动植物消失、极端天气更加频繁、气候难民增加等危害。《中国应对气候变化国家方案》将气候变化对中国的影响归纳为以下几个方面：

1）对农牧业的影响。粮食作物减产、农业生产布局和结构将出现变动、农业成本增加、潜在荒漠化趋势增大、家畜疾病的发病率提高。

2）对生态系统的影响。森林类型的分布北移、森林生产力和产量呈现不同程度的增加、森林火灾及病虫害发生的频率和强度可能增加、内陆湖泊和湿地加速萎缩、冰川与冻土面积将加速减少、积雪量可能出现较大幅度减少、对物种多样性构成威胁。

3）对水资源的影响。北方的宁夏、甘肃等部分省（区）多年平均径流量可能明显减少，水资源短缺矛盾可能加剧。南方的湖北、湖南等地的洪涝和干旱灾害可能显著增加。

4）对海岸带的影响。沿岸海平面仍将继续上升，台风和风暴潮等自然灾害的概率增大，海岸侵蚀加重，滨海湿地、红树林和珊瑚礁等典型生态系统损害程度也将加大。

5）对其他领域的影响。气候变化可能引起热浪频率和强度增加，由极端高温事件引起的死亡人数和严重疾病患者将增加。气候变化可能增加疾病的发生和传播机会，增加心血管病、疟疾、登革热和中暑等疾病发生的程度和范围，危害人类健康。同时，气候变化伴随的极端天气气候事件及其引发的气象灾害增多，对大中型工程项目建设的影响加大，也可能对自然和人文旅游资源以及某些区域的旅游安全等产生重大影响。另外，由于全球变暖，将加剧空调制冷电力消费的增长趋势，对保障电力供应带来更大的压力。

1.1.1.2　全球应对气候变化的实践

气候变化是国际社会普遍关心的重大全球性问题。气候变化既是环境问题，也是发展问题。为了应对气候变化，人类进行了不懈努力。1972 年 6 月 5—16 日在瑞典首都斯德哥尔摩召开了联合国人类环境会议，这次会议第一次把环境问题提到全球议事日程，开启了关于环境问题的国际性对话、合作和讨论，环境问题正式成为国际性事务。

1992 年 6 月 3—14 日，联合国在巴西里约热内卢召开了联合国环境与发展大会，全球 183 个国家参加，有 102 位国家元首或首脑参加这次会议。在这次会议上，150 多个国家签署了《联合国气候变化框架公约》。这是世界上第一个为全面控制二氧化碳等温室气体排放、应对全球气候变暖给人类经济和社会带来不利影响的国际公约。《联合国气候变化框架公约》的目标是减少温室气体排放，减少人为活动对气候系统的危害，减缓气候变化，增强生态系统对气候变化的适应性，确保粮食生产和经济可持续发展。《联合国气候变化框架公约》确立了 5 个基本原则：一是"共同但有区别的责任"的原则，要求发达国家应率先采取措施，应对气候变化；二是要考虑发展中国家的具体需要和国情；三是各缔约方应当采取必要措施，预测、防止和减少引起气候变化的因素；四是尊重各缔约方的可持续发展权；五是加强国际合作，应对气候变化的措施不能成为国际贸易的壁垒。

2015 年 12 月在法国巴黎召开的《联合国气候变化框架公约》第 21 次缔约方大会（COP21）上达成了《巴黎协定》，2016 年 4 月 22 日《巴黎协定》签署仪式上有 175 个缔约方签字，该协定于 2016 年 11 月 4 日生效。《巴黎协定》共 29 条，主要内容：①确立了全球长期目标是将全球平均升温控制在工业革命前的 2℃以内，争取控制在 1.5℃。②国家自主决定贡献（INDC）就是各国根据各自经济和政治状况自愿作出的减排承诺，并随时间推移而逐渐增加。③每 5 年进行一次全球盘点的升级更新机制，即"以全球盘点为核心，以 5 年为周期"的升级更新机制。④重申"共同但有区别的责任"原则。⑤强调经济发展的低碳转型协定，"强调气候变化行动、应对和影响与平等获得可持续发展和消除贫困有着内在的关系"，实现"气候适宜型的发展路径"。⑥采用"阳光条款"。各国根据各自经济和政治状况自愿作出"国家自主决定贡献"减排承诺，接受社会监督，各国都要遵循"衡量、报告和核实"的同一体系。

自 1994 年 3 月 1 日生效以来，《联合国气候变化框架公约》缔约方每年召开会议（2020 年因疫情未召开），以评估应对气候变化的进展。《联合国气候变化框架公约》缔约方会议如表 1-1 所示。

表 1-1　《联合国气候变化框架公约》缔约方会议

时间	地点	主要成就
COP 1 1995 年 3—4 月	德国柏林	通过了《柏林授权书》，同意就 2000 年后应对气候变化的行动进行谈判，以期最迟于 1997 年签订一项协议书明确规定在一定期限内发达国家所应限制和减少的温室气体排放量

时间	地点	主要成就
COP 2 1996 年 7 月	瑞士日内瓦	就"柏林授权"所涉及的"议定书"起草问题进行讨论，未获一致意见
COP 3 1997 年 12 月	日本京都	通过《京都议定书》，规定 2008—2012 年，工业发达国家温室气体排放量在 1990 年的基础上减少 5.2%，其中欧盟削减 8%，美国削减 7%，日本削减 6%。《京都议定书》规定了国家间进行排放额度排放权交易、以净排放量计算温室气体排放量、绿色开发机制和集团方式完成减排任务四种灵活的碳减排方式
COP 4 1998 年 11 月	阿根廷布宜诺斯艾利斯	发展中国家集团分化为 3 个集团，一是环境脆弱、易受气候变化影响，自身排放量很小的小岛屿国家联盟（AOSIS），自愿承担减排目标；二是期待以清洁发展机制（CDM）获取外汇收入的国家，如墨西哥、巴西和最不发达的非洲国家；三是中国和印度，坚持本国发展权利，不承诺减排义务
COP 5 1999 年 10—11 月	德国波恩	通过了《联合国气候变化框架公约》附件一所列缔约方国家信息通报编制指南、温室气体清单技术审查指南、全球气候观测系统报告编写指南，并就技术开发与转让、发展中国家及经济转型期国家的能力建设问题进行了协商
COP 6 2000 年 11 月 2001 年 7 月	分别在荷兰海牙、德国波恩召开	谈判形成了欧盟-美国-发展中大国（中国、印度）的三足之势，美国强制要求减少其排放额度，会议僵持不下。美国布什政府退出《京都议定书》，日本与欧盟等联合通过了"没有美国参加的妥协方案"
COP 7 2001 年 10 月	摩洛哥马拉喀什	通过了《马拉喀什协定》。该协定为《京都议定书》附件一缔约方批准《京都议定书》并使其生效铺平了道路
COP 8 2002 年 10 月	印度新德里	通过了《德里宣言》，强调抑制气候变化必须在可持续发展的框架结构内进行，敦促工业化国家在 2012 年年底以前把温室气体的排放量在 1990 年的基础上减少 5.2%
COP 9 2003 年 12 月	意大利米兰	美国 2001 年退出公约，俄罗斯拒绝批准其议定书，致使该议定书不能生效。为了遏制气候变化，会议通过了约 20 条具有法律约束力的环保决议
COP 10 2004 年 12 月	阿根廷布宜诺斯艾利斯	围绕《联合国气候变化框架公约》生效 10 周年来取得的成就和未来面临的挑战、气候变化带来的影响、温室气体减排政策以及技术转让、资金机制、能力建设等重要问题进行了讨论
COP 11 2005 年 11 月	加拿大蒙特利尔	最终达成了 40 多项重要决议，其中包括《京都议定书》新一阶段温室气体减排谈判，以进一步推动和强化各国的共同行动，切实遏制全球气候变暖的势头
COP 12 2006 年 11 月	肯尼亚内罗毕	达成"内罗毕工作计划"等决定，以帮助发展中国家提高应对气候变化的能力；在管理"适应基金"的问题上取得一致，基金将用于支持发展中国家具体的适应气候变化活动
COP 13 2007 年 12 月	印度尼西亚巴厘岛	会议通过了"巴厘岛路线图"，共有 13 项内容和 1 个附录。主要内容包括：①强调了国际合作。②把美国纳入进来。③强调了适应气候变化问题、技术开发和转让问题以及资金问题。④为下一步落实《联合国气候变化框架公约》设定了时间表
COP 14 2008 年 12 月	波兰波兹南	八国集团领导人就温室气体长期减排目标达成一致。八国寻求与其他缔约国共同实现到 2050 年将全球温室气体排放量减少至少一半的目标

时间	地点	主要成就
COP 15 2009 年 12 月	丹麦 哥本哈根	与会国达成《哥本哈根协议》，维护了各国应对气候问题"共同但有区别的责任"原则，就发达国家实行强制减排和发展中国家采取自主减缓行动作出了安排，但这一协议并无强制约束力，低于此前各界对此次会议的预期
COP 16 2010 年 11— 12 月	墨西哥坎昆	一是坚持了《联合国气候变化框架公约》《京都议定书》和"巴厘岛路线图"，坚持了"共同但有区别的责任"原则；二是就适应、技术转让、资金和能力建设等发展中国家关心问题的谈判取得了不同程度的进展
COP 17 2011 年 11—12 月	南非德班	大会通过决议，建立德班增强行动平台特设工作组，决定实施《京都议定书》第二承诺期并启动绿色气候基金。 在德班大会期间，加拿大宣布正式退出《京都议定书》
COP 18 2012 年 11— 12 月	卡塔尔多哈	通过了《京都议定书》修正案，评估了《联合国气候变化框架公约》长期合作工作组成果，并通过了有关气候变化造成的损失损害补偿机制等方面的多项决议
COP 19 2013 年 11 月	波兰华沙	本次会议主要取得三项成果：一是德班增强行动平台基本体现"共同但有区别的责任"原则；二是发达国家再次承认应出资支持发展中国家应对气候变化；三是就损失损害补偿机制问题达成初步协议，同意开启有关谈判
COP 20 2014 年 12 月	秘鲁利马	大会取得了三项主要成果：一是重申各国须在明年早些时候制定并提交2020 年后的国家自主决定贡献；二是在国家自主决定贡献中，适应方面的要素被提到更显著位置，国家可自愿将适应气候变化纳入自己的国家自主决定贡献中；三是会议产生了一份《巴黎协定》草案，作为 2015 年谈判起草《巴黎协定》文本的基础
COP 21 2015 年 11— 12 月	法国巴黎	达成《巴黎协定》，为 2020 年后全球应对气候变化行动作出安排。《巴黎协定》是在《联合国气候变化框架公约》下继《京都议定书》后第二份有法律约束力的气候协议，对全球应对气候变化有着重要意义
COP 22 2016 年 11 月	摩洛哥 马拉喀什	发表《马拉喀什行动宣言》：一是加强 2020 年之前应对气候变化的行动力度，落实《联合国气候变化框架公约》《京都议定书》及其修正案；二是明确各国应对气候变化自主贡献的落实情况；三是就《巴黎协定》实施的后续谈判给出"时间表"和"路线图"；四是发达国家应把 2020 年前每年向发展中国家提供 1000 亿美元资金支持落实到位；五是对绿色低碳发展道路作出安排
COP 23 2017 年 11 月	德国波恩	这次会议的主要任务是按照《巴黎协定》的要求，为 2018 年完成《巴黎协定》实施细则的谈判奠定基础，同时确认明年进行的促进性对话
COP 24 2018 年 12 月	波兰 卡托维兹	通过了长达 156 页的《巴黎协定》实施细则，对加强全球应对气候变化的行动力度作出进一步安排
COP 25 2019 年 12 月	西班牙 马德里	因谈判各方分歧严重，大会未就《巴黎协定》第六条实施细则谈判这项核心任务达成共识
COP 26 2021 年 10 月	英国 格拉斯哥	各缔约方最终完成了《巴黎协定》实施细则，包括市场机制、透明度和国家自主贡献共同时间框架等议题的遗留问题谈判
COP 27 2022 年 11 月	埃及 沙姆沙伊赫	通过了数十项决议，其中，建立损失与损害基金成为一大亮点，它将用于补偿气候脆弱国家因气候变化而遭受的损害
COP 28 2023 年 11— 12 月	阿联酋迪拜	成立了一个新的气候基金，就《巴黎协定》首次全球盘点达成共识，大会就《巴黎协定》首次全球盘点、减缓、适应、资金、损失与损害、公正转型等多项议题达成"阿联酋共识"，具有重要里程碑意义

1.1.2 低碳经济的产生

1.1.2.1 经济发展与碳排放

碳排放量增加是气候变化的主要根源，碳减排是应对气候变化的根本措施。历史上，工业化国家的碳排放具有一定规律：碳排放强度、人均碳排放量和碳排放总量均为倒"U"形曲线（图 1-1）。主要发达国家从碳排放强度高峰到人均碳排放量高峰之间所经历的时间在 24～91 年，平均为 55 年。

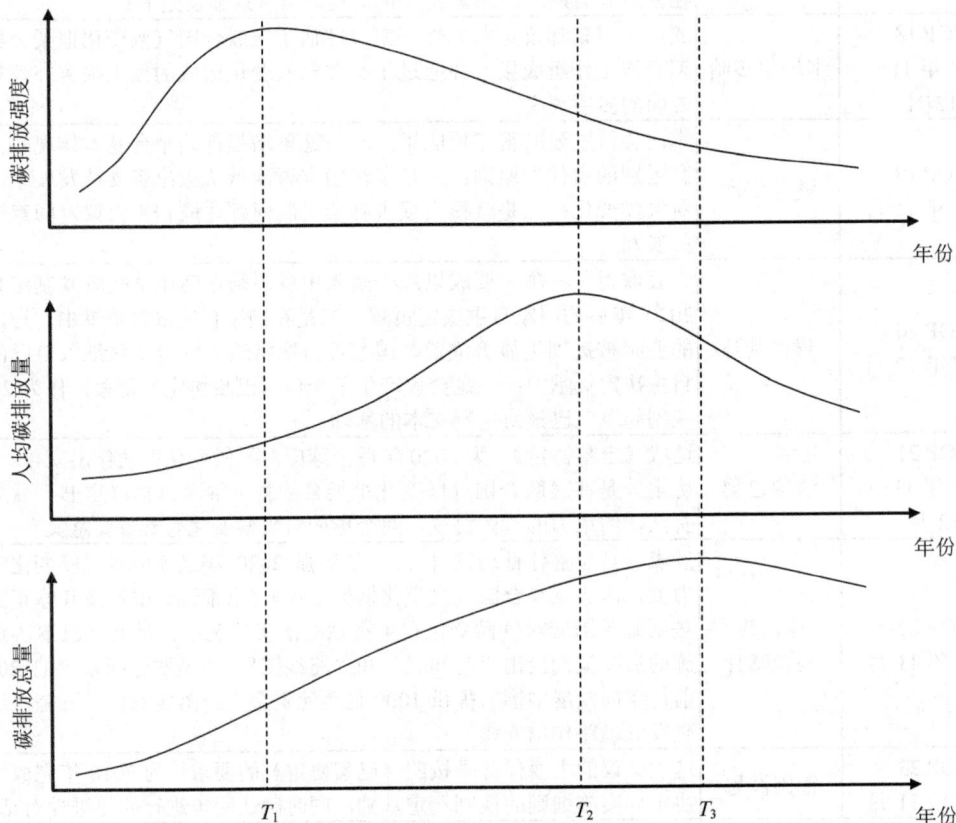

图 1-1 碳排放三大高峰变化示意

1.1.2.2 低碳经济

传统的经济增长模式导致全球气候变暖、资源枯竭和严重的环境污染，为了人类社会的可持续发展，必须对传统的经济增长方式进行改革。英国政府在能源白皮书《我们能源的未来——创建低碳经济》中首次提出了低碳经济的概念，期望英国到 2050 年建成低碳国家。

目前，低碳经济没有统一的定义。低碳经济是以低能耗、低污染、低排放为基础的经济模式，是人类社会继农业文明、工业文明之后的又一次重大进步。低碳经济实质是能源高效利用、清洁能源开发、追求绿色 GDP 的问题，核心是能源技术和减排技术创新、产业结构和制度创新以及人类生存发展观念的根本性转变（表 1-2）。

表 1-2　低碳经济定义梳理

定义出处/提出者	年份	定义
《我们能源的未来——创建低碳经济》	2003	低碳经济是指通过更少的自然资源消耗和环境污染获得更多的经济产出
［英］鲁宾斯德	2008	低碳经济是社会经济朝向高能效、低能耗和低碳排放的模式转型
张坤民	2008	低碳经济是提高碳生产，降低碳排放强度的一种经济模式
中国环境与发展国际合作委员会	2009	低碳经济是全新的经济、技术和社会体系
何建坤	2016	低碳经济是碳生产力和人文发展均达到一定水平的一种经济形态
周宏春	2022	低碳经济是以能源结构、经济结构低碳化为核心的发展模式

资料来源：王蓉，林芳竹. 低碳经济研究进展：可视化、演进和未来展望[J]. 辽宁大学学报（哲学社会科学版），2022，50（6）：43-53.

发展低碳经济是一场涉及生产模式、生活方式和国家权益的全球性革命。低碳经济是在不影响经济发展的前提下，通过技术创新和制度创新，降低能源和资源消耗，最大限度地减少温室气体和污染物的排放，实现减缓气候变化的目标，促进人类的可持续发展。人类能源利用的发展轨迹，就是一个从高碳时代逐步走向低碳时代的过程，从不清洁到清洁、从低效到高效、从不可持续走向可持续、从高碳经济走向低碳经济的过程。

从 2005 年开始，国内低碳经济领域的研究文献开始出现，数量逐渐呈递增趋势，2020 年"双碳"战略被提出，2021 年至今，有关低碳经济研究的中文文献数量增至每年近 200 篇。国内外低碳经济研究的高频关键词有"低碳转型""循环经济""绿色经济""碳金融"，相关概念与低碳经济的关系见表 1-3。

表 1-3　低碳经济的概念辨析

相关概念	关注重点	与低碳经济的关系
低碳转型	经济社会系统变革的重大战略工程	相较于低碳经济的效益，更加注重转型效果
循环经济	构建资源循环高效利用体系	低碳经济与循环经济都追求经济的可持续发展，但研究视角各有侧重
绿色经济	建立一种"可承受经济"	绿色经济包含低碳经济
碳金融	主要包括以限制气体排放为目的的投融资、碳排放权交易和银行贷款等金融活动	是为低碳经济提供服务的金融活动

资料来源：王蓉，林芳竹. 低碳经济研究进展：可视化、演进和未来展望[J]. 辽宁大学学报（哲学社会科学版），2022，50（6）：43-53.

正确理解低碳经济应该注意以下三点：第一，低碳经济是相对高碳经济而言的。因此，发展低碳经济的关键在于降低碳排放强度，通过碳捕集、碳封存、碳蓄积降低能源消费的碳强度，控制 CO_2 排放量的增长速度。第二，低碳经济是相对新能源而言的，是相对基于化石能源的经济发展模式而言的。因此，发展低碳经济的关键在于促进经济增长与由能源消费引发的碳排放"脱钩"，实现经济与碳排放错位增长（碳排放低增长、零增长乃至负增长），通过能源替代、发展低碳能源和零碳能源控制经济体的碳排放弹性，最终实现经济增长的碳脱钩。第三，低碳经济是相对人为碳通量而言的。因此，发展低碳经济的关键在于改变人们的高碳消费倾向，减少化石能源的消费量，减缓碳足迹，实现低碳生活。

低碳经济追求低能耗、低污染、低排放，是一场新的经济革命。从内涵上来说，包括低碳生产、低碳流通、低碳分配和低碳消费四个环节。低碳经济能改变传统的经济增长模式，探索新的经济发展模式，实现经济可持续发展。低碳经济具有技术创新性、观念先导性、要素多元性、主体多样性、效益综合性等特征。

1.1.3 国外低碳经济发展概况

1.1.3.1 英国发展低碳经济的主要措施

低碳经济最早见诸政府文件是在 2003 年的英国能源白皮书《我们能源的未来——创建低碳经济》。2008 年 11 月 26 日，英国议会通过了《气候变化法案》，该法案要求英国政府必须致力于发展低碳经济，到 2050 年达到减排 80% 的目标。2008 年 12 月 1 日，英国气候变化委员会成立，负责就英国的碳预算水平、实现碳预算的政策措施等向政府提供独立的咨询和建议。委员会于当天提交了第一份相关报告——《创建低碳经济——英国温室气体减排路线图》。该报告详细阐述了英国 2050 年的温室气体减排目标以及实现目标的原则、方式和路径，提出了一个涵盖 2008—2022 年三个五年期碳预算的未来减排路线图。

2009 年 4 月，布朗政府宣布将"碳预算"纳入政府预算框架，使之应用于经济社会各方面，并在与低碳经济相关的产业上追加 104 亿英镑的投资，英国也因此成为世界上第一个公布"碳预算"的国家。

2009 年 7 月 15 日，英国发布了《英国低碳转换计划》《英国可再生能源战略》，这标志着英国成为世界上第一个在政府预算框架内特别设立碳排放管理规划的国家。

2020 年 11 月，英国政府发布《绿色工业革命十点计划》，提出了发展海上风电、推动低碳氢发展、提供先进核能、加速向零排放汽车过渡等行动规划。

2020 年 12 月，英国政府发布了《能源白皮书：为零碳未来提供动力》，对能源系统转型路径作出规划，明确了力争 2050 年能源系统实现碳净零排放目标。为此，英国积极推动清洁能源技术的开发和应用。2021 年，英国商业、能源和工业政策部成立了一项 1750 万英镑的市场竞争基金，以支持海上风力发电。在核能方面，继续推动大型核电项目，与西泽韦尔 C 核电项目投资商进行对接，以达成最终投资决定。在传统能源方面，英国宣布到 2024 年 10 月逐步淘汰现有的煤炭发电厂。

能源白皮书中的一大亮点是确认英国将拥有本国的排放交易体系，以取代此前的欧盟碳交易市场。2021 年 1 月 1 日，英国启动了《碳排放交易计划》，为工业制造业企业规定温室气体排放总量上限，并在 2023 年 1 月或最迟到 2024 年 1 月排放上限达到 2050 年净零排放目标要求。

英国的排放交易计划遵循"上限和交易"原则，对可以排放的某些温室气体总量设定上限，企业还可以通过二级市场交易碳排放配额。

2021 年 3 月，英国率先推出了《工业脱碳战略》，计划到 2030 年大幅减少制造业企业二氧化碳排放，到 2040 年打造全球首个净零排放工业区。

2021 年 7 月，英国发布了《交通脱碳计划》，进一步整合铁路、公共汽车、航空等交通运输低碳转型规划，推动公共交通和私人交通电气化转型。

1.1.3.2　欧盟发展低碳经济的主要措施

欧盟为了促进低碳经济发展，采取的主要措施有：

第一，推动减碳立法。2009 年，欧盟通过了《气候行动和可再生能源一揽子计划》，包括欧盟排放权交易、碳捕集与封存（CCS）法律框架、可再生能源指令、汽车碳排放法规等系列法案。此后，欧盟又先后通过了《欧洲绿色协议》和《欧洲气候法》，以立法形式确保欧盟 2050 年实现零碳目标。

第二，引导降低碳排放。一是低碳建筑，2020 年欧盟委员会发布倡议，提出到 2030 年所有建筑将实现近零能耗；二是绿色交通，2020 年欧盟发布了《可持续与智能交通战略》，提出要加大无人机及氢动力飞机等新兴技术的应用，以减少交通领域碳排放；三是发展循环经济，欧盟制定了《循环经济行动计划》，对包装、建筑材料和车辆等关键产品的塑料回收含量和废物减少措施制定强制性要求；四是通过碳税体系推进各行业减排，欧盟主要成员国已建立了较为成熟的碳税体系。

第三，发展绿色金融及碳排放交易市场。一是大力发展绿色金融，欧盟以《可持续发展融资行动计划》为指导性文件构建可持续金融政策体系；二是建立碳排放交易市场，2019 年欧盟碳市场交易额占全球总额的 87.2%，成为全球碳交易市场的引领者。

1.1.3.3　美国发展低碳经济的主要措施

美国为了促进低碳经济发展，采取的主要措施有：

第一，制定多项法律法规。美国制定《国家能源政策法》《清洁空气法》《低碳经济法案》《能源独立与安全法》等法律法规，为推进低碳经济发展提供法律保障，旨在降低美国能源对外依存度、促进能源供应多元化。

第二，加大投资力度。2021 年，美国宣布重返《巴黎协定》，推行绿色新政，包括计划投资约 2 万亿美元用于基础设施、电动汽车产业、新能源等重点领域，叫停价值约 90 亿美元的美加输油管道项目等。

第三，实施碳税及税收优惠政策。美国已经建立了碳税制度，还采取税收优惠政策推广低碳经营和消费理念，对符合国家节能标准的新建筑给予减税优惠；对应用节能电器、节能玻璃的居民和企业给予税收优惠；对清洁能源项目提供约 23 亿美元补贴等。

第四，加快能源结构重构。2019 年，美国可再生能源成为仅次于石油、天然气的第三大能源来源，可再生能源中的风能居于重要地位。2020 年，风能在美国可再生能源中的比重达到 25.93%。

第五，发展低碳技术。目前，美国通过运用整体煤气化联合循环技术和燃烧前碳捕集技术，已基本实现清洁煤发电。碳捕集、利用与封存（CCUS）技术是美国气候变化技术项目战略计划框架下的优先领域，美国的节能项目、填埋气回收利用、新能源汽车以及固体废物回收利用等低碳技术对碳减排都起到了促进作用。

1.1.3.4 日本发展低碳经济的主要措施

第一，制定低碳经济战略和法律法规。2007 年，日本制定了《构筑低碳社会行动计划》，之后出台了一系列政策法规保障碳减排政策实施，如《新国家能源战略》《21 世纪环境立国战略》《关于促进新能源利用等特别措施法》《面向低碳社会的十二大行动》《绿色经济与社会变革》等。2020 年，日本宣布于 2050 年实现碳中和并发布《绿色增长战略》。

第二，推行财税政策助力低碳转型。日本从 2007 年开始征收碳税，出台特别折旧制度、减税政策、预算政策、环保积分等多项财税优惠措施，鼓励节能技术和节能设备开发及应用。

第三，积极推广减碳技术。日本成立低碳研究推进中心，以绿色创新为目标，开发有利于环境的新技术。

第四，开展绿色低碳行动。日本在全国范围实施绿色低碳政策，开展绿色低碳行动，包括消费、投资等各方面。

1.1.4 中国低碳经济发展概况

近年来，中国政府提出了加快建设资源节约型、环境友好型社会的重大战略构想，不断强化应对气候变化的措施，先后制定了一系列促进节能减排的政策，对低碳经济的发展起到了推进作用。

1.1.4.1 建立了促进低碳经济发展的"1+N"政策体系

"1"是中国实现碳达峰碳中和的指导思想和顶层设计。由 2021 年发布的《关于完整准确全面贯彻新发展理念做好碳达峰碳中和工作的意见》和《2030 年前碳达峰行动方案》两个文件共同构成，明确了碳达峰碳中和工作的时间表、路线图、施工图。"N"是重点领域、重点行业实施方案及相关支撑保障方案，包括能源、工业、交通运输、城乡建设、农业农村、减污降碳等重点领域实施方案，煤炭、石油天然气、钢铁、有色金属、石化化工、建材等重点行业实施方案，以及科技支撑、财政支持、统计核算等支撑保障方案。同时，各省（区、市）均已制定了本地区碳达峰实施方案（表1-4）。

表 1-4 我国低碳经济发展的"1+N"政策体系

"1+N"顶层设计文件	中共中央、国务院：《关于完整准确全面贯彻新发展理念做好碳达峰碳中和工作的意见》	2021 年 9 月 22 日
	国务院：《2030 年前碳达峰行动方案》	2021 年 10 月 24 日
部门、地方政策	中共中央、国务院：《关于全面推进美丽中国建设的意见》	2023 年 12 月 27 日
	国家发展改革委、工信部等五部门：《关于加快建立产品碳足迹管理体系的意见》	2023 年 11 月 13 日
	国家发展改革委：《国家碳达峰试点建设方案》	2023 年 10 月 20 日
	国家发展改革委、科技部等九部门：《绿色低碳先进技术示范工程实施方案》	2023 年 8 月 4 日
	中央深改委：《关于推动能耗双控逐步转向碳排放双控的意见》	2023 年 7 月 11 日
	教育部：《绿色低碳发展国民教育体系建设实施方案》	2022 年 10 月 26 日
	科技部等九部门：《科技支撑碳达峰碳中和实施方案（2022—2030 年）》	2022 年 6 月 24 日
	工信部、国家发展改革委、生态环境部：《关于印发工业领域碳达峰实施方案的通知》	2022 年 7 月 7 日
	各省（区、市）陆续发布《关于完整准确全面贯彻新发展理念做好碳达峰碳中和工作的实施意见》	2021 年 11 月—2022 年 8 月
	住建部、国家发展改革委：《城乡建设领域碳达峰实施方案》	2022 年 6 月 30 日
	农业农村部、国家发展改革委：《农业农村减排固碳实施方案》	2022 年 5 月 7 日
	工信部等六部门：《工业能效提升行动计划》	2022 年 6 月 29 日
	交通部、铁路局、民航局、邮政局：贯彻落实《中共中央 国务院关于完整准确全面贯彻新发展理念做好碳达峰碳中和工作的意见》	2022 年 4 月 18 日
	工信部等六部门：《工业水效提升行动计划》	2022 年 6 月 20 日
	生态环境部等七部门：《减污降碳协同增效实施方案》	2022 年 6 月 10 日
	工信部等五部门：《关于推动轻工业高质量发展的指导意见》	2022 年 6 月 8 日
	国家发展改革委等九部门：《"十四五"可再生能源发展规划》	2021 年 10 月 21 日
	国家税务总局：《支持绿色发展税费优惠政策指引》	2022 年 5 月 31 日
	财政部：《财政支持做好碳达峰碳中和工作的意见》	2022 年 5 月 25 日
	中国银保监会：《关于印发银行业保险业绿色金融指引的通知》	2022 年 6 月 1 日
	国家发展改革委等部门：《煤炭清洁高效利用重点领域标杆水平和基准水平（2022 年版）》	2022 年 4 月 9 日
	教育部：《加强碳达峰碳中和高等教育人才培养体系建设工作方案》	2022 年 4 月 19 日
	工信部、国家发展改革委：《关于化纤工业高质量发展的指导意见》	2022 年 4 月 12 日
	工信部、国家发展改革委：《关于产业用纺织品行业高质量发展的指导意见》	2022 年 4 月 12 日
	工信部等六部门：《关于"十四五"推动石化化工行业高质量发展的指导意见》	2022 年 3 月 28 日
	国家能源局、科技部：《"十四五"能源领域科技创新规划》	2021 年 11 月 29 日
	国家发展改革委、国家能源局：《氢能产业发展中长期规划（2021—2035 年）》	2022 年 3 月 23 日
	国家发展改革委、国家能源局：《"十四五"现代能源体系规划》	2022 年 1 月 29 日

部门、地方政策	生态环境部：《关于做好 2022 年企业温室气体排放报告管理相关重点工作的通知》	2022 年 3 月 10 日
	住建部：《"十四五"建筑节能与绿色建筑发展规划》	2022 年 3 月 1 日
	自然资源部：《海洋碳汇经济价值核算方法》	2022 年 2 月 21 日
	国家发展改革委等四部门：《高耗能行业重点领域节能降碳改造升级实施指南（2022 年版）》	2022 年 2 月 3 日
	工信部等八部门：《加快推动工业资源综合利用实施方案》	2022 年 1 月 27 日
	工信部、国家发展改革委、生态环境部：《关于促进钢铁工业高质量发展的指导意见》	2022 年 1 月 20 日
	国家发展改革委、国家能源局：《关于完善能源绿色低碳转型体制机制和政策措施的意见》	2022 年 1 月 30 日
	国务院：《"十四五"节能减排综合工作方案》	2021 年 12 月 28 日
	交通运输部：《绿色交通"十四五"发展规划》	2021 年 10 月 29 日
	工信部：《"十四五"工业绿色发展规划》	2021 年 11 月 15 日
	国资委：《关于推进中央企业高质量发展做好碳达峰碳中和工作的指导意见》	2021 年 11 月 27 日
	中共中央办公厅、国务院办公厅：《关于推动城乡建设绿色发展的意见》	2021 年 10 月 21 日
	国家发展改革委：《"十四五"循环经济发展规划》	2021 年 7 月 1 日

我国制定了较为完善的绿色低碳政策。完善能耗强度和总量"双控"制度，新增可再生能源和原料用能不纳入能源消费总量控制。健全"双碳"标准，构建统一规范的碳排放统计核算体系，推动能耗"双控"向碳排放总量和强度"双控"转变。逐步完善财税、价格、投资、金融等支持应对气候变化的政策，开展气候投融资试点。初步构建多维度、多领域、多层级的碳达峰碳中和标准体系，着力提升标准衔接性和有效性。这些政策，有力地促进了我国低碳经济的发展。

2023 年 10 月 20 日，国家发展改革委印发《国家碳达峰试点建设方案》。该方案提出：到 2025 年，试点城市和园区碳达峰碳中和工作取得积极进展，试点范围内有利于绿色低碳发展的政策机制基本构建，一批可操作、可复制、可推广的创新举措和改革经验初步形成，不同资源禀赋、不同发展基础、不同产业结构的城市和园区碳达峰路径基本清晰，试点对全国碳达峰碳中和工作的示范引领作用逐步显现。到 2030 年，试点城市和园区经济社会发展全面绿色转型取得显著进展，重点任务、重大工程、重要改革如期完成，试点范围内有利于绿色低碳发展的政策机制全面建立，有关创新举措和改革经验对其他城市和园区带动作用明显，对全国实现碳达峰目标发挥重要支撑作用，为推进碳中和奠定良好实践基础。

1.1.4.2　绿色低碳产业得到快速发展

我国大力发展战略性新兴产业，积极推动重点行业节能降碳改造和工艺革新，坚决遏制高耗能、高排放、低水平项目盲目发展。2021 年，三次产业增加值占 GDP 的比例优化分别为 7.3%、39.4%、53.3%。节能环保等战略性新兴产业快速发展壮大。2010—2020 年，节能服务业产值从 836 亿元提高到 5916 亿元，年均增长约 22%。总体来看，中国经济的碳含量逐步减少，2022 年，中国单位 GDP 二氧化碳排放量比 2005 年下降超过 51%。

根据《中国应对气候变化的政策与行动 2022 年度报告》，我国稳步推进新能源、新能源汽车、绿色环保等产业集群建设，支持工业绿色低碳高质量发展，建设绿色制造体系。2021 年规模以上工业中，高技术制造业增加值比上年增长 18.2%，占规模以上工业增加值的比重为 15.1%；新能源汽车产量 367.7 万辆，比上年增长 152.5%；光伏组件产量达到 182 GW，连续 15 年居全球首位；打造 662 家绿色工厂、989 种绿色设计产品、52 家绿色工业园区、107 家绿色供应链企业。聚焦轻工、纺织、建材、化工、电器电子等行业，培育 117 家工业产品绿色设计示范企业，截至 2021 年，培育 430 家节能环保类专精特新"小巨人"企业，节能环保产业产值超 8 万亿元，年增速 10% 以上，战略性新兴服务业企业营业收入比上年增长 16.0%，高技术产业投资比上年增长 17.1%。绿色产品认证覆盖建材、快递包装、电器电子产品、塑料制品、洗涤用品等近 90 种产品，颁发统一的绿色产品认证证书近 2 万张，获证企业 2000 余家。

1.1.4.3 低碳科技创新能力不断提升

我国重点开展了应对气候变化、低碳零碳负碳科技、可再生能源技术、清洁煤电、先进储能等一批科技攻关任务，低碳经济发展的科技支撑能力显著提升。相关政府部门发布了《中国碳捕集利用与封存技术发展路线图》《节能减排与低碳技术成果转化推广清单》《国家重点推广的低碳技术目录》《大型活动碳中和实施指南（试行）》《绿色低碳先进技术示范工程实施方案》《国家绿色低碳先进技术成果目录》，为当前和未来的生态环境治理和碳减排提供新的解决方案。

1.1.4.4 加快推进能源绿色低碳转型

我国制定了实施能源消费总量和强度双控政策，通过大力发展水电、核电、风电、光伏等非化石能源来发展新能源产业（图 1-2）。2021 年，非化石能源占能源消费比重达到 16.6%，风电、光伏总装机容量达到 6.35 亿 kW，水电、风电、光伏装机均位居世界第一，清洁能源消费占比从 14.5% 提升到 25.5%，较 2012 年提高了 11 个百分点。2021 年，单位 GDP 煤炭消耗显著降低（图 1-3、图 1-4）。

推动化石能源清洁化利用，有效推进北方地区清洁取暖，发展清洁能源产业。在发电端提升清洁可再生能源的比例，可以明显降低每度电的碳排放量。煤炭清洁高效利用成效显著，建成世界最大的清洁低碳煤电体系，煤耗超过 300 g/（kW·h）的煤电机组全部改造升级。持续推进热电联产集中供热、上大压小、清洁能源替代等措施，淘汰能耗高、排放大的燃煤小锅炉，京津冀及周边地区、汾渭平原、长三角地区产能 35 t/h 以下，县级及以上城市建成区内 10 t/h 以下的燃煤锅炉基本清零。以能源的可持续利用支撑经济社会的可持续发展。

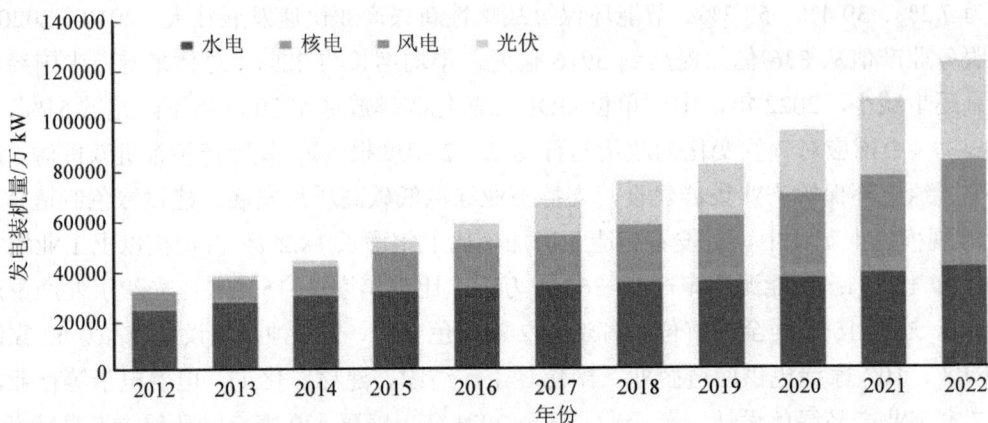

图 1-2 2012—2022 年风电、水电、光伏、核电累计装机

资料来源：《中国应对气候变化的政策与行动 2023 年度报告》。

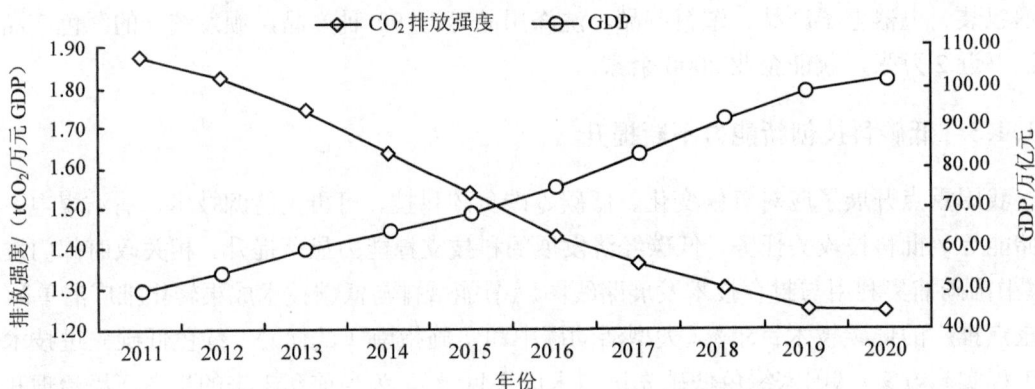

图 1-3 2011—2020 年中国的 CO_2 排放强度与 GDP

资料来源：《中国应对气候变化的政策与行动》白皮书，2021。

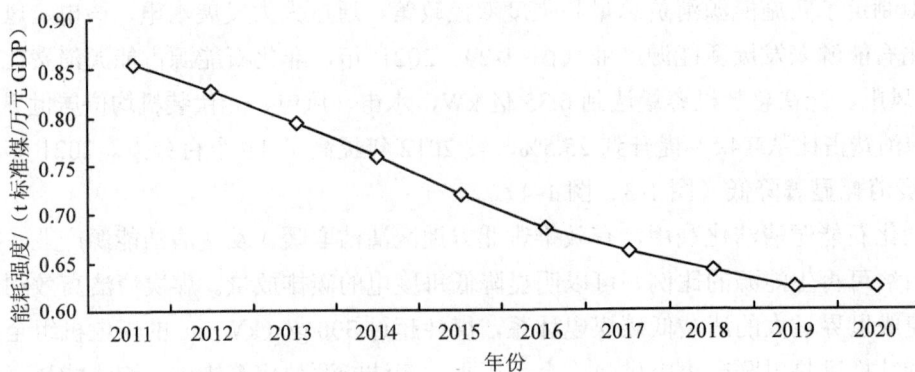

图 1-4 2011—2020 年中国的能耗强度

资料来源：《中国应对气候变化的政策与行动》白皮书，2021。

1.1.4.5 政府、企业、社会共同推进低碳经济发展

政府加强引导。政府通过制定相关法律、政策、规划、促进低碳经济发展。《中华人民共和国国民经济和社会发展第十四个五年规划和 2035 年远景目标纲要》（以下简称《"十四五"规划和 2035 年远景目标纲要》）将"2025 年单位 GDP 二氧化碳排放较 2020 年降低 18%"作为约束性指标。我国各省（区、市）均将绿色低碳发展作为"十四五"规划的重要内容，明确具体目标和工作任务。实施碳排放总量和强度"双控"制定。国家重大战略和区域战略将应对气候变化、推动绿色低碳发展、实现碳达峰碳中和等作为重要内容。

企业是低碳经济的主体，越来越多的企业在生产活动中主动实现绿色低碳。目前，环境、社会和企业治理（ESG）评价越来越成为一家企业是否具备良好发展前景的关键指标，其中最为核心的维度就是"低碳"。

绿色低碳生活方式成为社会时尚。绿水青山就是金山银山的理念深入人心。简约适度、绿色低碳、文明健康的生活方式正成为更多群众的自觉选择。倡导绿色出行，绿色生活方式成为社会新风尚。2013 年以来，"全国低碳日"活动已成功举办多届，成为宣扬绿色低碳发展理念，培育全社会简约适度、绿色低碳生活方式的重要平台。

1.2 低碳经济理论

1.2.1 低碳经济理论基础

低碳经济是一种新的经济发展形态，冯之浚教授于 2009 年提出了低碳经济的理论基础包括"生态足迹"理论、"脱钩"理论、库兹涅茨曲线、"城市矿山"理论。

1.2.1.1 "生态足迹"理论

"生态足迹"这一概念最早由加拿大生态学家 W.雷斯在 1992 年提出，并在 1996 年由 M.魏克内格完善。生态足迹是指生产某人口群体所消费的物质资料的所有资源和吸纳这些人口所产生的所有废弃物质所需要的具有生物生产力的地域空间。生态足迹将每个人消耗的资源折合成全球统一的、具有生产力的地域面积，通过计算区域生态足迹总供给与总需求之间的差值——生态赤字或生态盈余，准确反映不同区域对全球生态环境现状的贡献。生态足迹既能够反映个人或地区的资源消耗强度，又能够反映区域的资源供给能力和资源消耗总量，还揭示了人类持续生存的生态阈值。生态足迹的意义在于可以判断某个国家或区域的发展是否处于生态承载能力范围内：如果生态足迹超过生态承载能力，那么生态环境具有不可持续性，必然威胁生态安全，导致社会经济发展不可持续；反之，生态安全会持续稳定，可以支撑社会经济的可持续发展。根据"生态足迹"理论，逐渐引申出了"碳足迹"这一概念，用于衡量各种人类活动产生的温室气体排放量。"碳"耗用得越多，导致地球变暖的 CO_2 和其他温室气体也就越多，"碳足迹"也就越大。

1.2.1.2 "脱钩"理论

1966 年，国外学者提出了关于经济发展与环境压力的"脱钩"问题，首次将"脱钩"概念引入社会经济领域。近年来，"脱钩"理论的研究进一步拓展到能源与环境、农业政策、循环经济等领域，并取得了阶段性成果，当前"脱钩"理论主要用来分析经济发展与资源消耗之间的响应关系。有关经济增长与物质消耗之间关系的大量研究表明，工业发展初期，物质消耗总量随经济总量的增长而同比增长，甚至更高；但在某个特定阶段后会出现变化，经济增长时物质消耗并不同步增长，而是略低，甚至开始呈下降趋势，出现倒"U"形，这就是"脱钩"理论。从"脱钩"理论看，通过发展低碳经济能够大幅提高资源生产率和环境生产率，能够实现用较少的水、地、能、材消耗和较少的污染排放，换来较好的经济社会发展。

1.2.1.3 库兹涅茨曲线

"脱钩"理论证实了低碳经济的可能性，但从高碳经济到低碳经济的转型并非一个一帆风顺的线性道路。美国普林斯顿大学经济学家 G.格鲁斯曼和 A.克鲁格研究发现，大多数污染物的变动趋势与人均国民收入的变动趋势之间呈倒"U"形关系，因此提出环境库兹涅茨曲线假说。他们认为经济发展和环境压力有如下关系：经济发展对环境污染水平有着很强的影响，在经济发展过程中，生态环境会随着经济的增长、人均收入的增加而不可避免地持续恶化，只有人均 GDP 达到一定的水平，环境污染才会随着人均 GDP 的进一步提高而下降。也就是说，在经济发展过程中，环境状况先是恶化而后逐步改善。换言之，从高碳经济到低碳经济的转型轨迹就是人类经历生态环境质量的"过山车"。相关的制度创新、技术创新和生态创新也许不能够改变倒"U"形轨迹，但人类应当可以削减倒"U"形轨迹的"峰度"和"上坡路"的里程，最低的现实要求是控制倒"U"形的"峰顶"不高于人类持续生存的生态阈值，并促进倒"U"形尽早经过"拐点"。

1.2.1.4 "城市矿山"理论

"城市矿山"的概念，是日本东北大学选矿精炼研究所教授南条道夫等提出的，是指蓄积在废旧电子电器、机电设备等产品和废料中的可回收金属。按"城市矿山"理念统计，日本国内黄金的可回收量为 6800 t，约占世界现有总储量（42000 t）的 16%，超过了世界黄金储量最大的南非；银的可回收量达 60000 t，约占全世界总储量的 23%；稀有金属铟是制作液晶显示器和发光二极管的原料，目前面临资源枯竭，其在日本的储量约占全世界的38%，居世界首位。日本虽然是一个资源贫国，但从这些数字看，又可以说是一个"城市矿山"。他们指出，目前这些"城市矿山"资源大多是使用后被丢弃的制品，往往被当作"废物"处理，而城市中这样的废物数量巨大，因而被称为沉睡在城市里的"矿山"，它比真正的矿山更具价值。日本已对包括液晶显示器和汽车在内的多种产品提出了金属回收计划。实际上，"城市矿山"理论与我国在新中国成立后提出的"再生资源综合利用"和目前循环经济中的"静脉产业"理论是相通的。它为我们依靠技术创新和政策支持加强再生资源利用、提高能源效率、实现高碳向低碳转变提供了重要参考。

1.2.2　低碳经济发展误区

1.2.2.1　低碳经济是高投入经济

低碳经济需要以科技进步为支撑，用新技术替代传统技术需要经济投入。低碳经济关系国民经济发展的诸多方面，确实需要高投入，但低碳经济还体现在居民日常生活的方方面面，某些方面有时并非需要高投入，只需改变居民的生活方式和思维方式。

1.2.2.2　低碳会限制经济发展

低碳意味着取缔高污染、高排放的企业，这将会缩减就业机会。很多人认为，低碳经济就意味着下岗失业，于是将低碳经济与贫困联系在一起。实际上，低碳经济与贫困之间并无直接联系，在发展低碳经济的过程中，会创造更多的新型就业岗位，进而提升更多的经济价值。低碳经济的发展会给发展中国家带来新的挑战，但发展中国家在此过程中避开了传统经济发展方式的弯路，并使居民能够在低碳经济中享受生活，在此过程中快速地学习发达国家的成功经验。

1.2.2.3　低碳即抛弃传统

低碳经济并不意味着完全抛弃传统产业。很多人认为低碳经济就意味着完全抛弃传统的煤炭电力、石油电力等产业。实际上，低碳经济并不一定完全抛弃传统产业，而是在有效地改进传统产业的同时，快速发展低碳产业。

1.2.2.4　低碳经济是政府的事

发展低碳经济需要政府，政府负责制定发展低碳经济的相关法律、政策、制度、规划、示范，但实际上政府并不完全代表低碳。低碳经济更需要企业和居民的配合。企业是低碳经济的主体，居民日常生活中的节水、节电行为都与低碳相关，低碳经济需要全社会共同参与。

1.2.2.5　低碳经济就是循环经济

循环经济和低碳经济都是以绿色科技和生态经济理论为支撑点，是人类未来发展的方向。循环经济侧重于整个社会的物质循环，强调在经济活动中如何利用"3R"原则实现资源节约和环境保护，提倡生产、流通、消费全过程的资源节约和充分利用。而低碳经济是针对碳排放量而言的，它通过提高能源利用效率和采用清洁能源，降低 CO_2 的排放量来应对气候变化，是在较高的经济发展水平上，碳排放量比较低的经济形态。

1.2.3 发展低碳经济的意义

1.2.3.1 发展低碳经济是生态文明建设的需要

改革开放以来，我国经济实现跨越式增长，但是，经济增长是以资源空前消耗和生态环境严重破坏为代价的。资源过度的开发和不合理利用，导致生态环境严重恶化，威胁我国经济的可持续发展。实现"双碳"目标不是别人让我们做，而是我们自己必须要做，是中国可持续发展的内在需要，也是推动构建人类命运共同体的责任担当。应对气候变化是生态文明建设、推动经济高质量发展、建设美丽中国的重要抓手。2013 年以来，我国低碳发展水平不断提升，生态环境质量也逐年改善（表 1-5、表 1-6）。

表 1-5 2013 年与 2022 年我国城市空气质量对比　　　　单位：%

年份	优	良	轻度污染	中度污染	重度污染	严重污染
2013	12.9	47.6	22.6	8.0	6.2	2.4
2022	37.7	48.8	10.7	1.8	0.6	0.3

表 1-6 2013 年与 2022 年地表水各类水体比例　　　　单位：%

年份	I 类	II 类	III 类	IV 类	V 类	劣 V 类
2013		71.7		19.3		9.0
2022	9.0	50.8	28.1	9.7	1.7	0.7

资料来源：《2013 中国环境状况公报》《2022 中国生态环境状况公报》。

1.2.3.2 发展低碳经济是优化产业结构、转变经济增长方式的重要途径

我国处于快速工业化和城市化阶段时，大规模的基础设施建设需要钢材、水泥、电力等的供应保障，这些"高碳"产业是我国经济增长的带动产业，无法通过国际市场满足国内的巨大需求。但千方百计地推进重化工业的发展，我国的资源支撑不了，环境容纳不了。因此，通过发展低碳经济，提高资源、能源的利用效率，降低经济的碳强度，成为提高我国国际竞争力、应对气候变化的必然要求，是促进我国经济结构和工业结构优化升级的重要途径。

1.2.3.3 发展低碳经济是保障我国能源安全的有效措施

我国能源资源总量较为丰富，但人均能源拥有量较低，人均能源拥有量远低于世界平均水平。煤炭和水力资源人均拥有量相当于世界平均水平的 50%，石油、天然气人均资源量仅为世界平均水平的 1/15，中国原油对外依存度已经超过 50% 的国际警戒线。能源安全涉及对外战略、国家安全、战略经济利益以及分配格局等多层次的战略性问题，是维护经济安全和国家安全、实现现代化建设战略目标的必然要求。发展低碳经济可以降低能源需

求和碳排放水平，确保能源安全。

1.2.3.4　发展低碳经济是依靠技术进步和创新支撑跨越式发展的可能路径

与发达国家相比，我国技术水平落后、研发和创新能力有限，这是我国由"高碳"经济向"低碳"经济转型面临的最大挑战。虽然《联合国气候变化框架公约》《京都议定书》和《哥本哈根协议》要求发达国家向发展中国家转让技术，但执行情况并不理想。改革开放以来，我国实行的"市场换技术"政策，虽然汽车等技术含量高的产品市场被外国公司占领，但并没有得到多少核心技术和知识产权。面对低碳经济的新挑战，必须自主开发低碳技术。发达国家在这些技术上起步不久，我国与其差距并不大。只要加大低碳技术研发力度，就有希望实现这一领域的跨越式发展。

1.2.3.5　发展低碳经济是我国应对国际挑战的重要途径

国际社会普遍存在这样的共识："碳排放"将成为今后重要的国际战略资源。二氧化碳排放权有可能是继石油等大宗商品之后又一新的交易品种，欧美国家已经形成了碳交易货币和碳金融体系，"碳排放"技术及其产品将成为重要的国际战略资源和资产。2008 年国际金融危机以来，各国纷纷以低碳经济作为新的经济增长点，有的国家甚至为保护"碳技术"设起了"碳关税"。而我国仍处在工业化阶段，在国际贸易中，出口的产品主要是资源和能源密集型产品，因此能源消耗特别大。发达国家正在用这种新的"绿色壁垒"，打压中国经济，遏制中国经济的发展。因此，在国际上，坚持"双轨制"的同时，应积极发展低碳经济，抓住低碳革命的历史机遇。

1.3　碳达峰碳中和与低碳经济发展

1.3.1　碳达峰碳中和

1.3.1.1　我国碳达峰碳中和目标的提出

2020 年 9 月 22 日，习近平主席在第七十五届联合国大会一般性辩论上的讲话指出，应对气候变化《巴黎协定》代表了全球绿色低碳转型的大方向，是保护地球家园需要采取的最低限度行动，各国必须迈出决定性步伐。中国将提高国家自主贡献力度，采取更加有力的政策和措施，二氧化碳排放力争于 2030 年前达到峰值，努力争取 2060 年前实现碳中和。

2020 年 10 月 26—29 日，党的十九届五中全会将碳达峰纳入《关于制定国民经济和社会发展第十四个五年规划和二〇三五年远景目标的建议》。

2020 年，习近平总书记在中央经济工作会议上发表重要讲话，把做好碳达峰碳中和工作列入 2021 年八大重点任务之一。

2021 年 3 月，《"十四五"规划和 2035 年远景目标纲要》提出协同推进减污降碳，"十四五"时期单位国内生产总值能源消耗和二氧化碳排放分别降低 13.5%、18%，2035 年碳排放达峰后稳中有降。

2021 年 3 月 15 日，习近平总书记在中央财经委员会第九次会议上对碳达峰碳中和工作作出总体部署，强调实现碳达峰碳中和是一场硬仗，是对我们党治国理政能力的一场大考，要求各级党委和政府扛起责任，确保如期实现 2030 年前碳达峰、2060 年前碳中和的目标。

2021 年 4 月 22 日，习近平主席在"领导人气候峰会"上强调，中国将严控煤电项目，"十四五"时期严控煤炭消费增长，"十五五"时期逐步减少。

2021 年 4 月 30 日，习近平总书记在中央政治局第二十九次集体学习时强调指出，"十四五"期间，我国生态文明建设进入了以降碳为重点战略方向、推动减污降碳协同增效、促进经济社会发展全面绿色转型、实现生态环境质量改善由量变到质变的关键时期。各级党委和政府要明确时间表、路线图、施工图，把经济社会发展建立在资源高效利用和绿色低碳发展的基础之上。

2021 年 9 月 21 日，习近平主席在第七十六届联合国大会一般性辩论上宣布，中国将大力支持发展中国家能源绿色低碳发展，不再新建境外煤电项目。

2021 年 9 月 22 日，中共中央、国务院《关于完整准确全面贯彻新发展理念做好碳达峰碳中和工作的意见》指出，把碳达峰、碳中和纳入经济社会发展全局，以经济社会发展全面绿色转型为引领，以能源绿色低碳发展为关键，加快形成节约资源和保护环境的产业结构、生产方式、生活方式、空间格局，坚定不移走生态优先、绿色低碳的高质量发展道路，确保如期实现碳达峰、碳中和。

2021 年 10 月 24 日，国务院印发《2030 年前碳达峰行动方案的通知》，提出处理好发展和减排、整体和局部、短期和中长期的关系，统筹稳增长和调结构，把碳达峰、碳中和纳入经济社会发展全局，坚持"全国统筹、节约优先、双轮驱动、内外畅通、防范风险"的总方针，有力有序有效做好碳达峰工作，明确各地区、各领域、各行业目标任务，加快实现生产生活方式绿色变革，推动经济社会发展建立在资源高效利用和绿色低碳发展的基础之上，确保如期实现 2030 年前碳达峰目标。

2022 年 1 月 24 日，中央政治局围绕努力实现碳达峰碳中和目标进行第三十六次集体学习，习近平总书记发表重要讲话，将"双碳"工作纳入生态文明建设整体布局和经济社会发展全局。

2022 年 10 月 16 日，习近平总书记在党的二十大报告中强调指出，要积极稳妥推进碳达峰碳中和，立足我国能源资源禀赋，坚持先立后破，有计划分步骤实施碳达峰行动。深入推进能源革命，加强煤炭清洁高效利用，加快规划建设新型能源体系，积极参与应对气候变化全球治理。

2023 年 7 月召开的全国生态环境保护大会要求处理好高质量发展和高水平保护、重点攻坚和协同治理、自然恢复和人工修复、外部约束和内生动力、"双碳"承诺和自主行动的关系，并将积极稳妥推进碳达峰碳中和作为美丽中国建设的一项重点任务。

实现碳达峰碳中和是以习近平同志为核心的党中央统筹国内国际两个大局作出的重大战略决策，是着力解决资源环境约束突出问题、实现中华民族永续发展的必然选择，是构建人类命运共同体的庄严承诺。

为扎实落实碳达峰碳中和决策部署，中央层面成立了碳达峰碳中和工作领导小组，办公室设在国家发展改革委，强化组织领导和统筹协调，形成上下联动、各方协同的工作体系。

党中央、国务院出台碳达峰碳中和顶层设计文件，办公室推动各成员单位通力协作，制定分领域分行业实施方案和支撑保障政策，"1+N"政策体系已经建立，碳达峰碳中和重点任务落实落地。在各地区、各有关部门的共同努力下，"双碳"工作取得良好开局，我国推动生态优先、绿色低碳高质量发展的步伐更加坚定、脚步更加稳健。

1.3.1.2　推进碳达峰碳中和的意义

目前，我国每年碳排放量在 100 亿 t 左右，2060 年实现碳中和，二氧化碳年排放量需降到 25 亿 t 左右，难度非常大。丁仲礼院士将我国的减碳分为"四步走"：第一步为"控碳阶段"，争取到 2030 年把碳年排放总量控制在 100 亿 t 之内，即"十四五"期间可比目前增加一点，"十五五"期间再减回来；第二步为"减碳阶段"，争取到 2040 年把二氧化碳年排放总量控制在 85 亿 t 之内；第三步为"低碳阶段"，争取到 2050 年把二氧化碳年排放总量控制在 60 亿 t 之内；第四步为"中和阶段"，力争到 2060 年把二氧化碳年排放总量控制在 25 亿～30 亿 t。

推进碳达峰碳中和是破解资源环境约束突出问题、实现可持续发展的迫切需要。我国人均资源占有量低于全球水平、环境容量有限，传统发展方式加剧了生态退化和环境损害。推进"双碳"工作，加快建设绿色低碳循环发展经济体系，推动能源清洁低碳高效利用，形成绿色低碳的生产方式和生活方式，有助于切实维护能源安全、产业链供应链安全、粮食安全，为更高质量、更可持续发展提供坚实的资源环境保障。

推进碳达峰碳中和是推动经济结构转型升级的需要。当前，全球新一轮科技革命和产业变革深入发展，以推进碳达峰碳中和为重要机遇，大力促进传统产业与新兴产业协同创新、融合发展，加快节能降碳先进技术研发和推广应用，有助于推动产业链向中高端迈进，进一步增强我国综合竞争优势。

推进碳达峰碳中和是促进人与自然和谐共生的迫切需要。近年来，我国生态环境质量持续改善，但与美丽中国建设目标要求和人民群众对优美生态环境的期待相比还有差距。推进碳达峰碳中和，推动减污降碳协同增效，可以进一步改善生态环境质量，实现美丽中国建设目标。

1.3.1.3　我国碳达峰碳中和的主要成效

2023 年 8 月 15 日，在"全国生态日"主场活动生态文明重要成果发布会上，国家发展改革委发布碳达峰碳中和重大宣示三周年重要成果：

自 2020 年 9 月 22 日习近平主席在第七十五届联合国大会一般性辩论上作出碳达峰碳中和的重大宣示以来，我国深入贯彻习近平生态文明思想，认真落实习近平总书记关于碳达峰碳中和重要指示批示精神，强化系统观念、加强统筹协调、狠抓工作落实，协同推进降碳、减污、扩绿、增长，推动"双碳"工作取得良好开局和积极成效。

1）构建完成碳达峰碳中和"1+N"政策体系。以习近平同志为核心的党中央将碳达峰碳中和纳入生态文明建设整体布局和经济社会发展全局，对"双碳"工作作出总体部署。党中央、国务院印发《关于完整准确全面贯彻新发展理念做好碳达峰碳中和工作的意见》，国务院发布《2030 年前碳达峰行动方案》，各有关部门出台 12 份重点领域、重点行业实施方案和 11 份支撑保障方案，31 个省（区、市）制定本地区碳达峰实施方案，"双碳"政策体系构建完成并持续落实。

2）能源绿色低碳转型稳步推进。坚持先立后破、通盘谋划，着力推进煤炭清洁高效利用，累计完成煤电机组节能降碳改造、灵活性改造、供热改造超过 5.2 亿 kW。把促进新能源和清洁能源发展放在更加突出的位置，全国可再生能源装机突破 13 亿 kW，历史性超过煤电。推动构建煤、油、气、核及可再生能源多轮驱动的能源供应保障体系，能源安全保障根基进一步扎牢。

3）产业结构持续优化升级。深入推进供给侧结构性改革，科学调控粗钢产量，"十四五"时期以来压减超 4000 万 t。大力发展战略性新兴产业，以太阳能电池、锂电池、电动载人汽车为代表的"新三样"成为外贸增长新动能，今年上半年"新三样"产品合计出口增长 61.6%，拉动出口整体增长 1.8 个百分点。发布重点行业、重点用能设备能效标杆水平，引导节能降碳更新改造。严把新上项目碳排放关，2023 年修订了《固定资产投资项目节能审查办法》，坚决遏制高耗能、高排放、低水平项目盲目发展。

4）重点领域绿色低碳发展成效显著。大力发展绿色建筑，2022 年新建绿色建筑面积占比由"十三五"时期末的 77% 提升至 91.2%；推动既有建筑绿色低碳改造，节能建筑占城镇民用建筑面积比例超过 65%。加快调整交通运输结构，2022 年全国铁路货运发送量 49.84 亿 t、同比增长 4.4%，水路货运发送量 85.54 亿 t、同比增长 3.8%。今年上半年，新能源汽车产销分别完成 378.8 万辆、374.7 万辆，同比增速均超过 40%；保有量超 1620 万辆，占全球一半以上。

5）生态系统碳汇稳步提升。优化主体功能区战略格局，完成生态保护红线划定。扎实推进重要区域生态系统保护和修复，狠抓长江经济带、黄河流域生态环境突出问题整改，高质量推进京津冀、长三角、粤港澳大湾区生态环境保护。科学开展大规模国土绿化行动，"十四五"时期以来年完成国土绿化超 1 亿亩①。我国森林覆盖率达 24.02%，森林蓄积量 194.93 亿 m³，成为全球森林资源量增长最多最快的国家。

6）绿色低碳政策体系更加完善。坚持节约优先方针，完善能源消耗总量和强度调控，

---

① 1 亩≈666.67 m²。

夯实碳排放双控基础能力，高水平高质量开展节能工作，推动能耗双控逐步转向碳排放双控。持续优化财政资源配置，落实支持绿色低碳发展税费优惠政策，2020 年以来中央财政累计安排生态环保相关资金 1.78 万亿元。推出碳减排支持工具和支持煤炭清洁高效利用专项再贷款，截至 2023 年 6 月，两项工具余额分别为 4530 亿元、2459 亿元。设立国家绿色发展基金，首期募资 885 亿元。深化能源价格改革，推动燃煤发电上网电价市场化改革，实施新能源平价上网政策，完善分时电价机制，健全抽水蓄能两部制电价政策。健全绿色电力交易体系，全国绿色电力交易电量超 600 亿 kW·h。

7）"双碳"工作基础能力显著增强。构建统一规范的碳排放统计核算体系，将碳排放统计核算正式纳入国家统计调查制度。成立碳达峰碳中和标准化总体组，实施"十四五"百项节能降碳标准提升行动。强化绿色低碳科技创新，建成 5 个"双碳"领域国家重点实验室，实施"可再生能源技术"等重点研发专项，强化"双碳"专业人才培养。

8）积极参与全球气候治理。秉持人类命运共同体理念，统筹对外合作与斗争，推动《联合国气候变化框架公约》缔约方会议达成《沙姆沙伊赫实施计划》，着力构建公平合理、合作共赢的全球环境治理体系。扎实推动绿色丝绸之路建设，深化应对气候变化南南合作，有力支持发展中国家能源绿色低碳发展，帮助提升应对气候变化能力。

1.3.2 低碳经济发展路径

1.3.2.1 编制低碳经济发展规划

利用规划引导是实现低碳经济发展的重要手段，一是继续将低碳经济作为重点纳入"十四五"规划，进行总体安排部署；二是制定专项低碳经济发展规划，确定低碳经济的发展目标和重点、保障措施等，提出低碳经济的统计和考核指标；三是制定重点行业和部门的低碳发展规划，向低碳转型。

1.3.2.2 转变发展方式，构建适应低碳要求的现代产业体系

利用低碳经济发展机遇，加快产业结构调整步伐，加大技术改造投入，加强自主创新，加大高新技术产业培育，千方百计推进企业技术创新，推进产业升级，加快重组步伐。调整工业结构，推进高碳产业向低碳逐步转型；加强传统产业的技术改造和升级；培育和壮大战略性新兴产业；加快发展服务业。

1.3.2.3 大力推进低碳技术研发

低碳经济必须以技术创新为支撑，低碳技术是一个国家或地区未来核心竞争力的重要标志。发展低碳经济，技术进步是决定因素之一。积极开发先进低碳技术，构建低碳技术创新支撑体系，完善政策激励环境。节约能源，发展低碳能源。通过加强目标责任考核、推动重点领域节能、推广节能技术与节能产品、推行节能市场机制、完善相关节能标准、实行激励政策等措施，促进节约能源。加快发展天然气等清洁能源。支持风电、太阳能、

地热、生物质能等新型可再生能源发展。国家发展改革委已发布了 3 批"国家重点节能低碳技术推广目录",其中《国家重点节能低碳技术推广目录(2017 年本,节能部分)》,涉及煤炭、电力、钢铁、有色、石油石化、化工、建材等 13 个行业,共 260 项重点节能技术。

1.3.2.4 逐步建立应对气候变化的法规体系,形成低碳经济发展的长效机制

建立完善发展低碳经济的政策和法律保障体系,支持形成多元化的社会投资机制和运行机制。一是探索有利于节能减排和低碳产业发展的体制机制,出台鼓励支持低碳产业发展的优惠政策;二是利用市场手段探索碳定价制度改革,建立生产和消费低碳产品和服务的激励机制;三是改革考核制度,淡化 GDP 考核指标。创新管理理念,调整考核方式,完善激励机制,把低碳经济、绿色 GDP 和人民幸福指数作为考核领导干部政绩的主要内容。四是建立碳市场和碳交易制度。《联合国气候变化框架公约》和《京都议定书》是碳交易出现的法律保障,是碳资产出现的根本原因。

1.3.2.5 倡导低碳消费,践行低碳生活方式

低碳经济需要宣传低碳文化,建立低碳文化产业,倡导低碳消费、理性消费和适度消费。低碳消费是在满足人的基本生存和发展需要的基础上,最大限度地减少对资源、能源的消耗和 CO_2 排放的适度的、绿色的可持续消费。

低碳生活方式是相对高碳生活方式而言的。低碳生活是指最大限度地减少饮食起居中所耗用的资源能源量,从而降低二氧化碳排放量的生活。简言之,低碳生活就是节能减碳的生活,它与我们每个人都息息相关。

【思考题】

1. 名词解释:气候变化、温室效应、低碳经济。
2. 简述气候变化缔约方会议发展历程。
3. 简述低碳经济的产生与发展。
4. 简述我国发展低碳经济的必要性和主要成果。
5. 结合某地实际,谈谈如何发展低碳经济。

参考文献

[1] 鲍健强,苗阳,陈锋. 低碳经济:人类经济发展方式的新变革[J]. 中国工业经济,2008(4):153-160.

[2] 丁仲礼. 深入理解碳中和的基本逻辑和技术需求[J]. 党委中心组学习,2022(4):6-14.

[3] 冯之浚,周荣,张倩. 低碳经济的若干思考[J]. 中国软科学,2009(12):18-23.

[4] 冯之浚. 低碳经济的若干思考[J]. 中国软科学,2009(12):18-23.

[5] 国家发展改革委. 国家发展改革委发布碳达峰碳中和重大宣示三周年重要成果[EB/OL]. https://www.

ndrc.gov.cn/fggz/hjyzy/stwmjs/202308/t20230817_1359890_ext.html.

[6]　李克国，王滢，李晓亮，等. 低碳经济概论[M]. 北京：中国环境科学出版社，2011.

[7]　李克国，魏国印，刘小丹，等. 环境经济学（第四版）[M]. 北京：中国环境出版集团，2021：116-123.

[8]　刘德春. 积极稳妥推进碳达峰碳中和[J]. 中国领导科学，2022（6）：63-69.

[9]　马翩宇. 英国加速发展低碳经济[N]. 经济日报，2021-12-29.

[10]　孙全胜. 中国低碳经济的运行机制与发展对策[J]. 当代经济，2023（8）：82-85.

[11]　碳达峰碳中和工作领导小组办公室，全国干部培训教材编审指导委员会办公室. 碳达峰碳中和干部读本[M]. 北京：党建读物出版社，2022：15-45.

[12]　王蓉，林芳竹. 低碳经济研究进展：可视化、演进和未来展望[J]. 辽宁大学学报（哲学社会科学版），2022，50（6）：43-53.

[13]　王松良. 低碳农业时代的来临与中国 13 亿消费者的责任[J]. 中国非营利评论，2014，13（1）：249-255.

[14]　张怡，李万超，袁迪，等. 美欧日发展低碳经济的实践与启示[J]. 金融纵横，2022（10）：33-37.

[15]　中华人民共和国国务院新闻办公室. 中国应对气候变化的政策与行动[R]. 2021.

[16]　中华人民共和国生态环境部. 中国应对气候变化的政策与行动 2022 年度报告[R]. 2022.

[17]　中华人民共和国生态环境部. 中国应对气候变化的政策与行动 2023 年度报告[R]. 2023.

[18]　周宏春. 我国发展低碳经济的现实意义与重点任务[J]. 企业文明，2010（5）：19-23.

[19]　周宏春. 中国低碳经济发展现状及展望[J]. 科技导报，2022（21）：6-12.

第 2 章 低碳产业

【学习目标】通过本章学习，应该掌握以下内容：①低碳农业的特点、主要模式及发展对策；②低碳工业的特点和主要模式；③低碳服务业的发展现状及主要模式。

低碳产业作为一种新兴产业，是伴随着低碳经济的产生和发展而形成的一种新的产业体系，它是低碳经济发展的重点内容，也是低碳经济转型的重要途径。本章将分别从低碳农业、低碳工业和低碳服务业三个方面阐述低碳产业当前的发展现状，分析低碳产业发展前景及对策。

2.1 低碳农业

2.1.1 低碳农业概述

2.1.1.1 低碳农业的提出背景

农业是我国国民经济的基础性产业，在经济发展、社会稳定和自然利用方面具有重要的作用。同时，由于具有"绿色"属性和多重功能，农业既是生态产品的重要供给者，又是生态系统的重要组成部分。农业的发展经历了刀耕火种农业阶段、传统农业阶段和工业化农业阶段，其中工业化农业阶段使人类得到了前所未有的发展，同时也带来了许多负面影响，主要包括：工业化农业过程对生物多样性构成严重威胁；农田开垦和连片种植引起自然植被减少，以及自然物种和天敌的减少；农药的使用破坏了物种多样性；化肥造成了环境污染，进而也引起生物多样性的减少；品种选育过程的遗传背景单一化及其大面积推广，造成了对其他品种的排斥等。因此，低碳农业的提出具有特定的时代背景，主要包括以下几个方面：

1）全球气候变化对农业造成严重影响。全球气候变化引起极端天气事件增加，如干旱、洪水和热浪，这些事件直接和间接地对农业产生了负面影响，如粮食减产、农作物病虫害增加等。

2）农业是全球温室气体排放的重要来源之一。联合国粮食及农业组织（FAO）指出，每年耕地释放出大量的温室气体，超过全球人为温室气体排放总量的30%，相当于150亿 t 的 CO_2。当前，20%的 CO_2、70%的 CH_4 及90%以上的 N_2O 来自农业生产活动，其对全球变暖可能产生的影响不容忽视。目前,农业生产中的碳排放主要有以下途径:水稻灌溉厌氧反应产生的 CH_4;牛、羊等动物肠道发酵排放 CH_4;地膜塑料、化肥、农药等农业生产资料使用所释放的 N_2O;农机使用过程中释放的 CO_2;畜禽粪便自然堆积形成的 CH_4 排放;农田翻耕释放的 CO_2;其他因生命周期产生的碳排放,如农作物秸秆燃烧产生的 CO_2 等。《2023 中国农业农村低碳发展报告》指出,我国农业生产总碳排放量为 8.28 亿 tCO_2e,占全国碳排放的 6.7%,但农业生产总值占 GDP 总量的 9.5%。

3)传统农业消耗大量的能源。现在生产经验表明,传统的农业生产方式依赖于大量的化肥、农药和机械设备,这些都需要大量的能源消耗,然而,能源消耗不仅导致碳排放增加,还增加了农业生产的成本。

4)农业生产造成生态环境质量的退化。传统农业生产方式往往过度使用化肥和农药,导致土壤质量下降和水资源污染,不仅对农作物产量和品质造成影响,还对生态系统产生负面影响。

基于以上背景因素,低碳农业的提出旨在减少农业对温室气体排放的贡献,降低能源消耗,改善土壤质量和水资源利用效率,以及适应和减轻气候变化对农业的影响。通过采用可持续的农业生产方式,低碳农业可以实现农业的可持续发展,同时保护环境和粮食安全。

2.1.1.2　低碳农业的定义

如果用碳经济的概念衡量,传统的农业方式可以说是一种"高碳农业"。改变高碳农业的方法就是发展生物多样性农业。联合国粮食及农业组织估计,生态农业系统可以抵消 80% 的因农业导致的全球温室气体排放量,无须生产工业化肥,每年可为世界节省 1% 的石油能源,同时还能降低 30% 的农业排放。可以说,生物多样性农业由于可以避免使用农药、化肥等,从某种意义上正属于低碳农业。低碳农业是低碳经济在农业领域的延伸,发展低碳农业是实现低碳经济的根本保证。然而,截至目前对低碳农业并没有形成统一的定义。

"低碳农业"在 2007 年由鲍健强在国内提出,对我国现阶段的农业发展具有重要的指导作用。低碳农业是在可持续发展理论的指引下,通过调整产业结构、技术创新等方式来减少农业能源消耗和温室气体排放。与传统农业相比,低碳农业强调将资源节约、环境友好、经济高效等理念用于指导农业生产,有利于减缓气候变暖、保护生态环境以及提高农业生产效率。区别于绿色农业、循环农业、生态高值农业,低碳农业明确以"碳"为指标,以农业产前—产中—产后的温室气体减排为目的,以实际可行技术手段为基础实现节能减排、农民增收。

低碳农业是一种全新的以低能耗和低污染为基础的绿色农业经济。迄今为止世界上还没有一个国家的农业现代化是建立在低碳经济发展模式上的,中国正在走出一条低碳农业的发展之路,将是农业发展方式的重大创新。

王松良等认为低碳农业是充分利用农业碳汇功能,降低其碳排放功能,从而实现农业食品生产全过程的低碳排放。也有人认为,低碳农业是以减缓温室气体排放为目标,以减少碳排放、增加碳汇和适应气候变化技术为手段，通过加强基础设施建设、调整产业结构、提高土壤有机质、做好病虫害防治、发展农村可再生能源等，促进农业生产和农民生活方式转变，实现高效率、低能耗、低排放、高碳汇的农业发展模式。

总之，低碳农业是应对气候变化的有效途径，是在农业生产、经营中排放最少的温室气体，同时获得最大收益的农业发展模式，包括政策导向、经营管理、技术创新等多个层面的内容。

2.1.1.3 低碳农业的特点

从理论上讲，低碳农业是从减少农业生产过程中的温室气体排放、提高农业生态系统碳汇能力等角度出发。具有以下特点：

第一，低碳农业就是生物多样性农业。因为生物多样性农业可以避免使用农药、化肥等，所以从某种意义上属于低碳农业。低碳农业是一种比广义的生态农业概念更广泛的概念，在农业能源消耗越来越多，种植、运输、加工等过程中电力、石油和煤气等能源的消耗都在增加的情况下，不仅要像生态农业那样提倡少用化肥、农药，进行高效的农业生产，还要注重整体农业能耗和排放的降低，在整个农业生产系统实现低碳生产。

第二，低碳农业是低能耗、低污染、低排放的"三低"农业。其就是科学地安排不同生物在系统内部循环利用或再利用，最大限度地利用农业环境条件，以尽可能少的投入得到更多更好的产品，同时达到保护农业生态环境，增强土壤的固碳能力，以及减少温室气体排放的效果。

第三，低碳农业是安全型的农业。采取多种措施将农业产前、产中、产后全过程中可能对社会带来的不良影响降到最低限度。其本质是生态农业经济，建立循环经济发展模式，有利于缓解资源贫乏的压力，而通过保护农业生态环境和强化生态建设来提高农业生态环境质量，更是保障农业生产可持续发展的基本前提。

2.1.2 低碳农业的发展现状

2.1.2.1 国内低碳农业的发展现状

随着碳达峰碳中和目标的提出，其实现需要农业的深度参与，因此推动低碳农业的发展已经是当前我国一个重要发展方向，并取得了一定的进展，主要包括以下几个方面：

1）建立了低碳农业法律政策支持体系。2007年，为响应《联合国气候变化框架公约》，《中国应对气候变化国家方案》应运而生，并在农业碳减排和固碳方面提出了较为全面的技术和管理措施。涉及低碳农业发展的综合性政策始于2015年的《全国农业可持续发展规划（2015—2030年）》，该规划对我国未来一段时期农业的可持续发展进行了整体的宏观设计与布局，是我国农业可持续发展的纲领性文件。2017年，中共中央办公厅、国务院办公厅印发《关于创新体制机制推进农业绿色发展的意见》，这是以党中央、国务院名义印发的第一个以农业绿色发展为主题的文件，绿色发展理念从此正式植入农业现代化进程。

2021 年 12 月，农业农村部等六部门联合印发的《"十四五"全国农业绿色发展规划》是我国首部农业绿色发展专项规划，对"十四五"期间加快农业全面绿色转型和低碳发展作出了系统部署。该规划提出"三加强、一打造"重点任务，即"加强农业资源保护利用，加强农业面源污染防治，加强农业生态保护修复，打造绿色低碳农业产业链"，为未来农业碳中和实现提供了有力指导与保障。2022 年 5 月，农业农村部、国家发展改革委印发的《农业农村减排固碳实施方案》重点提出，到 2025 年农业农村减排固碳与粮食安全、乡村振兴、农业农村现代化统筹融合的格局基本形成；到 2030 年农业农村发展全面绿色转型取得显著成效。

2）构建了低碳农业减碳增汇的框架。如图 2-1 所示，我国农业碳排放的治理主体主要包括政府、市场和社会组织，他们一方面推动农业减排政策和措施的制定，另一方面通过相关手段干预引导农户对减排措施的实施；作为农业碳减排的实施主体，农户的低碳行为还受其本身风险偏好、主观认知、农户和农场特征等内部因素的影响。因此，从政策制定与治理主体、实施主体的关系来看，需加强中观和微观层面的政策和措施的制定，同时应综合考虑治理主体和实施主体之间的关系，以直接和间接激发农户碳减排的积极性。有研究表明，生态补偿在农户发展低碳农业生产过程中起着重要作用，是农户调整农业经济结构、转变农业发展方式、发展环境友好型农业体系的制度安排。

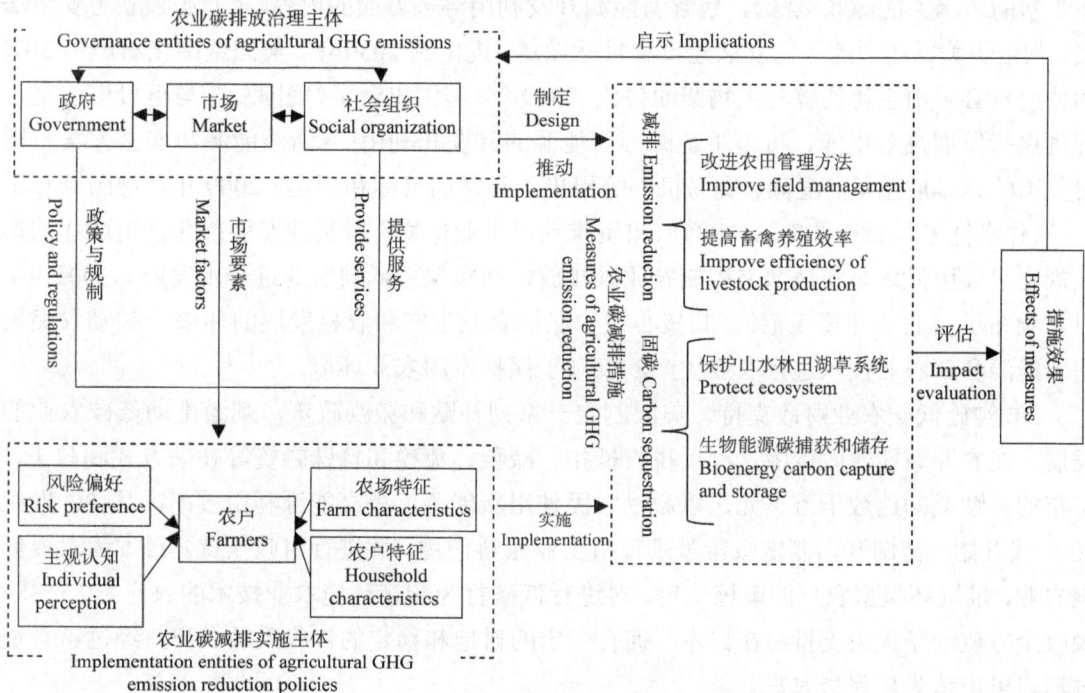

图 2-1 农业碳排放的治理结构框架

资料来源：林斌，徐孟，汪笑溪. 中国农业碳减排政策、研究现状及展望[J]. 中国生态农业学报（中英文），2022，30（4）：500-515.

3）形成了低碳农业工程技术支撑体系。经过多年的发展，逐步发展形成了适应产业发展的技术支撑体系。研发和推广有机肥腐熟还田等技术，选育推广高产、优质、低碳水稻品种，降低水稻单产甲烷排放强度。落实化肥减量增效技术，研发推广作物吸收、利用率高的新型肥料产品，推广水肥一体化等高效施肥技术，提高肥料利用率。推进有机肥与化肥结合使用，增加有机肥投入，替代部分化肥。在畜禽低碳生产上，推广低蛋白日粮、全株青贮等技术和高产低排放畜禽品种，研发推广先进畜禽粪污处理设施装备。推进秸秆综合利用，研发和推广秸秆肥料化、饲料化和基料化利用技术。形成了用地养地结合的培肥固碳模式，提升土壤有机质含量。实施保护性耕作，因地制宜推广秸秆覆盖还田免少耕播种技术。

2.1.2.2　国外低碳农业的发展现状

由于发达国家低碳农业起步较早，已经建立起一系列科学管理方法及良好的政策扶持体系，取得了良好的效果，主要体现在以下几个方面：

1）制定低碳农业相关法律法规。发达国家低碳农业的发展经验表明，法律法规的颁布实施，可以有效促进低碳农业的发展。1978年，美国制定了《国家能源政策法》，提倡用低碳生产方式，发展低碳经济。2005年，在原有法规的基础上进行了完善和补充，又颁布了新的《国家能源政策法》，包含新能源开发利用等多方面的内容。《能源独立与安全法案》制定了美国新型能源的立法建设和目标设定，提出到2030年，美国全国化石燃料30%的使用量必须由生物乙醇与生物柴油替代。2009年，美国出台了《美国复苏与再投资法案》，推进包括发展高效电池、可再生能源等新能源的开发和利用；《清洁能源和安全方案》则对美国的碳排放总量、配额、交易机制等提出了具体的目标和规定。2009年，德国颁布了《二氧化碳捕集与封存法案》，由政府出资推动"工业作物"种植业发展；并且用法律的形式规定了采用低碳高新技术来控制农业碳排放，切实保障低碳农业进一步发展。2005年，日本颁布了《农业环境规范》，其核心在于保护农业生产和农村发展的环境，鼓励农民采用新能源和新农业技术进行农业生产，以利于保护本国农业环境。

2）实施低碳农业财政支持。美国制定一系列补贴和激励政策，刺激推动低碳农业的发展。在农业新能源政策中，利用税收抵扣、减税、免税和特殊融资等补贴方式和政策，每年的补贴金额达数千万美元，以激励农民使用新能源，提高能源利用效率。从20世纪90年代开始，德国开始制定政策鼓励种植工业原料作物，并进行财政扶持。日本为发展低碳农业，推进环保型农户的审核认定，对进行低碳行为和亲环境农业技术的农户，从贷款、税收全方位给予大力支持。在日本，拥有一定的耕地和稳定的年收入的农户，经过审查通过后，可申请为环保型农户。

3）支持创新低碳农业技术。日本通过组建低碳农业技术研发平台，设有专门的低碳农村研究的科研机构和高校低碳农业研究中心，为低碳农业提供技术支持。美国推行耕地保护政策，实施免耕后每公顷耕地一年可减少碳排放0.42～0.87 t，耕地保护性政策极大地推进了低碳农业的进程。德国政府鼓励有利于环境保护、气候变化和生物燃料技术的研发，每年设立专项资金支持新技术的研发。英国为改变农业部门在碳中和行动中的被动状态，在 2040 年之前实现向零碳排放农业的过渡，英国气候变化委员会（CCC）提出了以技术为关键杠杆的三个层面方法框架：一是通过多种措施，实现提高农业生产力的同时减少碳排放，包括改善粪肥管理、改进牲畜和耕种生产方法、减少相关建筑物和农业机械的碳足迹等。二是种植树木，保护和修复土壤，增强农田的碳吸收能力与储量，如种植更多适当的能源作物、恢复土壤有机碳以提高土壤肥力以及恢复泥炭地等。根据 CCC 的一项建议方案，到 2050 年，英国要将 1/5 的农业用地转用于自然修复，方可能实现预期目标。三是增加可再生能源和生物能源的使用，以及通过自行种植芒属植物等生物能源作物，实现能源的自给自足，并在增加生产作物多样性和预防土壤有机碳流失的同时实现额外收入。

4）推行农业碳交易政策。农作物在生长过程中会大量吸收（捕集）空气中的二氧化碳，并利用光合作用将其贮存至作物秸秆和根部细胞中，1 英亩（约合 6.07 亩）玉米地每年可贮存二氧化碳 0.5 t。因此，农业具有平衡全球气候的作用。通过农业活动减少的碳排放量可以弥补人类活动的温室气体排放。农业温室气体减排远比其他温室气体减排便宜，只需通过转换农业耕作方式就能增加土壤中的有机质，从而减少碳排放。美国和许多欧洲国家以气候交易所为平台，积极开展农业碳汇项目，鼓励农民通过改变农业耕作方式来增加土壤的碳储量，减少温室气体排放，并将碳减排指标出售给企业以获取利润。美国于 2003 年开始通过芝加哥气候交易所大力推广农业碳汇项目。美国农业局管理公司和农场主联合会帮助有意愿实施免耕的农民签订合同，并帮他们在芝加哥气候交易所进行碳交易。碳交易通过电子交易平台进行，碳交易市场类似于商品交易市场，价格浮动，但为保障农民利益，农场主联合会碳交易项目的合同一般允许每年设定碳价，农民每年每英亩至少获得 2 美元的碳汇收入。德国政府建立了碳交易机制，农民可以通过降低农田碳排放赢得国家许可，并获得一定的政府补贴。

2.1.3　低碳农业的主要模式

基于低碳农业的发展现状，本小节将重点从种植业、畜牧业、林业等方面介绍当前低碳农业的主要发展模式及案例。

2.1.3.1　低碳种植业及案例

传统种植业对化肥、农药、柴油等高碳物资的依赖程度较高，且在作物自然生产过程涉及 CH_4、N_2O 等高增温潜势温室气体排放，这导致种植业的高碳排放特征逐渐凸显。吴昊玥等对 2000—2020 年我国 30 个省（区、市）的种植业碳排放进行研究，表明全国种植业碳排放年均为 23326.860 万 t，呈先降、再增、后降的发展态势，种植业碳排放在 2015 年出现拐点，达峰后年均变化率为 -1.560%。

低碳种植业是指在农业生产过程中，采用低碳排放的方式，减少对环境的负面影响，提高资源利用效率和农产品的质量与产量的农业生产模式，旨在通过技术创新和可持续农业实践，降低温室气体排放，保护土壤质量，提高生态系统的稳定性。主要技术包括：①精准施肥技术。根据土壤养分状况和作物需求，准确投放肥料，避免过度使用化学肥料，减少氮肥的挥发和渗漏，降低氮氧化物的排放。②节约能源。采用现代化农业设备和技术，发展智慧农业，如节水灌溉系统、高效节能的温室等，减少能源的消耗，降低温室气体的排放。③农业废弃物利用。合理处理农田秸秆等农业废弃物，通过有机堆肥和生物质发电等方式，将其转化为可再利用的资源，减少甲烷和氧化亚氮排放。④推广生态农业技术。采用生态农业方法，不使用化学农药和化学肥料，通过合理的轮作和绿肥管理，提高土壤质量，促进生态系统的健康发展。

广汉市是四川省重要的粮食产业基地和油菜产业基地，也是四川省首批秸秆全域综合利用试点市。2013年以来，广汉市逐步建立起秸秆禁烧和综合利用的组织体系、产业体系和政策体系，率先在四川省实现秸秆全量化利用。建立完善的收储体系，设立秸秆收集运输专业合作社作为种植户和秸秆加工利用企业的中间纽带，种植户将秸秆交由合作社统一销售，合作社将收集到的秸秆运输至指定的秸秆收储点。建立科学的利用体系，推广秸秆还田改土，开展"秸秆—牲畜养殖—能源化利用—沼肥还田"和"秸秆—沼气—沼肥还田"等循环利用，引导秸秆基料食用菌规模化生产，推广秸秆生物质燃料锅炉。

2.1.3.2　低碳畜牧业及案例

近年来，我国畜牧业发展迅速，肉类、奶类、禽蛋等畜产品产量逐年增长。但是，传统的畜牧业生产方式存在诸多问题，如过度依赖化肥、农药、抗生素等化学物质，导致环境污染、疫病频发、产品质量安全等问题发生。畜牧业生产中产生的温室气体以甲烷和氮氧化物为主，温室效应更为明显。而低碳畜牧业是指在生产过程中尽可能减少温室气体排放、提高资源利用效率、降低环境污染的畜牧业发展模式，是推动可持续发展的重要组成部分。低碳畜牧业已经在全球范围内的发展规模逐渐扩大，国际能源署（IEA）的数据显示，2019年全球低碳畜牧业市场规模约为1300亿美元，预计到2025年将达到2000亿美元左右，其中，欧洲和北美是低碳畜牧业发展最为成熟的地区，亚洲和非洲等地区的发展潜力也很大。促进低碳畜牧业发展的主要技术包括：①改善动物生产性能。通过选育优良品种、改进饲养管理等方式，提高动物的生产性能，降低畜牧业的碳排放。②提高饲料利用效率。通过优化饲料配方、改善饲料加工技术等方式，提高饲料的转化效率，降低畜牧业的碳排放。③提高能源利用效率。利用沼气、生物天然气、太阳能、风能等再生能源，降低畜牧业生产过程中的碳排放。④发展低碳养殖模式。推广草地生态养殖、林下养殖等低碳养殖模式，降低畜牧业的碳排放。

格润富德养殖基地是国内规模最大的乳肉兼用西门塔尔牛养殖基地，现牛存栏5800余头。该基地2017年从智利引进2000头西门塔尔牛，同时种植玉米、小麦、饲用苜蓿草等农作物2400余亩，解决牛的"口粮"问题。另外，该基地引进德国基伊埃（GEA）集团设备对牛粪进行干湿分离，固体使用全进口分子膜发酵、杀菌后制成卧床垫料，进行循环使用，液体分四级过滤发酵后达到灌溉标准，形成有机肥料灌溉田地，打造了种养封闭循环的生态化农牧产业链，实现粪污 100% 利用，显著降低了养牛生产中的碳排放。

2.1.3.3　低碳林业及案例

森林是陆地生态系统最大的碳储库，在全球碳循环过程中起着非常重要的作用，因此，植树造林成为抵消温室气体的有效路径。我国是世界上人工林面积最大的国家，全球增绿面积的 1/4 来自中国，且中幼龄林占我国森林资源面积的 60.94%。而低碳林业是一种以减少碳排放和提高碳吸收能力为目标的林业实践，旨在通过科学管理和可持续利用森林资源，减少森林砍伐和破坏，降低木材和木质产品生产的碳足迹，同时增加森林的碳储量。低碳林业产业在全球范围内具有重要地位，其规模和影响因国家和地区的不同而异。我国《"十四五"规划和 2035 年远景目标纲要》中提出，"十四五"时期森林覆盖率要提高到 24.1%。2020 年，中央经济工作会议将开展大规模国土绿化行动、提升生态系统碳汇能力作为"碳达峰、碳中和"的内容纳入"十四五"开局之年我国经济工作重点任务。低碳林业的主要技术包括：①可持续森林经营管理。采用定期更新的森林管理计划，合理伐木，避免过度砍伐，确保森林资源的可持续利用。②实施精准造林和绿化项目。遗传改良的树种，提高树木生长速度和抗病虫害能力，并在适合的时间和地区进行植树造林。③开展森林碳监测与碳储存优化。利用遥感技术和地理信息系统（GIS）监测森林覆盖面积和变化，评估森林的碳储存量，优化森林结构，提高碳储存效率。④提高木材利用效率。推广高效节能的木材加工技术，减少能源消耗，利用废弃木材和林业废弃物生产生物质能源，替代传统的化石能源。

塞罕坝机械林场是河北省林业厅直属大型国有林场，森林经营总面积达 140 万亩。2017 年 8 月，习近平总书记对河北塞罕坝林场建设者感人事迹作出重要指示，55 年来，河北塞罕坝林场的建设者们听从党的召唤，在"黄沙遮天日，飞鸟无栖树"的荒漠沙地上艰苦奋斗、甘于奉献，创造了荒原变林海的人间奇迹，用实际行动诠释了绿水青山就是金山银山的理念，铸就了牢记使命、艰苦创业、绿色发展的塞罕坝精神。他们的事迹感人至深，是推进生态文明建设的一个生动范例。近年来，林场不断探寻国有林场可持续发展之路，力争实现"造林保护"与"生态利用"的有机结合。自 2015 年启动实施林业碳汇项目，到 2021 年共完成造林和森林经营两个碳汇项目 30 年计入期（2005 年 6 月 30 日—2035 年 6 月 29 日）共 474.8512 万 t 国家核证减排量在国家发展改革委备案工作，完成了首批造林碳汇 18.275 万 t 国家核证减排量的签发，已完成销售 16.2181 万 t，实现收入 309.0753 万元。

2.1.4　低碳农业的发展对策

发展低碳农业，是一个新的探索，也是一项长期而艰巨的任务。就发展对策而言，应切实把握好政策方向和技术发展方向。

1）要树立新的系统观。低碳农业及其重要的理论依据为循环经济与生态经济都是由人、自然资源和科学技术等要素构成的大系统。这就要求人类在考虑生产和消费时不能把自身置于这个大系统之外，而是要将农业发展与生存环境及人自身作为这个大系统的一部分来研究符合客观规律的经济原则。要从自然-经济大系统出发，对物质转化的全过程采取战略性、综合性、预防性措施，降低农业经济活动对资源环境的过度使用及对人类所造成的负面影响，使人类经济社会的循环与自然循环更好地融合起来，实现区域物质流、能量流、资金流的系统优化配置。

2）要树立新的经济观。就是要用生态学和生态经济学规律来指导农业生产活动。农村经济活动要在生态可承受范围内进行，超过资源承载能力的循环是恶性循环，会造成生态系统退化。只有在资源承载能力之内的良性循环，才能使生态系统平衡发展。低碳农业经济是以先进生产技术、替代技术、减量技术、共生链接技术、废旧资源利用技术和"零排放"技术等为支撑的经济，而不是传统意义上的低水平物质循环利用方式所定义的经济。这就要求低碳农业应在建立循环经济的支撑技术体系上下足功夫，开创新路。

3）要树立新的生产观。低碳农业的含义就是要从循环意义上发展农业经济，以清洁生产、环保要求从事农业生产。它的生产观念是要充分考虑自然生态系统的承载能力，尽可能地节约自然资源，不断提高自然资源的利用效率。发展低碳农业技术：发展低碳农业则迫切需要科技进步的有力支撑。就具体技术而言，联合国内农业院校、科研院所和农业大型企业成立农业技术研发中心，为低碳农业技术交流建立平台。同时建立一套有效的科研激励政策，鼓励低碳农业科技创新。注重现代生物技术、信息技术和设施技术等现代农业技术的研发和应用，尤其是在优良品种培育、优化耕作制度、农业循环利用等领域的应用。实施农业技术奖励制度，对农业低碳科技创新有贡献的科技人员进行奖励和研发补贴。建立农业低碳科技国际交流平台，多渠道与国外农业高校、企业和研究所开展农业低碳技术交流，引进发达国家先进的农业技术，并结合我国实际情况进行开发和应用，促进农业科技进步，为低碳农业发展提供技术支撑。

4）要转变农民生态观。长期以来，我国农民的农业生产主要以粗放型为主导，这种模式导致了农民在生产活动中对农村环境的保护意识淡薄。农民自身在生产方式创新方面也面临诸多困难，久而久之，形成了对环境污染漠视的生产观念，这种观念对生态文明建设产生了不利影响。低碳农业的发展，将从生产方式上对农民的农业生产进行改善，随着生产方式的转变，农民在生产过程中将更加关注农业生产对环境的影响。这将增强农民对环境保护的意识，长期发展低碳农业能够转变农民的生态观念，形成保护环境、倡导低碳生产的思想。

总之，低碳农业具有广阔的发展前景，其中，转向可持续农业模式、推广精准农业技术、培育适应气候变化的农作物品种以及农业与能源产业的融合将成为低碳农业的重要发展方向。这不仅满足了市场对健康、绿色食品的需求，还带来了创新机会、农民收益的增加以及国际合作与支持的机会。所以，通过持续地发展和推广低碳农业，可以实现农业的可持续发展并为应对气候变化做出贡献。

2.2 低碳工业

2.2.1 低碳工业概述

2.2.1.1 低碳工业的提出背景

工业对国民经济发展的重要作用不可替代。工业的发展通过促进经济增长、提高生产效率与竞争力、促进城市化及基础设施建设、推动技术进步和创新能力以及创造外汇收入和贸易平衡为国民经济的稳定和可持续发展做出了重要贡献，占国民经济的30%以上。

然而，工业发展是气候变化的主要原因之一。工业具有显著的高能耗和高排放特征，是温室气体的主要来源。自工业革命以来，人类活动排放的 CO_2 等温室气体浓度急剧增加，大大超出了自然界的调节能力，导致全球平均气温升高。根据国际能源署的统计，由于我国工业化推进过程中，石油和金属加工业、建筑材料及非金属矿物制品业、化工和机械设备制造业等重化工业产值快速增长，我国工业生产部门碳排放量占所有排放源排放量的比例从 1990 年的 71%上升至 2018 年的 83%，碳排放量增长迅速。

为了控制全球气候变暖，世界各国都在大力推进以高能效、低排放为核心的"低碳革命"，发展"低碳工业"，着力降低能耗，减少污染物排放。

2.2.1.2 低碳工业的定义

低碳工业是以低能耗、低污染、低排放为基础的工业生产模式，在生产过程中采用节能、减排、资源循环利用等低碳技术和策略，降低温室气体排放、减少对环境的负面影响，是人类社会继农业文明、工业文明之后的又一次重大进步。

2.2.1.3 低碳工业的特点

低碳工业的发展不仅有助于应对气候变化和环境问题，也可以带来显著的经济效益，有效促进社会可持续发展，其主要特征体现在以下几个方面：

1）能源高效利用。低碳工业注重提高能源利用效率，通过采用先进的设备和工艺，减少能源的浪费，包括优化生产流程、改进生产技术、使用高效能源设备等措施，以实现节能和能效提升。同时，倡导使用清洁能源，如太阳能、风能、水能等可再生能源，减少对传统的化石燃料的依赖，从而减少温室气体的排放。

2）资源循环利用。低碳工业通过推行循环经济模式，减少资源的消耗和浪费，包括废弃物的回收利用、再制造、循环利用等，以最大限度地减少废气、废水和废弃物的排放，降低对环境的负面影响。

3）技术创新升级。低碳工业鼓励技术创新和升级，通过引进和应用先进的环保技术和设备，开发新材料、新工艺、新产品等，提高生产效率和产品质量，推动低碳工业的发展。

4）践行可持续发展。低碳工业注重产业链的整合和协同发展，通过产业集群的形成，实现资源共享、信息交流和技术合作。积极履行社会责任，关注环境和社会的可持续发展，努力实现经济发展与社会环境的和谐共赢。

2.2.2 低碳工业的发展现状

2.2.2.1 国内低碳工业的发展现状

1）制定出台了相关法律法规。在"双碳"目标的约束下，将应对气候变化融入社会经济发展全局，积极推动低碳工业的发展，出台了一系列政策和措施，包括《关于完整准确全面贯彻新发展理念做好碳达峰碳中和工作的意见》《2030 年前碳达峰行动方案》和《"十四五"节能减排综合工作方案》。国家发展改革委、工业和信息化部、生态环境部、市场监管总局、国家能源局联合发布的《关于严格能效约束推动重点领域节能降碳的若干意见》，国家发展改革委等 12 部门联合印发的《关于印发促进工业经济平稳增长的若干政策的通知》以及工业和信息化部等八部门发布的《加快推动工业资源综合利用实施方案》等也对相关领域工作有重要的指导作用，以推进工业领域采用清洁、高效的生产技术和设备，提高能源利用效率，减少能源消耗和碳排放。

2）工业碳排放量总量依旧较高。近年来，我国采取了控制能源消费总量与强度、优化能源结构、提升能源效率、调整产业结构、发展循环经济、开发非化石能源、加快减排技术创新、健全碳排放交易机制和严格环境执法督查等重要举措，在能源、交通、建筑、制造等领域的碳减排取得显著成效，扭转了以往工业碳排放量高速增长的局面。但是，从年度变化来看，工业碳排放量仍处于高位平台波动阶段，制造业的碳排放量持续上升，从 1990 年的 7 亿 t 增加到 2023 年的 88 亿 t。

3）低碳工业的发展与世界先进水平仍存在差距。部分企业对低碳转型的意识和积极性不高，低碳技术和设备成本较高，以及监管不完善、市场机制不健全等问题也制约了产业的发展，需要进一步加强政府的政策引导和市场监管，推动技术创新和降低成本。

2.2.2.2 国外低碳工业的发展现状

国外低碳经济发展较早，各国政府采取了一系列有效的政策和措施来推动其发展，特别是在推动可再生能源的使用、提高能源效率、减少碳排放和促进清洁技术创新等方面，拥有丰富的经验。

1）完善的政策保障体系。在低碳工业的发展过程中，各国政府纷纷出台鼓励低碳工业发展的政策和法规，鼓励企业投资研发低碳技术和设备。美国 2019 年发布《清洁能源革命与环境正义计划》，提出确保美国在 2050 年之前实现 100% 的清洁能源经济和净零排放，同时在基础设施、电力行业、建筑、交通、清洁能源等领域提出了具体的计划措施，以及重视清洁能源、电池等新兴技术领域的创新，旨在让美国未来成为这些领域的引领者；《建设现代化的、可持续的基础设施与公平清洁能源未来计划》对原始气候计划进行了更新，提出到 2035 年实现电力行业零碳排放，并计划将投资增加至 2 万亿美元。英国以《绿色工业革命十点计划》为基础推出《净零创新组合计划》。日本政府陆续颁布《革新环境技术创新战略》《2050碳中和绿色增长战略》，提出到 2050 年实现"碳中和"目标，构建"零碳社会"。

2）有效的税收政策保障。税收政策已经成为促进低碳工业发展和实现环境保护的有效手段，各个国家在政策的具体实施方面差异明显。美国在低碳税收方面以引导为主，突出发展清洁能源并提高能源使用效率，并在低碳消费等方面出台优惠政策。英国则以气候变化税为工具，调整人们的消费理念和方式，提高人们对环境污染问题的重视程度，采用专项资金的方式给予从事低碳技术企业扶持。日本以完善的税收体制推广低碳理念，提高低碳效益。德国征收生态税时以中性原则为基础，降低了企业税收负担，提高了企业积极性，对发挥低碳经济效益起到了推动作用。丹麦、荷兰、瑞典等国家则以碳税为基础进行税收体系的补充与完善，引导低碳消费，促进低碳经济发展。

3）注重低碳技术创新。技术创新是促进行业以成本效益实现碳减排的关键，因此，加快绿色低碳技术的研发和应用已成为主要国家碳中和路径的战略选择，并已经取得了一定的进展，主要发达国家均围绕"减排"和"增汇"两条主线：一方面，积极研发零碳能源关键技术，涉及传统化石能源系统低排放转型、新能源大规模使用和广泛部署等，重点包括碳基能源高效催化转化、先进高效低排放燃烧发电等关键减排技术，以及氢、太阳能、风能等新能源利用技术；另一方面，研发促进工业、交通等高排放行业绿色低碳转型的技术，在工业领域研发高炉长流程工艺、无二氧化碳氢基炼铁技术、生物质燃料等。此外，重点部署生态固碳增汇/负排放关键技术的研究，包括生态固碳增汇、CCUS 技术、直接空气碳捕集（DAC）技术和碳循环利用等。

2.2.3 低碳工业的主要模式

2.2.3.1 低碳建筑及案例

建筑业作为保障民生和国民经济中的支柱性产业，发挥着重要作用。然而，作为传统的碳排放量大户，建筑全生命周期的碳排放量在全国总排放量中的占比较大，《中国建筑能耗研究报告（2020）》指出，从建材生产、建筑施工及建筑运行的全过程看，2019 年，我国建筑领域碳排放约占全国碳排放总量的 50.6%，其中建材生产的碳排放占全国碳排放总量的 28%，建筑施工碳排放占碳排放总量的 1%，建筑运行阶段的碳排放比例为 21.6%。但是在"双碳"目标的约束下，建筑业如何从"高能耗、高排放"的传统模式转向"节能、低碳"的绿色发展模式，是当前急需解决的时代命题。

因此，低碳建筑是未来建筑行业发展的必然趋势，主要是指在建筑材料与设备制造、施工建造和建筑物使用的整个生命周期内，减少化石能源的使用，提高能效，降低二氧化碳排放量，能够达到人类和建筑、自然和谐的可持续发展的目标，并为人类提供一个健康、安全、舒适的生活环境。在此背景下，我国通过政策引导、标准约束、技术支撑、提升节能、低碳意识，不断提升建筑行业整体节能降碳水平。2021 年 10 月，国务院印发《2030 年前碳达峰行动方案》，对建筑业明确要推广绿色低碳建材和绿色建造方式，加快推进新型建筑工业化，大力发展装配式建筑，推广钢结构住宅，推动建材循环利用，强化绿色设计和绿色施工管理。2022 年，住房和城乡建设部、国家发展改革委联合印发的《城乡建设领域碳达峰实施方案》明确要求，2030 年前，城乡建设领域碳排放达到峰值。力争到 2060 年前，城乡建设方式全面实现绿色低碳转型，系统性变革全面实现，美好人居环境全面建成，城乡建设领域碳排放治理现代化全面实现，人民生活更加幸福，并分别从建设绿色低碳城市与打造绿色低碳县城和乡村两个主要方面明晰了实现碳达峰的路径。

深圳华强北甘泉路近零碳社区公园项目位于深圳市福田区，通过有效利用非传统水源、最大限度利用可再生资源、应用装配式建筑技术实时监测降低能耗等将"近零碳"理念贯彻始终，助力深圳福田区"近零碳示范区"建设。项目已于 2023 年 2 月竣工，是深圳市"近零碳排放区"第一批试点项目、深圳市首个城市中心社区生态环境质量全面提升综合示范项目。

2.2.3.2 低碳能源及案例

能源是人类赖以生存发展的重要物质基础，是人类社会经济发展的原动力。《中国能源发展报告 2023》显示，2022 年我国能源消费总量达到 54.1 亿 t 标准煤，同比增长 2.9%，全社会用电量达到 8.6 万亿 kW·h，同比增长 3.6%。在碳达峰碳中和目标指引下，我国能源结构正在加速变革，低碳能源占比逐渐提高。所谓低碳能源，是指二氧化碳等温室气体排放量低或者零排放的能源产品，主要包括核能和一部分可再生能源等。在政策支持、技术创新、市场需求和国际合作的共同推动下，低碳能源将逐步取代高碳能源，必将成为我国能源体系的重要组成部分。低碳能源的主要技术包括：①可再生能源利用技术。可再生能源利用技术包括太阳能光伏发电、太阳能热能利用技术、风力发电、水力发电、生物质能利用等，是低碳能源技术的重要组成部分。②核能技术。核能技术主要包括核裂变技术和核聚变技术。核裂变技术利用重核裂变产生能量，而核聚变技术则是模拟太阳等恒星的能源释放方式，将轻核聚变形成重核并释放能量。③能源储存技术。能源储存技术是为了解决可再生能源的间歇性和波动性而发展的，包括电池储能技术、压缩空气储能技术、液体流电池技术、氢能储存技术等。通过将可再生能源转化为储存形式，可以在需要时释放能量，提高能源利用效率并平衡电网负荷。④能源效率提升技术。能源效率提升是指通过技术手段减少能源消耗，实现更有效地利用能源，包括节能灯具、能效家电、建筑节能技术、工业过程优化等。通过提高设备、系统和工艺的能效，可以降低能源消耗和碳排放。

华能山东石岛湾高温气冷堆核电站作为全球首座球床模块式高温气冷堆核电站，是全球首个并网发电的第四代高温气冷堆核电项目，也是我国《国家中长期科学和技术发展规划纲要（2006—2020 年）》16 个国家科技重大专项之一，由华能集团、中核集团、清华大学共同出资组建、合作实施，设计容量 20 万 kW，于 2012 年年底在山东荣成开工建设。2021 年 12 月 20 日，项目进行并网发电。该示范工程设备国产化率高达 93.4%，首次使用的设备有 2200 多台（套），创新型设备 600 余个，初步搭建起我国自主创新的第四代高温气冷堆核电标准体系和知识产权保护体系。

2.2.4　低碳工业的发展对策

低碳工业的发展需要政府、企业和全社会的共同努力。企业是低碳工业发展的运行主体，它既是投资者、实践者，又是直接受益者。社会公众是低碳工业发展的重要推动力量，公众的舆论压力和消费者的消费选择能够对企业的生产经营产生巨大影响。就我国目前的具体国情而言，政府是推动低碳工业发展的主导性力量，是低碳工业的倡导者、先行者和守护者。作为公共权力的组织者、执行者，政府对低碳工业的发展承担着主要责任，需要发挥更为积极的主导作用。加快我国低碳工业的发展，有以下主要途径：

1）加强法律体系保障。法律法规作为一种强制手段，对低碳工业的发展能够起到强有力的保障和促进作用。通过立法来促进低碳工业的发展，也是西方发达国家等的通行做法。因此，我国必须进一步加强有关法律法规的立法和完善工作，依法促进低碳工业的健康发展，积极推进完善绿色制造相关法律法规，强化环保执法监督、节能监察、清洁生产审核和生产者责任延伸。完善各级节能监察等执法队伍建设，加强事中事后监管，严格惩处各类违法违规行为。依法在"双超双有高耗能"行业实施强制性清洁生产审核。完善"散乱污"企业认定办法，分类实施关停取缔、整合搬迁和整改提升等措施。全面实行排污许可制，实现所有固定污染源排污许可证核发，推动工业污染源限期达标排放。

2）加大财政资金支持力度。有针对性地减轻工业低碳转型成本，采用补贴、税收减免等手段加快绿色低碳技术转化为商品，促进技术推广与普及。充分利用各级工业转型升级、清洁技术改造、园区循环低碳化、节能减排和科技计划等资金渠道及政府和社会资本合作模式，加大绿色制造相关专项支持力度，促进能源高效利用、资源循环利用，激励企业生产加工过程尽快绿色低碳化。

3）拓宽低碳工业融资渠道。加大对金融机构绿色金融业绩评价考核力度，鼓励银行、担保机构等为中小企业绿色创新与低碳转型提供担保服务和信贷支持。创新和发展能效贷款、排污权、碳排放权抵押和质押贷款等产品。不断创新丰富绿色债券和绿色保险产品，统一绿色债券标准，建立绿色债券评级标准；发展绿色保险，发挥保险费率调节机制作用。积极利用融资手段，探索建立适合产业绿色发展的风险投资市场，支持符合条件的绿色产业企业上市融资。

4）推进低碳关键技术创新。科学技术是发展低碳工业的强劲动力和重要支撑，低碳技术的创新能力，在很大程度上决定了我国是否能顺利实现低碳经济发展。因此，牢牢把握新一轮科技革命的战略机遇，充分利用现有资金渠道，发挥中央财政资金的引导激励作用，以平台为载体，聚焦战略性、引领性和重大共性需求，重点组织开发具有普遍推广意义的关键技术，包括节能和清洁能源、煤的清洁高效利用、油气资源和煤层气的勘探开发、可再生能源、核能、碳捕集与封存、清洁汽车技术等领域开发的有效控制温室气体排放的新技术。在技术迭代快、高度市场化、对成本敏感、用户满意程度要求高和选择机会多的技术和产品上，以企业为主体，充分发挥市场的力量。鼓励"产学研用"深度融合，支持企业整合高等院校、科研院所和产业园区等力量建立市场化运行的绿色技术创新联合体，鼓励企业牵头或参与绿色技术研发项目和绿色技术创新项目。

5）大力推行清洁生产。清洁生产是指既可满足人们的需要又可合理使用自然资源和能源并保护环境的实用生产方法和措施，其实质是一种物料和能耗最少的人类生产活动的规划和管理，将废物减量化、资源化和无害化，或消灭于生产过程之中。从产业经济的角度来看，清洁生产作为一种绿色生产方式，即绿色生产模式，是实现低碳经济发展的最佳途径，也是构建低碳工业发展模式与可持续经济发展的客观要求。我国目前推行清洁生产的主要目标是：科学规划和组织协调不同生产部门的生产布局和工艺流程，优化生产诸环节，由单纯的末端控制转向生产过程的污染控制，有效利用可再生资源和能源，减少单位经济产出的碳排放量，达到提高能源和资源使用效率，以及防治环境污染的目的；通过资源的综合利用，短缺资源的代用、二次能源的利用及节能、降耗、节水，合理利用自然资源，减少资源的耗竭；减少废料和污染物的生产和排放，促进工业产品的生产、消费过程与环境相协调，降低整个工业活动对人类和环境的风险；开发环境无害产品，替代或削减对环境有害的产品的生产和消费。总之，通过推行清洁生产，是把对人类和环境的危害减至最小，又能充分满足人类需要，使经济、环境、社会效益最大化的生产模式。

6）加强宣传教育，营造发展低碳工业的良好氛围。大力开展低碳工业的宣传教育，提高各级领导干部、企事业单位和公众对发展低碳工业重要性的认识，大力推行低碳生产经营、低碳消费，引导全社会树立正确的生产及消费理念，增强全社会的资源忧患意识和低碳排放的责任意识，把节约资源、保护环境、倡导低碳生活变成全体公民的自觉行动，逐步形成低碳排放的生活方式和消费方式。

总之，在生态文明建设的背景下，低碳工业具有市场需求旺盛、政策支持充足、企业效益增长和技术创新的时代机遇，有着广阔的发展前景，企业应积极抓住机遇，加快转型升级，为可持续发展做出贡献。

2.3 低碳服务业

2.3.1 低碳服务业概述

2.3.1.1 低碳服务业的提出背景

服务业是指利用设备、工具、场所、信息、技能等为社会提供劳务、服务业务的集合。我国服务业，按照国民经济部门分类，包括交通运输业、邮电通信业、商业饮食业、金融业、保险业、公用事业、居民服务业、旅游业、咨询信息服务业和各类技术服务业等，是国民经济的重要组成部分。改革开放以来，我国得到了很大发展，市场化、产业化和国际化水平也有了明显提高，领域不断拓宽，服务水平逐步提高，服务产品不断丰富。服务业的快速发展，推进了产业结构调整升级，在促进经济平稳快速发展、扩大就业等方面发挥了重要作用。但我们应该清楚地认识到，尽管服务业对环境的影响没有工农业那样直接和显著，也往往被人们所忽视，但是其在提供服务的过程中也会消耗和使用实体产品并产生一定的废弃物、废水、废气和其他无形污染，对环境产生一定的负面影响。在科技进步和经济全球化驱动下，服务业内涵更加丰富、分工更加细化、业态更加多样、模式不断创新，在产业升级中的作用更加突出。

多年来，我国作为全球制造业的主要承接中心，经济得到快速发展的同时，导致产业结构不合理、能源消耗较高、生态环境污染等问题出现，而服务业发展水平是衡量现代经济社会发达程度的重要标志。当前，我国服务业快速发展，已成为国民经济第一大产业。当前，在实现"双碳"目标的约束下，低碳发展已成为现代服务业产业升级的必然要求，大力发展现代服务业，优化产业结构，显得尤为重要。低碳服务业相较于传统工业发展具有投资少、能耗低、效益高、污染少和拉动就业作用大等特点，涉及农业、工业、市政、公共生活等不同领域，如碳市场交易服务、低碳技术的研发及低碳金融服务等。

2.3.1.2　低碳服务业的定义

关于低碳服务业，学界并没有明晰的概念界定，相关概念包括"绿色服务业"、服务业"绿色化"、服务业绿色转型等，不一而足。一般认为，低碳服务业是指在知识经济和信息经济背景下，将低碳理念应用于现代服务业的生产、经营和消费过程中，力求最优的资源利用、最少的碳排放和环境污染，以获得最大的经济效益和社会效益，最终实现经济社会的可持续性发展以及人与自然和谐共生的现代经济发展模式。与传统服务业相比，低碳服务业加入了低碳经济的理念，要求做到绿色环保，必须达到绿色环保的标准，减少资源浪费，降低环境污染。可见，低碳服务业既是低碳经济理念在现代服务领域的延伸和具体运用，也是低碳经济目标在服务业发展中的实现形式。

2.3.1.3　低碳服务业的特点

目前，在"双碳"目标的约束下，我国的餐饮、旅游、金融等服务业正在经历从"高碳"向"低碳"转型，具有以下特点：

1）节约资源。低碳服务业是一种战略与策略相结合的新型现代服务业，能够立足未来、统筹全局、合理安排，正确处理当前与长远利益、局部与整体利益的关系。注重提高能源利用效率，通过采用节能技术和设备，优化能源消耗，减少能源损耗和浪费，实现能源的高效利用。倡导可持续发展，通过推行循环经济模式，实现资源的最大化再利用和回收利用，减少资源的消耗和浪费。鼓励创新技术的应用，推动绿色、环保技术的发展，如智能节能系统、可再生能源技术等，提高服务业的能源效率和环境友好性。

2）效益突出。低碳服务业的发展对经济的可持续发展具有带动作用，使产业之间及其内部的关联性逐步增强，从而推进国民经济产业协作与和谐发展。作为工业、农业生产链的核心环节，服务业低碳化必将有效地带动低碳农业、低碳工业甚至低碳社会的建设与发展，这样就很好地将追求经济效益、社会效益与生态效益结合起来，从而实现整个社会的最佳综合效益。通过碳交易和碳金融等方式，实现碳减排项目的盈利和融资，促进低碳服务业的发展和壮大。

3）生态安全。传统服务业的发展模式对生态环境的依赖性较为显著，其迅猛发展导致自然资源的大量消耗以及生态环境的显著破坏。然而，低碳服务业的发展模式将显著减少对自然资源及生态环境要素的占用，从而大幅降低对生态环境的压力和威胁。低碳服务业精准地定位了服务业在社会经济体系中的生态地位，有助于推动现代服务业的可持续发展，进而实现社会经济体系与自然环境体系的和谐共生。

2.3.2　低碳服务业的发展现状

2.3.2.1　国内低碳服务业的发展现状

党的十八大以来，我国服务业高质量发展蹄疾步稳，带动行业结构、产业结构、区域结构等日趋协调优化，在稳增长、调结构、惠民生、促发展等方面发挥了积极作用。习近平总书记在党的二十大报告中强调，要加快发展方式绿色转型，实施全面节约战略，发展绿色低碳产业，倡导绿色消费。国内低碳服务业得到了快速发展，主要表现在以下方面：

1）支持政策日益完善。党的十八大以来，党中央、国务院高度重视服务业发展，将"绿色""创新"作为重要发展理念，先后出台一系列政策措施鼓励、支持和培育服务业经济，服务业呈现稳步扩张的良好态势。党的十九大报告提出要形成绿色发展方式和生活方式，加强构建市场导向的绿色技术创新体系，发展清洁生产产业和清洁能源产业，促使经济发展体系向绿色化低碳化转型。党的二十大报告提出要广泛形成绿色生产生活方式，践行绿色发展理念。2021 年 2 月 22 日，国务院印发《关于加快建立健全绿色低碳循环发展经济体系的指导意见》（以下简称《意见》），提出以节能环保、清洁生产、清洁能源等为重点率先突破，做好与农业、制造业、服务业和信息技术的融合发展，全面带动一二三产业和基础设施绿色升级。《意见》部署中涉及绿色服务业的内容主要包括提高服务业绿色发展水平、构建绿色供应链、加强再生资源回收利用等，《意见》的出台有效推动了低碳服务业的发展。中央全面深化改革委员会第六次会议审议通过了《关于构建市场导向的绿色技术创新体系指导意见》，明确指出绿色技术创新是一项新兴技术，是促进绿色发展的重要动力。"十四五"规划提出，坚决贯彻创新和绿色发展新理念，支持绿色技术创新，促进清洁生产，发展环保产业，促进重点行业和关键部门的绿色转型。遵循绿色理念，促进经济可持续发展，加快构建绿色技术创新体系，推动经济社会向绿色发展体制转变。

2）低碳技术不断创新。技术创新是发展低碳服务业的重要驱动力。国内相关企业和研究机构加大了对低碳服务技术的研发和应用，为低碳服务提供了更多的创新解决方案，有效推动了低碳服务业的低碳转型，推进"互联网+"战略与服务业的融合，培育和壮大了服务业新动能。2021 年，全国电子商务交易规模达 42 万亿元，全国快递业务量完成 1083 亿元。新一代信息、人工智能等技术不断突破和广泛应用，加速服务内容、业态和商业模式创新，推动服务网络化、智慧化、平台化，知识密集型服务业比重快速提升。同时，节能环保服务业快速兴起，2013—2021 年，规模以上生态资源监测企业、环境治理企业、与城乡生活垃圾综合利用有关的环境卫生管理企业营业收入年均分别增长 22.5%、13.4% 和 17.8%。

3）产业规模持续扩大。党的十八大以来，我国加快转变经济发展方式，经济结构持续深化调整，产业结构不断优化升级，服务业实现快速增长，在国民经济稳定发展中的重要性日益显著，已经成为支撑和拉动经济发展的主动力，对经济增长的贡献率超过 50%，就业人员占全国就业人员总数的 48.0%。2021 年，服务业新设企业达 726 万户，占全部新设企业总数的比重达 80.3%，服务业成为新设企业的主要来源。截至 2021 年年底，全国登记在册个体工商户已超 1 亿户，其中服务业占 90.2%。

2.3.2.2　国外低碳服务业的发展现状

国外低碳服务业的起步较早，其发展呈现支持政策完善、产业规模大、低碳技术成熟和管理模式成熟等特点，这促使低碳服务业在国外得到了快速发展，并成为经济增长的新动力。

1）完善的政策支撑体系。出台制定了的法规和指令，鼓励和规范低碳服务行业的发展，设立了低碳基金，用于支持低碳服务企业的创新和发展。德国政府为将德国打造成全球领先的可持续金融中心实施《德国可持续金融战略》，并出台了《绿色债券框架》和《环境权益法案》。

2）庞大的低碳服务产业规模。低碳服务业已经逐渐形成一个庞大的产业规模。德国的可再生能源行业已经成为其经济增长的重要引擎，低碳服务业在其国内生产总值中的占比也越来越大。银行和投资机构开始提供绿色金融产品和服务，如绿色债券、可持续发展债券等，以支持低碳服务业的发展。

3）创新低碳服务产业技术。技术创新对低碳服务产业的发展起到了重要的推动作用，新技术的引入使得低碳服务变得更加高效、可行。例如，智能电网、可再生能源设施和电动交通工具等技术的发展和应用，使得低碳服务能够更好地满足社会的需求。

4）科技服务业产业发挥重要的作用。科技服务业是指运用现代科技知识、现代技术和分析研究方法，以及经验、信息等要素向社会提供智力服务的新兴产业，主要包括科学研究、专业技术服务、技术推广、科技信息交流、科技培训、技术咨询、技术孵化、技术市场、知识产权服务、科技评估和科技鉴证等活动。在低碳经济发展过程中科技服务产业发挥重要作用，是调结构、稳增长、提质增效、促进科技与经济深度融合的重要举措，是实现科技创新引领产业升级、推动经济向中高端水平迈进的不可或缺的重要一环。美国科技服务充分发挥企业创新主体作用，政府仅进行必要的干预，从供给、需求和环境保障等方面实施一些有利于企业创新的措施，促进美国国内技术创新活动的开展。一是加大科技经费投入力度；二是完善和健全科技法律体系和资本市场；三是注重科技人才培养；四是形成高度发展的科技服务中介机构系统。日本科技服务业发展的突出经验是政府直接干预与重点扶持。日本大力发展本国科技服务业，致力于创新科技服务业发展模式，现在已经形成了以政府干预为主导，"产、官、学、研"紧密联合，以"重点化"战略有效推进，实施重积极引导和重点扶植的典型发展模式。德国科技服务业发展的突出经验是大力发展科技中介服务机构，涉及行业广泛，组织体系科学完善，服务功能十分强大，在信息、咨询、职业教育三个方面有突出的优势。

2.3.3　低碳服务业的主要模式

2.3.3.1　低碳餐饮及案例

当前，随着我国经济的发展、生产能力和人民收入水平的提高，我国经历了从二十世纪七八十年代的"吃饭难"到九十年代的"吃饱"，再到二十一世纪以来不断追求吃特色、吃健康、吃营养、吃便捷、吃文化、吃休闲。餐饮行业逐步成为扩内需、促消费、稳增长、惠民生的支柱产业。但同时餐饮业的快速发展使其自身的诸多问题日益凸显。餐饮业对资源消耗、生态环境产生的消极影响，以及食品安全与卫生状况等问题引起社会广泛关注。据估算，2021 年餐饮行业的碳排放总量约为 4500 万 t。在"双碳"目标的约束下，2022 年1 月，国家发展改革委等七部门出台了《促进绿色消费实施方案》，明确提出必须在消费各领域全周期全链条全体系深度融入绿色理念，餐饮行业须将绿色发展理念渗透到整个产业链，探索新模式，向绿色、健康、安全发展。2021 年 6 月 1 日，由商务部主管、国家市场监督管理总局和国家标准化管理委员会发布的《绿色餐饮经营与管理》（GB/T 40042—2021）正式实施，引导餐饮商家向绿色环保、低碳运营方向持续改进。

低碳餐饮是指在餐饮行业中采用低碳生产方式和可持续供应链，以减少碳排放和环境影响的餐饮模式，重点强调以节约能源、减少垃圾和污染为目标，以提供健康、环保和可持续的饮食选择。低碳餐饮的主要技术包括：①采购环节的低碳化。保证食品原料的安全与环保。②生产环节的低碳化。食品生产方法要确保食品的营养与卫生，生产过程要注意运用低碳技术组织生产。《中华人民共和国清洁生产促进法》明确规定，餐饮、娱乐、宾馆等服务性企业，应当采用节能、节水和其他有利于环境保护的技术和设备，减少使用或不使用浪费资源、污染环境的消费品。因此，餐饮企业应实行清洁工艺生产，集中使用水、电、气，降低能耗，做好污水、废气和垃圾的处理工作，做到达标排放。③食品服务环节的低碳化。销售服务是餐饮企业直接面向消费者的环节，只有通过低碳餐饮营销和低碳餐饮服务才能真正将低碳餐饮落实到位。在"互联网+餐饮"的背景下，网上订餐和餐饮外卖业务飞速发展，餐饮企业应优化外卖包装，使用环保餐盒、纸袋代替不可降解的塑料餐盒等。在低碳餐饮服务上，推行绿色低碳服务，尽量避免一次性餐具的使用，使用无纸化的电子菜谱取代传统的纸质菜单，引导顾客合理点餐，提倡"光盘"行动等，通过营造低碳用餐环境，宣传低碳饮食文化，倡导科学、理性的餐饮消费。

"零碳餐厅"（Zero Carbon Restaurants）是一个由英国环保组织可持续餐厅协会（Sustainable Restaurant Association）推出的计划，要求餐厅实施环保举措，如使用可再生能源、减少食物浪费、优化能源效率和使用环保材料。北京麦当劳首钢园得来速餐厅按照国际权威绿色建筑认证 LEED（能源与环境设计先锋评级）的零碳排放和零能耗标准设计和建造，最大的亮点是通过超 2000 m² 的太阳能光伏发电系统，满足餐厅日常电力需求，年发电量可达约 33 万 kW·h，年减少碳排放量约 200 t，全面实现运营"碳中和"。

2.3.3.2　低碳金融及案例

金融作为一国经济的核心，在引导资源、优化配置方面发挥着核心作用。金融越发达，其资源配置的效率越高，越能促进经济的发展。低碳经济作为一种创新型的发展模式在实现经济发展中要得到贯彻执行，需要有效地对资源进行引导，以实现用低碳经济的模式配置资源。为支持国际社会加强节能减排、发展低碳经济，国际金融界积极倡导低碳金融创新，促进金融业向适应低碳经济发展转型。低碳经济要得到发展自然离不开金融的支持，金融的低碳化经营就是对这种经济发展模式最好的支持。

低碳金融是指金融机构和组织运用相关的金融产品和服务，在引导资金流向、配置社会资源中要考虑生态保护和污染的治理，通过加大对环保产业和技术创新的支持力度，以期达到经济的可持续发展和社会福利的持续最大化的一系列金融活动。从目前国际金融界的实践来看，"低碳金融"涵盖了两个方面的内容：一是为利于环保的企业提供直接金融支持，包括"低碳信贷""低碳证券""低碳保险"等，大多采纳了"赤道原则"等标准，提高管理环境和社会风险的能力，直接为能促进节能减排的企业提供投融资产品，也使金融机构有机会分享低碳经济发展带来的长期经济效益。二是利用金融市场及金融衍生工具来限制温室气体排放。这类金融产品，大多开展从量上限制排放以缩小生态足迹的碳金融活动，在支持《京都议定书》减排机制的实施和减排目标实现的同时也遵循金融交易的准则。经过近几年的发展，我国绿色金融已经形成"五大支柱"（绿色金融标准体系、环境信息披露、激励约束机制、产品与市场体系和国际合作）及"三大功能"（资源配置、风险防范和市场定价）的发展思路，绿色信贷规模快速增长，绿色金融服务体系不断丰富。截至 2023 年 6 月末，国内 21 家主要银行绿色信贷的余额达 25 万亿元，同比增长 33%，规模居世界首位。据测算，21 家主要银行绿色信贷支持项目建成后，每年可支配节约标准煤超过 4 亿 t，减排二氧化碳当量超过 10 亿 t。21 家主要银行节能环保产业的贷款余额 3 万亿元，同比增长 53%；清洁能源产业贷款余额 5 万亿元，同比增长 34%；建筑节能和绿色建筑贷款余额 3 万亿元，同比增长 84%。

贵安新区富士康（贵州）第四代绿色产业园二期厂房项目建设用地面积约 193.54 亩，总建筑面积 136525.94 m²。该厂房建设，结合地形及景观条件，利用风能、日照及太阳辐射角度的模拟对建筑布置角度进行了合理化设计，降低建筑能耗。针对该绿色建筑建设因投资规模面临的融资难问题，贵安新区农业银行采取抵押担保置换前期保证担保方式，支持绿色产业园的绿色建筑项目建设，累计投放金额 3 亿元，解决该绿色建筑项目融资难的问题。

2.3.3.3 低碳旅游及案例

随着人民生活水平的提高和旅游产品的丰富多样，旅游产业在国民经济中发挥着重要作用。2023年，全国国内游客共60.1亿人次，旅游及相关产业增加值为44989亿元，约占全年国内生产总值（GDP）的4.56%，占服务业生产总值的8.42%。然而，由于旅游业的规模和范围的不同，旅游业的碳排放量在各个国家和地区都是不同的。现有数据表明，旅游业约占全球GDP总量的10%，对全球温室气体排放的贡献约为8%，远超许多产业，旅游出行的碳排放量约占交通运输行业总排放量的22%。

低碳旅游是指在旅游系统运行过程中，应用低碳经济理论，以低能耗、低污染、低排放为原则开发和利用旅游资源与环境，实现资源利用的高效低耗与对环境损害最小化的全新旅游发展方式。2009年年底通过的《国务院关于加快发展旅游业的意见》中明确提出提倡低碳旅游方式。国家发展改革委等部门制定的《关于促进绿色消费的指导意见》提出有序引导文化和旅游领域绿色消费，制定实施文化、旅游等绿色消费指南，鼓励消费者购买、使用绿色低碳产品。主要的发展方向包括：①旅游生产的低碳化。对于旅游产业而言，低碳旅游实际上是在经济领域对旅游产业的一场深刻的能源经济革命。宾馆饭店、景区景点、乡村旅游经营户等旅游生产企业应积极利用新能源新材料，广泛运用节能节水减排技术，实行合同能源管理，实施高效照明改造，减少温室气体排放，积极发展循环经济，进而推动旅游业的升级，带动旅游产业以及下游产业的技术进步，提高整个产业链的资源生产率，最终在低资源消耗、低能源需求的前提下取得更好的经济发展。②旅游消费的低碳化。对于旅游消费者而言，低碳旅游首先是一种低碳化的生活方式，在旅行中尽量减少碳足迹与二氧化碳的排放，如个人出行中携带环保行李、住环保旅馆、选择二氧化碳排放较低的交通工具等。

句容茅山景区是集道教文化、革命文化、传统文化和生态景观于一体的复合型旅游景区，不仅有着丰富而独特的文化禀赋，生态资源也极为优越，景区植被覆盖率达到90%以上。在碳减排的大背景下，2009年，被联合国开发计划署和世界宗教与环境保护联盟授予"生态保护突出贡献奖"；2013年，被镇江市低碳城市建设工作领导小组评为"低碳景区试点单位"；2014年，被评为国家AAAAA级旅游景区；2019年年底，被列入镇江市首批三星级低碳旅游区试点单位。2020年，景区启动低碳旅游创建工作，迈上低碳发展的新征程。景区坚持实施低碳管理方案，实现碳排放数据化管理，同步开发低碳旅游项目活动，提升景区低碳设施建设、低碳设备使用。以原生态保护和绿化、生态停车场建设、新能源公共交通推广、垃圾分类回收利用、建设节能材料使用等为重点来打造低碳景区。建立"智慧旅游"综合管理平台，逐步向低碳智能化方向转变。注重旅游产品和低碳路线开发，积极探索建立景区和周边乡村一体化发展各方受益的共赢共享机制，因地制宜研发周末自驾游、应时鲜果采摘、茶叶苗木生态观光、垂钓等体验式绿色旅游项目，开发践行"低碳问道"漫游道路线、推广和组织"茅山福道"骑行活动。大力推行绿色餐饮，开展"碳中和"造林活动、徒步登山活动，建立旅游环保志愿者联盟，更新景区低碳设施设备，培育低碳酒店，修建生态步道，向游客大力宣传文明旅游、低碳旅游，铺展开一幅绿水青山的美丽画卷。

2.3.3.4 低碳交通及案例

交通运输排放约占我国碳排放总量的 10%，在低碳经济的背景下交通运输行业的降碳任务十分严峻。国务院印发的《2030 年前碳达峰行动方案》提出，加快形成绿色低碳运输方式。习近平主席在第二届联合国全球可持续交通大会上强调，建立绿色低碳发展的经济体系，促进经济社会发展全面绿色转型，才是实现可持续发展的长久之策。要加快形成绿色低碳交通运输方式，加强绿色基础设施建设，推广新能源、智能化、数字化、轻量化交通装备，鼓励引导绿色出行，让交通更加环保、出行更加低碳。

因此，低碳交通作为以降低交通运输行为的温室气体排放为目标的低能耗、低排放的交通运输方式，是低碳经济在交通领域的一种实现方式，已经受到了越来越多的关注。近年来，通过推进绿色交通基础设施建设，优化调整交通运输结构，推广应用新能源和清洁能源运输装备、倡导绿色出行等方式，节能减排取得了积极成效，为降低碳排放强度做出了有力贡献。

近年来，广州市常住人口和汽车保有量持续增多，公共交通出行客流不断攀升，全市公交日均客流量突破 600 万人次，地铁日均客流量突破 900 万人次，城市空气质量压力增加、交通拥堵加剧、能源消耗过大等问题越发严重，在一定程度上影响了人民群众的满意度和获得感。为此，广州市积极打造绿色智慧公共交通出行服务体系，加快推动公共交通领域的绿色低碳发展。

（1）推进公共交通领域的纯电动汽车应用

广州市贯彻落实"优化交通能源结构，推进新能源、清洁能源应用"的要求，率先在公共交通领域淘汰高能耗、低效率的传统能源车辆，加快推进纯电动汽车的应用。目前已累计推广应用纯电动公交车 1.28 万辆，纯电动出租车超过 7.6 万辆。按照此规模测算，纯电动公交和出租车可年均减少使用常规能源 LPG 4.5 亿 L、LNG 3.65 万 t、柴油 1189 万 L 以及汽油 1479 万 L，折合 81.6 万 t 标准煤，减少二氧化碳排放当量约 86.7 万 t；百公里能耗总成本下降 30%～60%，每年可节省超过 25 亿元；由于电动汽车结构的优化，还能在维护保养成本上每年节省超过 0.8 亿元。此外，广州市建设充电桩超过 2.5 万个、出租车换电站通道 35 条，不但优化了城市充电桩布局，完善了充换电站等配套设施，还为全社会的新能源车辆推广应用夯实了基础，起到示范带动效应。

（2）建立完善智慧交通出行服务体系

广州市以纯电动汽车为载体，大力发展智慧交通，通过科技创新手段优化公共交通出行服务，改善城市人居环境。

1）提高政府管理效率。建成集监管、服务、安全于一体的公交管理智能化体系，提高公交行业监管、智能服务管理、新能源车运行监测、车辆安全防碰撞及驾驶行为分析、公交视频智能化监控、公交客流分析等智能化水平，实现城市公交有序、高效、环保、安全运行。建成全市出租车行业监管和执法稽查平台，基于人工智能与卫星定位数据综合分析，对假冒出租车识别记录、分析出没规律、实现精准打击，有效提高交通运输执法效能。

2）完善企业运营机制。建成全国载量最大的城市级统一公交调度系统，支撑 14000 多辆公交车、1200 多条公交线路、10 个调度中心的安全管理和科学调度，每年承载 23 亿人次公交出行，有效提高车辆运营效率，公共汽车始发正点率为 96.87%，中心城区公交平均通勤时间约 30 min，出租车全年营运里程利用率达到 65%以上，倡导公共交通集约化出行，为城市交通节能减排做出贡献。创建广州智能公交示范线路，综合应用安全驾驶辅助、车载视频监控、人脸识别、车辆防碰撞、客流检测、司机健康监测等新技术，使公交车驾驶更安全、劳动强度降低，减少交通事故，提升服务水平。全面配置车载视频智能应用，通过人脸识别和行为记录，加强车辆与司机身份识别验证和服务监督，警示常见不规范运营行为，并可用手机提交服务评价和投诉，保障乘客权益。数学建模分析预测运力供需，实现广州白云国际机场、广州南高铁站出租车科学调度，高峰期候乘不超过 15 min，全年服务 1300 多万人次旅客接驳换乘，实现运力调度良性循环。通过大数据分析，为实施出租车、网约车运力调控、运价调控等市场调节措施，提供科学数据参考。

3）优化市民出行体验。打造城市交通出行服务"广州交通·行讯通"手机应用，覆盖 1000 万用户，提供公交、地铁、路况等信息服务，实现可规划可预期的便捷出行体验。实现二维码支付在广州公交领域全面应用，日交易量超过 95 万次。全国交通"一卡通"可在广州公交领域一卡通行。近年来，广州公交乘客满意度均在 82%以上。

在交通出行领域，广州市新能源车辆的投入规模、推广数量和智能化应用水平在全球城市均位于前列。广州市绿色智慧公共交通出行服务项目中多项工作内容曾多次获得国际、国内奖项。广州市"公交电动化"项目在 2019 年 C40 城市气候领导联盟市长峰会中获得城市"绿色技术"奖项；广州智慧交通有关应用平台则获评广东省"粤治——治理能力现代化"优秀案例、"雪亮工程优秀创新案例"等。

2.3.4　低碳服务业的发展对策

低碳服务业作为低碳经济的重要组成部分，其发展能够促进资源、经济、社会和谐发展，符合低碳经济发展的目标，可为低碳经济发展提供保障。然而，处于社会环境中的服务业在经营过程中既要受到企业外部因素的影响，又要受制于企业自身的管理和决策。从目前的实际情况来看，要发展低碳服务业，需要重点从以下几个方面实现突破：

（1）完善相关法律、法规和政策制度

首先，政府部门应建立和完善市场体制和市场环境，为企业营造一个相对公平的竞争环境，打破服务业多领域的垄断和管制，从而实现资源的最优配置，提高服务业的效率，在减少资源浪费的前提下实现资源的最大节约，为低碳服务业提供公平竞争的市场舞台。

其次，政府作为法律法规的制定部门，应建立健全相关的法律法规，为发展低碳服务业提供有力的法律保障。从我国现有的治理企业生产行为的法律结构来看，针对生产环节，已有的《中华人民共和国节约能源法》和《中华人民共和国可再生能源法》主要强调资源和能源的投入减量；《中华人民共和国清洁生产促进法》主要强调生产过程中的废弃物减量。《中华人民共和国固体废物污染环境防治法》主要强调废弃物产生以后减少对环境的影响，这从一定程度上说是我国末端治理思想的体现，但有关资源化和再利用的专门法律目前还没有，因此应尽快完善相关法律法规。

最后，政府作为管理部门还可以制定一系列促进低碳服务业发展的经济政策和制度。例如，通过制定财政补贴、减免税收以及优惠的信贷、投资等政策，鼓励低碳服务产品的开发和推广，鼓励从事污染治理和废弃物循环利用的企业，从而逐步形成低碳服务业产业，既满足了社会的绿色需要，又实现了国民经济的可持续发展。反之通过重税、取消财政补贴、收取高额排污费等政策，使部分服务业企业放弃高能耗、高污染、高排放的服务行为，逐步转移到可持续发展轨道上来。

（2）消费者的低碳服务需求

消费者的低碳需求是促使企业提供低碳服务的主要动力，正是在这种动力的驱动下，服务业才会不断地为消费者提供低碳服务。充分运用各种手段加强低碳服务的社会宣传，在众多主流新闻媒体上以公益广告的形式大力宣传环保的理念，树立低碳消费时尚行为的榜样，使环保理念深入人心，使公众养成低碳消费的行为习惯。引导消费者进行正确的购物行为和环境友好的消费方式，力求减少包装废弃物的产生，鼓励消费者选择以再生资源为原料的产品；教育消费者和单位减少垃圾排放，增强循环利用的意识，对于耐用消费品如家电、家具等，可以通过旧货市场进行交易，或送至指定回收点，避免随意丢弃。

（3）树立低碳管理理念

低碳管理理念是企业进行低碳管理的核心与灵魂，要求企业在发展过程中，应具备强烈的环保意识，要以长远的战略眼光看待环境保护问题。企业通过开发低碳服务，进行低碳管理，使服务低能耗、高环保，积极满足低碳消费需求，进而增强企业的低碳竞争力。

（4）选择低碳服务途径

实现服务途径清洁化是企业实现低碳化转向的重要标志之一。在传统强势服务行业中，批发零售贸易业可通过开展低碳营销、电子商务、开辟低碳采购通道、引导低碳消费等来创建低碳化的服务途径；在餐饮宾馆业中，开辟"低碳客房"、开设低碳餐厅、提供打包服务、按顾客意愿提供一次性用具等是低碳化服务途径的主要形式；在交通运输业中，可以通过发展轨道交通、合理规划行驶路线、使用电动车和混合动力车辆等形式的现代低碳交通工具来实现服务途径的低碳化。因此，必须根据不同服务行业的特点开展不同形式的服务途径低碳化过程。

（5）积极参与低碳认证

低碳认证是企业推行低碳管理的有效途径，也是提高企业国际竞争力的重要砝码。而 ISO 14000 则是国际标准化组织制定的环境管理国际标准，是目前最具有代表性的低碳认证。取得该认证，即意味着企业的低碳管理在公众中的信誉度、美誉度提高，有利于增强企业的竞争力。

（6）大力开展低碳营销

服务型企业在营销时应加强低碳消费理念的宣传，传递低碳消费信息，使消费者认识到低碳消费的好处；通过低碳消费知识的教育，向广大消费者普及低碳消费知识，提高消费者的环境保护意识，形成低碳消费观，使消费者建立合理的低碳消费结构和多样的低碳消费方式等，以此促进服务业不断强化其低碳服务意识，不断改进其低碳服务措施，这能为我国企业开辟一条增强竞争力的新途径，是我国企业实现可持续发展的必然选择。

【思考题】

1. 阐述低碳农业的特点及主要模式。
2. 阐述低碳工业的特点及主要模式。
3. 阐述低碳服务业的发展现状和主要模式。

参考文献

[1] 鲍健强，苗阳，陈锋. 低碳经济：人类经济发展方式的新变革[J]. 中国工业经济，2008（4）：153-160.

[2] 曹莉萍，诸大建，易华. 低碳服务业概念、分类及社会经济影响研究[J]. 上海经济研究，2011（8）：3-10.

[3] 曾以禹，陈卫洪，李小军. 国外发展低碳农业的做法及其启示[J]. 世界农业，2010（10）：59-63.

[4] 陈红，高二波. 低碳林业产业链研究[J]. 中国林业经济，2011，108（3）：19-22.

[5] 陈素梅. 中国工业低碳发展的现状与展望[J]. 城市，2022（1）：63-69.

[6] 邓丽平. 中国农业碳排放的时空差异及演变模式研究[D]. 南昌：南昌大学，2020.

[7] 都昌映. 日本低碳产业国际竞争力分析及对我国的启示[D]. 青岛：中国海洋大学，2015.

[8] 方磊. 绿色金融与低碳经济[N]. 中国银行保险报，2021-05-27（8）.

[9] 郭莉. 我国绿色金融发展进程及发展对策探究[J]. 甘肃开放大学学报，2022（3）：71-78.

[10] 郭倩雯. 绿色金融赋能制造业企业低碳转型的对策研究——以金华市为例[J].产业创新研究，2023（14）：81-83.

[11] 胡加林，曾经雨，肖复明. 低碳林业发展问题研究[J]. 江西林业科技，2012，211（1）：39-42.

[12] 纪玉颖. "双碳"目标下低碳农业研究[J]. 上海农村经济，2022（7）：43-45.

[13] 江辰星. 城市低碳交通测算模型及策略研究[D]. 上海：华东理工大学，2023.

[14] 蒋孝成. 低碳交通发展的影响因素研究[D]. 合肥：安徽大学，2017.

[15] 金辰，孙波，赵其国，等. 我国发展低碳农业的政策、法规和技术体系分析[J]. 土壤，2014，46（1）：7-14.

[16] 李方萍，罗志亨. 发展低碳经济视域下的林业建设对策[J]. 绿色科技，2016（11）：95-96.

[17] 李继峰，常纪文. 我国工业低碳转型的基础、路径与政策——历史述评与未来思考[J]. 城市与环境研究，2023（2）：56-71.

[18] 李丽颖. 发展生态低碳农业, 推进人与自然和谐共生的中国式农业现代化[N]. 农民日报, 2023-02-17 (1).

[19] 李琪. 绿色债券拓宽绿色低碳融资渠道——中国银行业绿色低碳金融产品创新系列典型案例[J]. 中国银行业, 2022 (8): 90-92.

[20] 李晓燕, 何晓玲. 四川发展低碳农业的基本思路——基于国内外经验借鉴与启示[J]. 农村经济, 2012 (11): 48-52.

[21] 林斌, 徐孟, 汪笑溪. 中国农业碳减排政策、研究现状及展望[J]. 中国生态农业学报 (中英文), 2022, 30 (4): 500-515.

[22] 刘星辰, 杨振山. 从传统农业到低碳农业——国外相关政策分析及启示[J]. 中国生态农业学报, 2012, 20 (6): 674-680.

[23] 吕建秋, 蒋艳萍, 付肖军. 低碳林业研究综述[J]. 科技管理研究, 2013, 33 (15): 117-120.

[24] 马婉莹. 关于推动农业农村低碳发展的思考与建议[J]. 当代农村财经, 2023 (9): 47-51.

[25] 裴三怀. 基于低碳经济的服务业发展路径探析[J]. 企业家天地, 2013 (7): 31-33.

[26] 彭艳, 黄贵平. 低碳经济视角下旅游经济发展模式研究[J]. 赤峰学院学报 (汉文哲学社会科学版), 2019, 40 (4): 95-97.

[27] 启山. 低碳农业任重道远[J]. 湖南农业, 2010 (2): 4.

[28] 史玉萍. 国际多边合作机制视角下农业碳排放问题研究[D]. 北京: 首都经济贸易大学, 2023.

[29] 孙雅平. 浅议低碳旅游及其发展前景[J]. 旅游纵览 (行业版), 2012 (6): 30.

[30] 田云. 中国低碳农业发展: 生产效率、空间差异与影响因素研究[D]. 武汉: 华中农业大学, 2015.

[31] 王科, 李思阳. 中国碳市场回顾与展望 (2022)[J]. 北京理工大学学报 (社会科学版), 2022, 24 (2): 33-42.

[32] 王松良. 低碳农业时代的来临与中国 13 亿消费者的责任[J]. 中国非营利评论, 2014, 13 (1): 249-255.

[33] 王鑫. 我国低碳金融发展中的问题分析与对策研究[J]. 节能, 2018, 37 (6): 101-103.

[34] 卫彦琦. 发展低碳金融助推经济发展方式转变研究[J]. 大众标准化, 2022 (10): 128-130.

[35] 吴昊玥, 周蕾, 何艳秋, 等. 中国种植业碳排放达峰进程初判及脱钩分析[J]. 中国生态农业学报 (中英文), 2023, 31 (8): 1275-1286.

[36] 许红. 国外低碳农业发展经验及借鉴[J]. 农业经济, 2019 (4): 9-11.

[37] 薛寒, 刘萍. 基于林业碳汇视角浅谈发展低碳经济的林业措施[J]. 中国管理信息化, 2015, 18 (12): 168-169.

[38] 杨雪. 我国农业碳排放测算与碳减排潜力分析[D]. 长春: 吉林大学, 2023.

[39] 姚洪江, 王昆仑. 中国的低碳交通建设: 整合性治理框架下的减碳实践[J]. 世界经济, 2023, 46 (6): 132-157.

[40] 姚良, 王锋军. 洛南县发展低碳工业的思考[J]. 陕西发展和改革, 2010 (4): 41-42.

[41] 俞霞, 吴德进. 旅游经济发展与碳排放脱钩关系研究: 以福建省为例[J]. 福建论坛 (人文社会科学版), 2022 (6): 86-96.

[42] 张彬彬. 发达国家服务化转型的碳排放转移效应研究[D]. 厦门: 厦门大学, 2020.

[43] 张慧婷. 低碳经济发展下的绿色金融创新路径研究[J]. 商展经济, 2022 (21): 62-64.

[44] 张俊飚，何可. "双碳"目标下的农业低碳发展研究：现状、误区与前瞻[J]. 农业经济问题，2022（9）：35-46.

[45] 张巧丽，朱隆斌. 碳中和背景下德国城市更新中的探索与实践[J]. 重庆建筑，2023，22（5）：25-28.

[46] 张云星，田东林. 低碳农业发展面临的问题及对策——以昆明市为例[J]. 黑龙江粮食，2023（9）：107-109.

[47] 赵锋. 发展低碳服务业的必要性与对策建议[J]. 陕西行政学院学报，2013，27（2）：30-33.

[48] 赵培华. 河南省农业碳排放与经济增长的脱钩分析[J]. 江苏农业科学，2023，51（22）：245-249.

[49] 中国农业科学院农业农村碳达峰碳中和研究中心，中国农业科学院农业环境与可持续发展研究所. 中国农业农村低碳发展报告（2023）[R]. 2023.

[50] 朱怡婷. 基于低碳经济背景下我国绿色金融发展探析[J]. 现代金融，2018（5）：28-29.

第3章 发展低碳经济的技术支撑体系

【学习目标】发展以低能耗、低污染为基础的"低碳经济",一个重要的支撑是"低碳技术"。本章将为大家介绍低碳技术的产生、内涵及特征、低碳技术的主要类型及"双碳"目标下我国绿色低碳技术体系构建及创新路径分析。通过本章学习,应该掌握以下内容:①掌握低碳技术的内涵及产生的时代背景;②了解低碳技术的类型、现状与展望;③了解我国构建低碳技术体系存在的问题及实现方法。

随着我国碳达峰碳中和战略向纵深推进,以绿色低碳技术作为核心支撑实现"双碳"目标的主体思路基本形成。科学技术进步带来的工业革命、科技革命和能源革命,驱动人类社会文明实现了跨越式发展,前三次变革可以看作人们顺应科技进步带来的必然结果,而"双碳"战略,则是人们通过总结历次工业革命、科技革命、能源革命的经验和大力发展科技,首次主动寻求社会文明向更高阶形态的转型之举,而绿色低碳技术创新是实现转型的基础和关键。中央文件中多次提出加快绿色低碳科技革命,随着我国"双碳"战略不断向纵深推进,完善绿色低碳科技革命理念,构建绿色低碳技术体系和创新发展路径,将为"双碳"目标的实现提供有力支撑。

从当前全球绿色低碳技术的发展形势来看,欧美等发达国家都已宣布碳中和计划,并发布相关战略规划支持绿色低碳技术发展。除不断加大绿色低碳技术研发投入外,各国政府还运用碳排放交易、碳税和法规等多种政策工具,推动激励绿色低碳技术创新,促进经济社会系统转型,国际绿色低碳技术竞争加剧。我国目前绿色低碳技术发展的理论支撑还略显不足,我国要推进绿色低碳技术体系构建,需要自上而下构建绿色低碳技术体系长期发展的理论支撑、自下而上构建绿色低碳技术体系思路,并以不同发展需求构建绿色低碳技术体系。绿色低碳技术的发展对"双碳"目标的实现和人类文明发展都具有重大意义。

3.1 低碳技术的产生、内涵及特征

3.1.1 低碳技术的产生

3.1.1.1 传统技术的反思

人类进化史在某种程度上可以说是人类认识和改造自然的历史。人与自然界的矛盾在一定程度上表现为科学技术与自然界的矛盾，科学技术揭示了自然界的本质和规律，在人类认识自然和改造自然中发挥着巨大的作用。然而，在人类应用科学技术改造自然的过程中也产生了一些负面影响，环境污染、生态破坏、气候异常等环境问题已威胁到人类社会的可持续发展。但是，要从根本上解决环境问题还得依靠技术，并受人们所奉行的技术观的影响。技术观是指某一时期人们对技术的总体评价，它涉及人们对技术发展的总体看法、对技术功能的认识、技术实践与其他社会实践的关系等诸多方面，而一定技术观的形成又与人们的实践活动密切相关，受科学技术发展水平的制约。

在蒙昧时代，人的认识能力低下，生产活动范围有限，对自然界盲目恐惧，马克思说："自然界起初是作为一种完全异己的、有无限威力的和不可制服的力量与人们对立的；人们同它的关系完全像动物同它的关系一样，人们就像牲畜一样服从它的权力。"这时技术仅仅作为人类维持生存的手段，对自然界的改造是局部的、可控的。技术仅仅是人类实践活动的副产品，没有形成独立的体系，不在人们的生活中占主导地位。人的一切能动性与大自然相比，都显得脆弱无力，"舍技从天"成为人们的一种期望。

后来，随着近代大机器技术的产生和发展，人们的认识能力不断提高，生产活动范围扩大，对自然界的改造不断深入，响亮地提出征服自然的口号，技术充当了这种征服活动的最有效的工具和手段。然而，随着人类对自然的改造利用触及自然界的各个角落，人们面临的资源、环境问题也开始显现。现在人们终于认识到当年马克思的警告："我们统治自然界，绝不能像征服者统治不同民族一样，绝不能像站在自然界之外的人一样，相反地，我们连同我们的肉、血和头脑都是属于自然界，存在于自然界。"人应当谋求与自然界的和解，而技术是协调人与自然的工具，不能只把它当成征服自然的手段。

3.1.1.2 低碳技术的兴起

恩格斯说："社会上一旦有某种技术上的需要，则这种需要会比十所大学更能把科学推向前进。"低碳经济方面的研究是在最近几年受到人们的重视并逐渐兴起的。它的兴起源于大气中温室气体过多而产生的一系列负面效应，并随着人们对气候变暖的严重后果的认识而逐渐提上日程。低碳技术是在低碳经济研究的基础上提出来的，并随着低碳经济的兴起而逐渐产生。

2003 年的英国能源白皮书《我们能源的未来——创建低碳经济》中首次提出低碳经济

这个概念。其要点是提高能效、采用可再生能源及采用碳捕集与封存等来减少大气中的碳含量。随着由"高碳生产方式"转变为"低碳生产方式",由"高碳消费方式"转变为"低碳消费方式"的低碳发展之路日渐清晰并为各国所接受,一场低碳经济的革命在各国相继展开,发展包括可再生能源和新能源技术、清洁煤技术、碳捕集与封存技术、节能减排技术等在内的低碳技术则成为各国向低碳经济转型的关键而备受关注。

我国一贯坚持可持续发展理念,在全球气候变暖的严峻形势下也在寻求一条适合我国国情的低碳发展道路,而低碳技术作为低碳发展的先锋也得到党和政府的高度重视。2007 年 6 月,我国正式发布了《中国应对气候变化国家方案》,表明了我国应对气候变化的立场。同年 7 月,温家宝总理主持召开国家应对气候变化及节能减排工作领导小组第一次会议和国务院会议,研究并安排了应对气候变化的相关工作,积极组织贯彻节能减碳工作。2007 年 9 月,胡锦涛主席出席亚太经合组织(APEC)第十五次领导人非正式会议,提出发展低碳经济、加强研发和推广低碳能源技术、增加碳汇和促进碳吸收技术。2008 年两会期间,全国政协委员、环境保护部副部长吴晓青明确将"低碳经济"提到议题上来。2009 年 3 月 3 日,中国科学院(以下简称中科院)发布的《2009 中国可持续发展战略报告》提出了我国发展低碳经济的战略目标。中国政府还宣布了到 2020 年控制温室气体排放的行动目标,即到 2020 年我国单位 GDP 二氧化碳排放量将比 2005 年下降 40%～45%,并将其作为约束性指标纳入国民经济和社会发展中长期规划。发展低碳技术则是达到温室气体减排目标的关键,随着对气候问题的关注,低碳技术逐渐形成一股潮流日益兴起。

世界主要发达国家都在致力于新能源技术和清洁能源技术的开发利用,以期抢占低碳经济发展的制高点。截至 2013 年,欧盟计划投资 1050 亿欧元用于绿色经济;美国能源部投资 31 亿美元用于碳捕集与封存技术研发;英国 2009 年 7 月公布了《低碳产业战略》。我国科技部、教育部、基金委、中科院和许多省(区、市)已经部署了发展低碳技术的计划,中科院 2009 年启动了《太阳能行动计划》。

有报告称,2050 年我国可再生能源的消费量将接近甚至超过 50%,届时一个真正的低碳社会就会到来。与发达国家相比,我国能源利用效率还有较大差距,应重点实现低碳能源技术突破,建立低碳经济发展模式和低碳社会消费模式。发展低碳经济,科学决策是前提,技术创新是关键,资金投入是保障,全员参与是核心。为此,我国应整合社会各种资源,调动各方面积极性,建立激励和约束机制,加快发展低碳技术的脚步。

3.1.2 低碳技术的内涵及特征

3.1.2.1 低碳技术的内涵

低碳,英文为 low carbon,意指较低(更低)的温室气体(以二氧化碳为主)排放。低碳技术是相对高碳技术而言的,高碳技术与近代工业革命有很大关系。高碳技术是指近代以来以利用石油为主,大量排放碳及其相关物的技术。随着世界工业经济的发展、人口的剧增、人类欲望的无限上升和生产生活方式的无节制,世界气候面临越来越严重的问题,二氧化碳排放量越来越大，全球灾难性气候变化屡屡出现，已经严重危害到人类的生存环境和健康安全。低碳技术是涉及电力、交通、建筑、冶金、化工、石化等行业以及在可再生能源及新能源、煤的清洁高效利用、油气资源和煤层气的勘探开发、二氧化碳捕集与封存等领域开发的有效控制温室气体排放的新技术。在这些领域，低碳技术的应用可以节能和提高能效。具体地讲，低碳技术是指更低的温室气体排放的技术，顾名思义是指那些能够有效控制温室气体排放的技术，到目前为止国内外还没有一个标准定义，谢和平院士将低碳技术理解为所有能够降低人类活动中碳排放的技术，核心要义是要减少温室气体排放。

低碳技术种类繁多，大体上分为三大类：减碳技术、无碳技术、去碳技术。其中，减碳技术，是一种在过程中控制二氧化碳排放的技术，实现生产消费使用过程中的低碳，满足低排放、低污染、高效能的目标，主要包括煤、石油、天然气等常规能源的高效、清洁利用；包括智能电网技术、热电联供技术、高效火力发电技术、新一代半导体元器件开发技术以及高效节能型建筑技术等高能耗、高污染领域的节能技术。无碳技术是一种从源头上对二氧化碳排放进行控制的技术，如太阳能、风能、水能、潮汐能、地热能、生物质能、核能、氢能等清洁能源技术，通过减少含碳能源的使用，实现二氧化碳等温室气体的减排。去碳技术，是一种从末端进行治理的低碳技术，比较典型的就是二氧化碳捕集、利用与封存技术，目的是降低大气中碳含量，理想状态是实现碳的零排放。低碳技术除上述概括的三大类"硬件"技术外，还包括知识、经验、服务、人力资源、组织管理等"软件"要素类技术，如在城市规划中，采用低碳理念进行管理，合理安排交通布局和运输航线，可以有效缓解交通拥堵和原料运输产生的耗能。

低碳技术有两个方面内涵，即工具内涵与工艺内涵。低碳技术的工具内涵是指人类利用自然、改造自然的工具，即降低温室气体排放的工具。例如，发现新的物质捕集空气中的碳。低碳技术的工艺内涵是指为达到降低温室气体效应这一目的的手段。例如，改进工艺以降低温室气体的排放，或者利用某种手段使全球气温降下来。作为工具的低碳技术，是依靠科学家在实验室进行个体实验，掌握自然规律，再运用自然规律进行工具设计而成。低碳技术的两方面内涵是相互依存的，单有工具内涵，技术不会表现出为人类某种目的服务的特性。单有工艺内涵，技术不会表现出处置外在自然的特性。同时，两者又是相互区别的，它们的根本区别在于，工具内涵是感知的结果，带有个人性，工艺内涵是想象的结果，带有集体性。工具内涵是对未知领域认识的结果，工艺内涵是在既有体验引导下技术方式改变的结果。

近代以来，高碳技术是依靠现代科学，以利用石油为主的技术，这种技术能最大限度地实现对自然的改造。认识自然，依靠自然自身去改造自然。它是实验室科学家认识自然规律的结果。作为工具的低碳技术，其产生逻辑与高碳技术相似，例如，认识到如何消除空气中的碳排放，再通过规律设计出减少碳排放的技术。作为工艺的低碳技术，是指以满足人类需求为主要目的的技术。高碳生活导致全球气候变暖，冰雪融化使得海平面上升，有些沿海国家或地区面临被淹没的风险。这些直接危害会使人们考虑如何消除这些危害，有以下两种方式：一是取消高碳技术，这样是最直接的低碳生活，会最直接地解决问题。但是，这种低碳技术等于使人们的生活方式回到工业化以前，它以大多数人利益受损为代价。二是对现有的高碳技术进行工艺革新，降低能耗，降低碳排放。例如，节能灯技术。

3.1.2.2　低碳技术的特征

低碳技术作为技术体系中的一个新兴词汇，从宏观方面来说，属于环境技术的一个类别，比较相关的概念还有生态技术、绿色技术等。但是与传统的环境技术相比，又具有很多新的特点。生态技术、绿色技术内涵宽泛，可简单理解为在可持续发展理念指导下，为了实现人与自然和谐共生，所采取的一切手段与方法；低碳技术侧重于从降低碳排放的角度进行思考，即为了应对气候变暖的挑战、解决能源安全问题，在经济发展过程中通过技术手段控制碳排放量，实现大气中碳的平衡。从狭义方面说，低碳技术就是针对大气中碳含量过多的问题而提出的，即通过低碳技术，可在经济增长、能源消费量增加的同时，实现碳排放量的减少。低碳技术与生态技术、绿色技术相比，共同点是降低消耗、减少污染、促进经济社会的可持续发展，但是又有一定的区别。生态技术是指遵循生态学原理和生态经济规律，能够保护环境，维持生态平衡，节约能源、资源，促进人与自然和谐发展的一切有效用的手段和方法，强调的是整个生态系统的各个方面的平衡与稳定，不仅要求工农业生产中碳排放量的降低，还涉及其他污染物的减排与处理。绿色技术，是指能减少污染、降低消耗、治理污染或改善生态的技术体系，也指对减少环境污染、减少原材料、自然资源和能源使用的技术、工艺或产品的总称。绿色技术强调绿色生产过程，好像和低碳技术非常吻合，但是二者间最大的区别是绿色技术既涵盖以减少污染为目的的"浅绿色技术"，又包括以处置废物为目的的"深绿色技术"。而低碳技术仅强调生产过程中无碳或低碳排放以及对大气中二氧化碳的捕集与封存等。

低碳技术与生态技术、绿色技术之间存有许多共通之处，都是在可持续发展理念的指导下，为了实现人与自然和谐共生而采取的一切有效遏制二氧化碳等温室气体排放的方法和手段，从概念范畴上讲，生态技术和绿色技术的内涵较为宽泛，而低碳技术则更加侧重于对碳排放进行控制，与传统技术相比具备自身独有的特点，低碳技术的特征包含以下几个方面：

1）减碳性。是低碳技术的显著特征。特指能够减少空气中二氧化碳等温室气体的排放，缓解气候变化影响的技术。

2）生态性。是指通过控制碳排放量，能够服从自然生态发展规律，维护生态系统的平衡，与自然环境保持协调发展。在一定意义上来说，低碳技术也是一种生态技术。

3）协调性。低碳技术可以促进社会、经济、环境之间的良性发展，低碳技术的应用不仅可以减少对煤、石油等化石能源的使用，还可以引导和督促人们开发利用新能源，有效减少二氧化碳等温室气体的排放，在一定程度上缓解了能源短缺的危机，实现了经济社会的可持续发展。低碳技术可以调节经济、自然、社会和人的生存与发展效益之间的关系，低碳技术在要求人们减少对煤、石油等化石能源的使用中，必然会引导人们积极开发利用新能源，不仅能减少二氧化碳等温室气体的排放，维护生态系统的平衡，而且在一定程度上缓解了能源短缺的危机，实现了经济社会的可持续发展。

4）高效性。低碳技术的一个突出优势是能够提高煤炭等化石能源的利用率和循环使用率，减少碳排放，提高单位碳生产力。低碳技术的高效性，不仅指高效率，而且是高效益。高效率是对低碳技术高效性的量的要求，就是要提高能源利用率进而提高碳的生产力，即每排放单位二氧化碳，要产生更多的 GDP；高效益则是对低碳技术高效性的实质规定，即实现社会发展的经济效益和环境效益。低碳技术的高效性，正是高效率与高效益、量与质的辩证统一。在某种程度上可认为低碳技术就是要求提高能源利用率。

5）国际性。低碳技术具有国际性与合作性。发展低碳技术可解决当前面临的能源短缺与气候问题，是世界各国都很重视的课题。能源短缺、气候变暖是全球性的问题，不是某一国的任务，需要世界各国加强合作，借鉴、交流科学有效的经验，推进低碳技术的发展进程，为全世界人与自然和谐发展做出贡献。

6）风险性。任何一项技术的产生都伴随着风险，低碳技术尤其如此。由于低碳技术是近年来才兴起的一项高新技术，我国目前所掌握的低碳技术生产能力还很薄弱，许多低碳技术仍然处在研发阶段，能否最终转化为生产力还存在较大风险。另外，我国低碳技术有关的装备产品大多依赖国外进口，创新能力不足，容易受到国外的制约，存在发展风险。

7）拉动性。低碳技术的开发一方面能够推动太阳能、风能、生物质能、核能等可再生能源行业的发展，另一方面也可以给电力、煤炭、交通、建筑等传统行业注入新的技术元素，提高传统行业的能源利用率，促进产业转型升级。

8）长远性。低碳技术的长远性体现在经济转型、产业结构调整、环境能源保护等方面，潜力巨大，这种潜力对社会经济发展和生态环境保护的影响是长远的、可持续的。低碳技术产业的发展能够带来新的经济增长点，而包括新能源技术在内的低碳技术的开发能够改变能源利用结构，节约非再生能源，控制二氧化碳排放，减少废气污染。这些影响都表明，低碳技术可以为维护能源安全与人类生存做出巨大贡献。

3.1.3　低碳技术支撑体系的建立

低碳经济兴起是消费方式、生产方式和生活方式的革命，目的是建立文明的生态经济。发展低碳经济不是一朝一夕的，也不是一蹴而就的，需要完善的支撑体系：一是要开展针对低碳经济的专项研究，建立政策制度的理论与实践相结合的研究体系；二是建立传统产业与新兴产业为载体的低碳产业体系；三是建立完善的低碳技术支撑体系。低碳经济的发展关键是低碳技术。经济发展模式要有与之相适应的技术支撑体系，考虑经济发展空间和社会的承受力，要求技术向节能、环保和高效的方向发展和提升，我国正处于产业结构调整的时期，依靠低碳技术支撑的经济发展模式正是顺应我国走新型工业化的道路。

3.1.3.1　低碳经济发展的技术支撑涵义

支撑是指一物对另一物所起的基础性和决定性的力量和作用，有别于基础的定义。体系是多个相关事物或观念因素相互联系构成的具有某种特定功能的统一整体。与其他的经济发展方式一样，低碳经济需要技术支撑、人才支撑、完备的法律法规支撑、金融支撑、财税政策支撑和制度保障等。在我国当前经济发展的现状下，低碳经济作为一种新理念、新事物引进，同样也需要以制度作用于文化、意识和行动中，从而影响社会主体的行为。低碳技术是指能够实现控制或降低温室气体排放的技术，低碳技术是低碳经济最核心的一个要素。低碳经济技术支撑是为低碳经济发展提供技术进步所需各种要素的推进促进机制。低碳经济技术支撑体系的内涵包括以下内容：

1）低碳经济技术支撑体系的主体。与以往经济发展模式一样，推动低碳经济发展的主体包括政府、企业、院校、公众等。在整个支撑体系中，各自职能分工都有所体现。

2）低碳经济技术支撑体系的作用原理。增强组成要素间协同作用，使每个要素的功能相互叠加，减少可能存在的相互抑制作用，以此促进低碳经济走上良性发展的道路。

3）低碳经济技术支撑体系的目标。以技术为主，以政策、制度的优化组合作为调控手段，降低温室气体排放，顺应世界经济和我国经济的发展战略，努力达到经济发展与环境保护"双赢"的发展目标，为低碳经济发展铺平道路。

综上所述，现对低碳经济技术支撑体系作出定义：为实现低碳转型做奠基，一项由政府、企业、院校和公众参与，依托技术进步、借助政策扶持、依靠制度创新等多层次展开的促进和保障低碳经济稳步发展的所有手段的有机组合。低碳经济支撑体系中包含了若干子系统，低碳技术是发展低碳经济的核心和关键，没有强大的科技力量做支撑，发展低碳经济将没有动力甚至寸步难行，成为空谈。我国的总体技术水平较低也是限制我国完成低碳转型的最大障碍因素和发展低碳经济的最大挑战。因此，构建起强有力的低碳经济技术支撑体系迫在眉睫。

3.1.3.2　构建低碳技术支撑的必然性

低碳经济是直接关系到社会生产、群众生活不同领域的经济发展模式，是牵动社会变革的导火索。经济发展没有核心技术的支撑，更深入一个层次就是没有支持技术创新的资本市场，很容易导致大量资金流向房地产等投资或投机的经济泡沫中，实体经济得不到充足资金注入，从而市场竞争力渐渐削弱，经不起考验，整个经济就走向了危机。因此，构建低碳技术支撑体系尤为重要。

（1）低碳经济技术创新能力相对薄弱

在索洛新古典经济增长模型中，技术进步是决定经济增长的重要力量。在一定的生产要素资源、人力资源和信息的基础上，技术进步激发各个要素发挥最大的创新动力和潜能。在适合的政策、制度和人才等因素的作用下，技术将发挥更明显的助推经济增长的作用。低碳技术是一个国家核心竞争力的标志，要想在国际谈判中有更大的话语权，把握低碳革命的脉搏，就要掌握先进的低碳技术。构建健康、稳定、合理的低碳经济技术支撑体系是发展低碳经济必不可少的条件。只有依靠充分融合、发育的技术支撑体系，才会使我国低碳经济真正建立并有效运行。自主创新是低碳技术进步的支撑力，低碳技术创新模式迎合知识经济的要求，成为社会和谐发展与人的全面发展的推动力。人们整合现有的低碳技术，加强已经具备领先水平的或优势条件的技术的推广应用，促进其商业化运营，保证一定的经济效益，保障当前技术与中长期技术研究领域的资金人才等有限资源合理安排。

多数发达国家在有关发展中国家应对气候变化问题中迟迟不能确定提供资金数额和转移技术的具体方案，因此不能完全寄希望于发达国家的技术共享，发展中国家在不放弃对外开展交流和积极合作的基础上，应加大资金投入力度，促进产学研结合，加快先进技术的研发和应用。加强自主创新能力是低碳技术创新与改造的内在动力源泉。在实现低碳目标的道路上，发展没有捷径，需要研发或者引进核心和关键技术。我国的技术体系并不完备，在制造业方面我们确实有了不小的进步，与世界领先水平的差距越来越小，甚至处于世界领先水平，制造业的迅速发展使我国成为名副其实的"制造业大国"，但也必须看到，我国的设计能力较落后，研发能力较弱。进入低碳时代，世界各国都积极向低碳经济迈进，希望在应对气候变化、可持续发展的框架下争取发展的主动权。纵观各个经济发展模式，无不重视相关的支撑体系的建立健全，如果离开必要的支撑体系，任何发展模式就将失去了根基、动力和源泉。低碳经济的技术支撑体系不是微观角度的、静态的，而是在具体的低碳经济发展过程中不断发展宏观系统化的支撑力量。

（2）低碳经济创新主体缺乏正确认识

企业是创新主体，是发展低碳经济的主体，也是转变经济增长方式的主体。作为推动社会进步的微观因素，企业每一小步的进步就是中国进步的微力量。中国的发展模式没有模板，也不能从国外买来，发展低碳经济的技术需要靠企业自己的智慧去创造，正如联想并购了国际商业机器公司（IBM）的全球个人计算机（PC）业务这一案例，但是并未取得其核心技术。国家知识产权局统计信息显示：我国企业专利申请占全部申请比重在逐渐增大，但一直徘徊在50%左右。企业是技术转化为成果的孵化池，企业要想蓬勃发展，就要以掌握核心和自主知识产权的低碳技术产品占领市场，形成从设计到品牌，从生产到使用的整个产品生命周期内都是低碳排放的低碳产品产业链。

低碳产品的设计要满足以下两点：一是产品的设计方面。重心要从新奇、奢华的思维转变出来，提倡简约而不简单、循环利用的友好型设计理念。以系统化的思维布局到整个设计环节，包括零部件统一标准化系统、废旧物品回收系统等。二是产品生命周期方面。任何产品都源于自然，而完成生命周期后最终也要回归自然。生产和消费的过程是产品价值和使用价值体现的过程，也是碳排放的主要过程，根据各个阶段（材料制备、制造组装、运输、包装）控制碳排放量。在我国，低碳产品与其他产品在外观上没有明显标志，消费者选择低碳消费就没有区分度。例如，在购买家电时，节能标识是很多消费者考虑的因素。低碳产品权威认证或者标识被消费者显而易见地注意到，就会使其有明确的购物指南。在我国，提高公众对绿色消费的意识，并且继续大力推进低碳产品认证的任务还很艰巨，这为提倡低碳消费、促进中国产品走向世界打开了绿色通道。

一直以来，我国出口产品多数属于劳动密集型和资源密集型产品，其中资源密集型产品大部分份额都处于低端产业链，我国出口产品消耗的能源将近总耗能的 1/4，在大量消耗国内资源能源的同时又使一些国家以碳排放过高为名征收"碳关税"，据世界银行估算，以碳税水平为 50 美元/t 的价格计算，我国出口产品税率将增加 10%，这会大幅提高出口成本，缩小中国制造产品的优势空间，削弱中国制造在世界市场的竞争力。外向型企业加大低碳产品研发支持也是增强自身发展空间的一个必经之路。

3.1.3.3　技术支撑体系的构建原则

（1）从实际出发的原则

在后金融危机时代，国际上存在的众多不稳定因素时刻危及世界经济向回暖方向转变，主动寻找发展的新路径是当前的发展战略所在。理想化的低碳能源组成包括核能、太阳能、风能、水能等，由于其成本因素的制约以及在技术水平没有重大突破的前提下，积极高效地利用现有化石能源也是从我国国情出发的。另外，低碳产业有着区别于与其他产业的特点，即不能带来直接的物质与经济效益或者收益很小。这也是发展低碳经济提升技术水平所面临的最实际的问题。因此，很难完全依靠市场自动调节的方式寻求自身发展。发展低碳经济需依靠战略性、长期性的政策加以指引。在低碳经济技术支撑体系构建的过程中要按照其发展要求，优先发展减碳技术，积极开发无碳技术，推广去碳技术。

（2）可行性与系统性并重

在低碳技术支撑体系的构建中面临的问题和变革都是在经济发展中出现的，因此，解决问题和实现体系构建不该脱离经济体本身。选择长远的或短期的相关技术应用要坚决杜绝短视和急功近利的情况发生，发展低碳经济的技术支撑体系是系统性的工程，我国区域经济发展不均衡，地理环境也千差万别，环境问题就变得更加复杂化，在没有构建起成规模和成系统的技术支撑体系前，做足与之相关要素的充足的可行性与系统性调研和经验借鉴，将体现低碳经济在我国经济发展中的持久生命力。

（3）利益相关者取得一定经济收益

低碳经济迅速扩展至各个领域，被称为经济低迷期的新亮点，成为追赶经济发展脚步的重大历史机遇。随着低碳经济的大规模发展，利益格局演变十分明显，只有"好看的帽子"，没有实在的产出利润，任何政府、企业、银行或投资者都会对低碳经济的发展望而却步。政府要保证普通公民的生活水平能有所提高，至少是不降低，要求社会稳定。

企业追求利润最大化的使命是与生俱来的，投入资金的收益率是企业首先考虑的因素，不经济的投入无论政策法规怎样约束、经济手段怎样刺激，其后果只有疲于应付。银行依靠掌握信息取得中介利润收入，投资者看好的是收益率。若使这四者的利益实现均衡，就要保障利益相关者取得一定的经济效益。

（4）多重成本兼顾

资料显示，若以 2006 年的国内生产总值计算，我国高碳经济向低碳经济转型的过程，年资金投入将达到 2000 亿元。经济发展中，成本收益是经济主体的优先考虑因素，如果收益是固定的，衡量投入产出比，不断降低成本，做到成本最小化，使成本投入拥有市场。在经济增长的辉煌成就中，环境成本和生态失衡的成本没有被考虑在内，当发展低碳经济的侧重点不再仅仅是经济效益时，多重社会成本也将进入考虑范围。任何危害或影响资源—经济—环境协调的经济效益都会因此承担相应的成本。依靠技术性的制度安排对各项成本所获收益征税，通过这一手段均衡各个经济主体的利益。

3.2 低碳技术的主要类型

所谓低碳技术，广义是指所有能降低人类活动碳排放的技术。低碳技术可分为三个类型：第一类是减碳技术，是指高能耗、高排放领域的节能减排技术，煤的清洁高效利用、油气资源和煤层气的勘探开发技术等。第二类是无碳技术，如核能、太阳能、风能、生物质能等可再生能源技术。在过去 10 年里，世界太阳能电池产量年均增长 38%，超过 IT 产业。全球风电装机容量在 2008 年国际金融危机中逆势增长 28.8%。第三类就是去碳技术，典型的是 CCS。无碳或减碳技术，是捕集和利用二氧化碳的技术。其中，无碳或减碳技术包括三个方面：

一是绿色能源技术——水能、风能、生物质能、太阳能、潮汐能、地热能、核能等；

二是传统化石能源节能减排技术——煤、石油、天然气开采及高效、清洁、综合使用；

三是其他行业过程节能减排技术——制造业节能、建筑节能和交通节能；碳捕集和利用技术的核心是 CCS 技术。

3.2.1 减碳技术

减碳技术是指实现生产消费使用过程的低碳，达到高效能、低排放。集中体现在节能减排技术方面。减碳技术主要集中于社会生产和日常生活过程中，目的是通过提高能源利用率、减少碳排放等手段实现碳排放总量的降低，我们通常所说的节能减排的技术就属于这一类。这类技术主要包括：①能源传输领域的先进电网技术，通过减少能源传输中的损耗来提高能源的利用率；②对传统化石能源技术改进后的培育天然气技术、清洁煤技术、整体煤气化联合循环技术等，它们主要是通过改变对化石能源的利用方式，提高能源的利用率并使其排放物更容易收集，实现碳排放量的降低；③排放物治理技术，如汽车尾气净化技术等；④结构调整技术，如对交通道路的合理规划等。

排在二氧化碳排放量前五位的工业行业（电力、热力的生产和供应业，石油加工、炼焦及核燃料加工业，黑色金属冶炼及压延加工业，非金属矿物制品业，以及化学原料及化学制品制造业）占工业二氧化碳排放的比重已超过 80%。因此，这五大行业应该作为发展和应用减排技术的重点领域。另外，在建筑行业，构建绿色建筑技术体系、推进可再生能源与资源建筑应用、集成创新建筑节能技术等可减少电能和燃料的使用。美、英两国 2020 年内实现了可再生能源占电力发电的 15%，可见在中短期内高污染、高排放的化石能源依然是世界能源的主要构成。发展不可再生能源领域的节能减排技术和清洁生产技术，并实现全社会的推广，依然是各国中短期内实现减碳目标的最有效方式。近几年，发达国家在减碳技术方面的发展已取得了一定成效（表 3-1）。现阶段，欧美等发达国家在对第二代煤气化联合循环发电（IGCC）示范电站改进的基础上，正在对高效率、零排放的第三代"IGCC+CCS"电站进行研发；法国阿尔斯通推出了 660 MW 的超超临界循环流化床（CFB）锅炉，相较传统 CFB 电站能够减少 6% 的燃料消耗和二氧化碳足迹；新一代高效一次再热技术超超临界发电技术的效率达到了 49%；对二氧化碳进行吸收和固化的新型水泥生产技术已处于示范阶段。发达国家在减碳技术的研发和商业推广方面处于领先地位。

表 3-1　减碳技术前沿比较分析

技术领域	技术工艺	国内前沿技术水平	代表企业	国外前沿技术水平	代表企业	技术前景
煤炭	煤气化联合循环发电（IGCC）	第二代技术	华能集团、大唐集团、神华集团	第三代技术	杜克能源公司、Shell 公司、ChevronTexaco 公司	结合 CCS 的发展联产技术
	循环流化床锅炉（CFB）	600 MW	东方电气集团、哈尔滨锅炉、上海锅炉集团（自主技术）	660 MW	法国阿尔斯通、美国通用	超超临界循环流化床（CFB）锅炉
	超超临界发电技术	二次再热技术	华能集团	新一代高效一次再热技术、二次再热技术	丹麦史密斯公司、德国西门子公司	700℃先进煤粉电厂计划
天然气	燃料电池发电技术	质子交换膜燃料电池实现装车	华能集团、东方电气集团	MCFC250 kW、2 MW 和 SOFC25 kW、100 kW 示范成功	美国西屋电气公司、加拿大 Ballard 公司	发电率 60% 以上
钢铁	干熄焦技术（CDQ）	140 t/h	宝钢、鞍钢、武钢等	更加稳定的 FINEX3000 设备	日本新日铁公司、长野工业株式会社、德国森·斯梯尔·奥托公司	超大型干熄焦技术
	熔融还原工艺	Corex-C-3000（引进）	中冶赛迪公司	试制阶段	Iscor 公司、力拓集团、美国钢铁协会（AISI）	Hismeit/Finexd 等工艺得到推广，大型的 Corex 设备
	高炉炉顶煤气循环技术（TGRBF）	无	无	试制阶段	瑞典卢基矿业公司、欧盟 ULCOS	2020 年实现商业化生产
建材行业	Calera 过程（水泥）	无	无	投产	Calera 公司	对二氧化碳的吸收和固化
交通	氢燃料电池汽车	氢燃料动力汽车	无	无	丰田、通用、福特、现代	2015 年实现商业推广
电力	智能电网技术	广域量测系统（WAMS）技术、数字化变电站技术等	国家电网南瑞公司	伯德市已成为智能电网城市	国际商业机器公司（IBM）、通用电气、西门子、谷歌	集成的、自恢复的、电子控制的电网控制系统

"十三五"期间，我国二氧化碳的排放量有所减少，相关的减碳技术也得到了一定程度的发展。我国现已基本掌握了 IGCC 相关的自主知识产权和关键技术，整体的设计理念已与国外同步；2013 年 4 月，由东方电气集团自主研发、设计、制造的 600 MW 级超临界循环流床机组在四川白马建成投产；华能集团自主研发的"带二次再热的 700℃以上参数超超临界锅炉"技术已经通过了国家知识产权发明专利审核，填补了我国在该领域的空白。但国内高炉炉顶煤气循环技术以及 Calera 水泥生产过程的研发仍处于空白状态，总体技术水平虽然得到了一定的发展，但与发达国家仍存在差距。

3.2.2　无碳技术

无碳技术集中于人类生产生活的基础领域——能源技术领域，主要是指通过太阳能发电技术、风电技术、核电技术、水电技术、生物质能发电技术等在能源获取过程中不产生碳排放的技术来取代传统的产生高碳排放量的化石能源技术。首先是源头控制的"无碳技术"，即大力开发以无碳排放为根本特征的清洁能源技术，最终理想是实现对化石能源的彻底取代。因为化石燃料燃烧是主要的碳排放源，经由这一渠道每年进入大气的碳排放量约为 80 亿 t。

在 20 世纪 70 年代的石油危机以后，各国就开始注重对太阳能、风能、生物质能等可再生能源的开发与利用。经过多年的技术沉淀，欧美等发达国家在清洁能源技术研发与利用方面已取得一定成绩。从上述对比分析来看，无碳技术最前沿的核心技术基本上都由发达国家的企业掌握。国内外无碳技术前沿技术存在较大差距（表 3-2），如国外第二代太阳能电池的转化率比国内高 2.1%；我国 5～6 MW 的风电机组于 2014 年才投入试运行，而国外已经开始研发 10 MW 以上风电机组；首套国产第三代核电设备于 2014 年设计成功，国外第三代核电技术已处于成熟阶段，第四代核电技术已处于研发阶段；国内已成功国产化的 700 MW 水力发电机组早在 20 世纪 70 年代国外就已经建成投产。这一差距的形成与我国无碳技术的研发起步较晚，以及在技术引进过程中只注重技术本身，不重视后期的再次创新有关。若这一局面长期得不到改善，就会令技术发展陷入"引进—吸收—再引进"的怪圈，自主研发水平也难以得到提升。

表 3-2　无碳技术前沿比较分析

技术工艺	国内前沿技术水平	代表企业	国外前沿技术水平	代表企业	技术前景
太阳能发电技术	第二代太阳能电池转化率为 18.7%	无锡尚德、英利集团、新澳集团等	第二代太阳能电池转化率为 20.8%	德国 Manz 集团（CIGS）、美国 Amonix 公司（III-V）	第三代太阳能电池
风电技术	5～6 MW 的风电机组	中国南车、中材科技	10 MW 以上的风电机组	丹麦 Vestas 公司、美国 Gewind 公司	10 MW 以上的大型风电机组
核电技术	第三代核电技术	中核集团	第四代核电技术	美国西屋公司、法马通先进核电公司	第四代核电技术

技术工艺	国内前沿技术水平	代表企业	国外前沿技术水平	代表企业	技术前景
水电技术	700 MW 发电机组	哈尔滨电机厂有限责任公司	800 MW 发电机组	法国阿尔斯通、德国西门子公司、瑞士 ABB	大型、高效的水电机组
生物质能发电技术	单场最大规模分别达到 25 MW 和 5 MW	大唐集团	混烧生物质比例达到 20% 的 600 MW 级别电机组	丹麦 BWE 公司	高附加值生物质资源利用相结合的多联产

3.2.3　去碳技术

实现末端控制的"去碳技术"，特指捕获、封存和积极利用排放的碳元素，即开发以降低大气中碳含量为根本特征的二氧化碳的捕集、利用与封存技术，最为理想的状况是实现碳的零排放。这一类技术主要针对已经排放到大气中的二氧化碳，对其进行捕集封存和聚合利用，主要包括碳回收与储藏技术、二氧化碳聚合利用等技术。根据联合国政府间气候变化专门委员会的调查，该技术的应用能够将全球二氧化碳的排放量减少 20%～40%，将对气候变化产生积极影响。

去碳技术又称为 CCS 技术，即碳捕集与封存技术。可再生能源的替代应用在短期内并不足以满足人类经济发展的需求，化石能源产生的二氧化碳仍是急需解决的问题，具有显著减排效果的 CCS 技术，近年来已成为发达国家能源安全的组成部分。目前欧盟、美国、澳大利亚等发达国家和地区已经提出了相应的 CCS 技术发展线路图，并制定了相应的法律法规、技术标准以及合作机制。国外 CCS 技术主要集中在燃烧前捕集、驱油利用及少量的咸水层封存等方面，其中一体化规模的 CCS 示范项目已于 2010 年投入运行，全球百万吨级以上工业规模的 CCS 项目已经有 8 个。虽然世界范围内的 CCS 项目较多，但基本上都是处于示范阶段，全球范围内的 CCS 技术仍处于研发阶段。目前，发达国家主要以减少能耗、成本，增加长期封存的安全性、稳定性和二氧化碳经济效益为技术发展方向。

CCS 技术仍处于试验阶段，因其成本过高而难以大规模推广。据麦肯锡咨询公司估计，捕获和处理二氧化碳的成本为 75～115 美元/t，与开发风能、太阳能等可再生能源的成本相比并不具备竞争优势。此外，由于被捕获的二氧化碳缺乏良好的工业应用，封存是碳捕集的最终路径。CCS 技术的普及与二氧化碳的排放价格也密切相关，当二氧化碳价格为 25～30 美元/t 时，CCS 技术的推广速度将会加快。

2012 年 5 月，由欧盟资助的目前世界最大的碳捕集与封存示范工程在挪威建成，其总投资为 10 亿美元，设计能力为年捕集二氧化碳 10 万 t。如果利用 CCS 技术将现有燃煤电厂进行技术改造，可以捕集二氧化碳排放量的 90%，但所需费用相当于重新建造一座电厂。此外，发电厂生产的电力将有 20%～40% 被用于二氧化碳的分离、压缩和输送。因此，只有那些最具有超临界或超超临界机组的发电厂采用这种技术才比较合算。全球知名的埃森哲咨询公司曾对配备碳捕集与封存设备的发电场的进行成本预估，结果显示到 2020 年，将现有电厂翻新配备碳捕集设备并将捕集的碳加以封存,将使每度电的成本增加约 3 美分，使其成本增加为 8 美分左右，接近于 2015 年风力发电和 2050 年太阳能发电的预估价格。碳捕集与封存的成本仍高于国际上的碳交易价格，而配备碳捕集与封存设备将使燃煤发电厂的成本提高，因此除非政府提供补助，或开征高额碳税以增加厂商的经济诱因，否则碳捕集与封存尚难以产生具有利润的商业模式。

基于此，开发碳捕集、利用与封存技术，探索利用二氧化碳进行油气增产和地热增产的相关技术途径，将成为一个具有吸引力的方向。研究人员可以利用高清晰仿真模拟技术来研究先进的 CCS 和 CCUS，以减少小规模示范性工程向大型实用化系统转化过程中的风险，加快工业界采用这些技术的进程。与成本和能耗较高的 CCS 技术相比，我国更加重视 CCUS 技术的研发与推广，但目前也只是处于初级发展阶段。国内已建成的封存规模最大的项目是神华集团年产量 1108 kg 的 CCS 示范工程,2013 年胜利油田建成国内首个工业化规模燃煤电厂烟气二氧化碳捕集、驱油与地下封存全流程示范工程，其中二氧化碳捕集装置每天的产量为 1105 kg，且二氧化碳浓度高达 99.5%以上。相较之下，国内缺乏百万吨以上的大型碳封存项目。在二氧化碳工业利用方面，江苏中科金龙化工股份公司已建成了年产 $2.2×10^7$ kg 的二氧化碳树脂生产线；自贡鸿鹤化工股份有限公司利用二氧化碳生产小苏打，年减排量达 $2.2×10^7$ kg；广西来宾永鑫糖业公司利用含 10%二氧化碳的烟气除甘蔗汁杂质，年减排量达 $7.85×10^6$ kg。

去碳技术前沿比较分析、减碳技术去除机理及贮存媒介见表 3-3、表 3-4。

表 3-3　去碳技术前沿比较分析

技术工艺	国内前沿技术	代表企业	国外前沿技术	代表企业	技术前景
CCS	小规模碳捕集、利用、封存项目	中国石化集团、神华集团	碳捕集与封存的一体化示范项目	美国杜克能源公司、法国道达尔石油公司	降低成本、能耗，提高封存的可靠性和安全性

表 3-4　减碳技术去除机理及贮存媒介

技术	描述	二氧化碳去除机理	二氧化碳贮存媒介
造林/再造林	种植树木将大气中的碳固定在生物和土壤中	生物	土壤/植物
生物炭	将生物质转化为生物炭并使用生物炭作为土壤改良剂	生物	土壤
生物质能源+二氧化碳捕集与封存	通过植物将空气中的二氧化碳吸收，捕获并贮存生物质能源燃烧产生的二氧化碳	生物	深层地质构造
直接从空气中捕集	通过工程系统从环境空气中去除二氧化碳	物理/化学	深层地质构造

技术	描述	二氧化碳去除机理	二氧化碳贮存媒介
强化风化（矿物碳化）	增强矿物的风化，大气中的二氧化碳与硅酸盐矿物反应形成碳酸盐岩	地球化学	岩石
改良农业种植方式	采用免耕农业等方式来增加土壤中的碳储量	生物	土壤
海洋（铁）施肥	施肥海洋以增加生物活动，将碳从大气中吸入海洋	生物	海洋
海洋碱性	通过化学反应向海洋中添加碱度以从大气中吸收碳	化学	海洋

3.2.4 不同低碳技术的比较分析

综上所述，低碳技术是为保证全球能够继续使用化石燃料发电，在未来数十年内必须大幅降低发电厂二氧化碳等主要排放源的排放量。一方面，需要进一步提高热力效率改善成本效益，合理地采用热电联产和废热利用等途径；另一方面，必须对煤炭和天然气电厂及其他大规模的二氧化碳排放源（如水泥厂等）采用 CCS 技术。CCS 技术将工业和某些能源产业所产生的二氧化碳分离出来，再通过碳储存手段，将其输送并封存到海底或地下等与大气隔绝的地方。CCS 技术分为 3 个阶段：捕获阶段，从电力生产、工业生产和燃料处理过程中分离、收集二氧化碳，并将其净化和压缩，主要是燃烧后捕获、燃烧前捕获和富氧燃烧捕获；运输阶段，将收集到的二氧化碳通过管道和船只等运输到封存地；封存阶段，主要采用地质封存、海洋封存和化学封存 3 种方式。

低碳技术的关键是围绕化石能源绿色开发、低碳利用、减污降碳等开展技术创新，重点加强多能互补耦合、低碳建筑材料、低碳工业原料、低含氟原料等源头减排关键技术开发；加强全产业链/跨产业低碳技术集成耦合、低碳工业流程再造、重点领域效率提升等过程减排关键技术开发；加强减污降碳协同、协同治理与生态循环、二氧化碳捕集/运输/封存以及非二氧化碳温室气体减排等末端减排关键技术开发。

无碳技术的关键是开发新型太阳能、风能、地热能、海洋能、生物质能、核能等无碳电力技术以及机械能、热化学、电化学等储能技术，加强高比例可再生能源并网、特高压输电、新型直流配电、分布式能源等先进能源互联网技术研究。开发可再生能源/资源制氢、储氢、运氢和用氢技术以及低品位余热利用等无碳非电能源技术。开发生物质利用、氨能利用、废弃物循环利用、非含氟气体利用、能量回收利用等零碳原料/燃料替代技术。开发钢铁、化工、建材、石化、有色等重点行业的无碳工业流程再造技术。

去碳技术的关键是加强二氧化碳地质利用、二氧化碳高效转化燃料化学品、直接空气二氧化碳捕集、生物炭土壤改良等碳负排技术创新；研究碳负排技术与减缓和适应气候变化之间的协同关系，引领构建生态安全的负排放技术体系；攻关固碳技术核心难点，加强森林、草原、湿地、海洋、土壤、冻土的固碳技术升级，提升生态系统碳汇。

3.3 "双碳"目标下我国绿色低碳技术体系构建及创新路径分析

3.3.1 我国绿色低碳技术发展面临的主要问题

（1）绿色低碳技术的理论支撑不足

实现"双碳"目标，需要大力发展绿色低碳技术，而绿色低碳科技革命作为其发展的理论支撑尚且不足。当今世界百年未有之大变局加速演进，气候变化导致的影响逐渐显现，新一轮科技革命加速到来，而绿色低碳是此次科技革命的最主要特征。2021年，《关于完整准确全面贯彻新发展理念做好碳达峰碳中和工作的意见》和《2030年前碳达峰行动方案》等重要文件陆续发布，均明确提出"加快绿色低碳科技革命"，但并没有对其作出理论化解释。"绿色低碳科技革命"理论化，对我国实施"双碳"战略具有重大意义：一是实现碳达峰碳中和是一场涉及经济、科技、产业等的社会系统性工程，高度的复杂性决定了其单独以技术驱动很难实现；二是我国将"双碳"目标分别设定在2030年前和2060年前，规划时间长，"双碳"工作的长期性需要有完善的理论提供方向指引；三是随着我国"双碳"战略不断向纵深推进，支撑"双碳"的创新技术不断增多，绿色低碳技术将以体系化的形式不断丰富，其作用也越来越重要，绿色低碳科技革命理论化，将为持续推动技术创新和发挥作用提供动力保障。

（2）绿色低碳技术体系构建思路不明确

随着我国"双碳"研究热度的上升，绿色低碳技术范畴不断扩大，但绿色低碳技术体系构建思路尚未建立。一是绿色低碳技术概念没有清晰界定。"绿色科技"的概念来源可以追溯到20世纪的西方国家，以化石能源为基础的工业革命和技术革命带来技术的不断进步，也带来了资源、环境等方面的新问题，欧美等主要发达国家率先提出并推动绿色技术发展。2019年，我国也提出绿色技术及其发展的相关指导意见。2020年，随着我国提出碳达峰碳中和战略目标，国内掀起了"双碳+"的研究热潮，绿色低碳技术的范畴迅速扩大，但新发展要求下如何正确理解"绿色低碳技术"，目前学界没有统一的认识和明确界定。二是绿色低碳技术体系长期发展思路没有统筹建立。根据 IEA 预测，到2060年我国约40%的二氧化碳减排量来自今天仍处于原型或示范阶段的技术。在推动实现碳达峰碳中和过程中，新的技术将不断出现，统筹现有绿色低碳技术有效减排与未来技术创新发展的思路仍需要完善。

（3）与欧美等发达国家相比，我国绿色低碳技术水平还有明显差距

近年来，我国绿色低碳技术快速发展，关键清洁能源技术展现出较大优势，但整体与欧美等主要发达国家相比仍有较大差距。根据彭博新能源财经数据统计，2021年我国能源低碳转型投资占世界总投资量的35.2%，处于全球领先。国家能源局数据显示，2021年我国风电和光伏发电新增装机规模达到1.01亿kW，连续多年居世界首位。我国的优势主要集中在产业层面，但绿色低碳技术整体水平与世界先进国家仍有明显差距。目前，

绿色低碳技术专利申请主要集中在欧美及日本、韩国等国家。根据 IEA 统计，欧美国家 2014—2018 年合计申请占专利总数的 90%。根据中国科学技术发展战略研究院最新技术预测报告，通过对能源体系相关技术，包括储能、氢能、可再生能源、煤炭、核能、能源互联网等多个关键领域为代表的绿色低碳技术进行发展状况评估，结果显示我国目前有 19.7% 的绿色低碳技术达到国际领先水平，54.4% 的技术与国际平均水平持平，25.9% 的技术仍落后于国际平均水平，同时我国绿色低碳技术平均水平与国际领先国家仍有约 7.3 年的差距。

（4）绿色低碳技术体系创新路径不明确

当前我国仍处于"双碳"战略发展的前期，绿色低碳技术创新的顶层设计需要进一步完善。中共中央、国务院《关于完整准确全面贯彻新发展理念做好碳达峰碳中和工作的意见》明确了以双轮驱动加快绿色低碳技术创新的原则，但具体创新路径仍略显不足。一是《科技支撑碳达峰、碳中和行动方案》和《碳中和技术发展路线图》均尚未出台，缺乏对绿色低碳技术创新的顶层设计；二是绿色低碳技术体系构建思路不明确，导致无法为具体创新路径和设计创新主体提供有效支撑；三是在推动实现"双碳"目标中，各创新主体，如企业、高校、科研院所、国家重点实验室等角色定位仍不清晰，无法形成有效的绿色低碳技术体系创新合力。

3.3.2　自下而上构建绿色低碳技术体系

（1）以碳排放主要来源行业构建绿色低碳技术体系

目前我国是世界第一大碳排放国，2020 年全国温室气体排放量约为 125 亿 t，根据 IEA 数据，2021 年我国碳排放持续增加，实现"双碳"目标需要以碳减排为主体构建绿色低碳技术体系。从行业碳排放看，我国能源和相关工业占全国碳排放总量的 90%，从碳来源看，我国煤炭、石油、天然气等化石燃料燃烧占能源和相关工业碳排放的 90%，其中煤炭是主要碳来源。因此，应以化石能源为主体，以能源、工业为主线，从能源供给端、过程排放端、末端 3 个方面构建绿色低碳技术体系。

1）能源供给端，包括四个方面：一是能效技术。我国仍是以煤炭为主的化石能源体系，根据国家统计局数据，2020 年化石能源占一次消费比重的 84.1%，在碳达峰阶段围绕先立后破原则，能效技术将发挥碳减排主导作用，包括煤炭高效清洁利用技术、节能技术、节材技术、煤电高效运行技术，以及其他能源提高技术等。二是新能源与化石能源耦合发展技术。与部分新能源燃料相适应的燃煤电厂改造技术，包括利用氢及氢基燃料、生物质燃料进行部分替代的共燃改造技术；与部分新能源电力相适应的灵活性改造技术，包括常规发电机组低比例运行技术、快速启停爬坡技术、深度调峰技术等。三是新能源替代技术。以新能源电力替代传统燃煤燃气电厂，包括太阳能光伏发电、太阳能光热发电、陆上风电、海上风电、先进核能、水电、先进生物燃料和氢基燃料技术等。四是与"源"相关联的"电网、负荷、储能"体系技术，包括超高压直流输电技术、微电网和分布式电厂技术、新型电池储能、氢储能、抽水蓄能等技术。

2）过程排放端，从主要工业行业构建：一是钢铁行业，包括废钢电弧炉技术、氢基直接还原铁技术、铁矿石电解技术和辅助设备电气化技术、基于天然气直接还原铁技术，以及正在开发的创新熔炼还原技术等；二是化工行业，包括新型化工工艺技术、与可再生能源制氢耦合工艺技术等；三是水泥行业，包括熟料替代技术、水泥窑电气化技术和基于新材料新型水泥技术等；四是有色金属行业，包括惰性电极替代技术和基于废铝的新型冶炼工艺等。

3）末端，主要为 CCUS 技术，分为二氧化碳捕集技术，包括化学吸收和物理分离技术；二氧化碳运输技术，包括新型基础设施工艺、管道运输技术和相关新材料技术；二氧化碳利用技术，包括直接利用技术（二氧化碳分子不发生化学变化）、间接利用技术（转化为燃料、化学品、其他材料及原料）；二氧化碳封存技术，包括咸水层封存和枯竭油气田封存技术。

（2）以碳排放间接来源行业构建绿色低碳技术体系

以碳排放间接来源行业构建绿色低碳技术体系。交通、建筑等行业通过用能产生了较多的间接碳排放，因此相关领域的减排技术也是构建绿色低碳技术体系的重要组成部分。

交通行业，一是道路减排技术，包括新型动力电池技术、下一代先进电池技术（固态电池）、燃料电池技术、道路电气化系统技术；二是航空航运减排技术，包括低排放燃料替代、氢航空发动机技术、氨船舶内燃机技术、电动驱动技术等。建筑行业和居民生活减排，包括零碳建筑体系技术，高效热泵、生物或氢能锅炉等新型供暖技术，由光伏、储能、电动车、电网构成的建筑物分布式发电技术等。

（3）以宏观视角构建绿色低碳技术体系

实施"双碳"战略，推动社会系统性变革，将彻底改变以化石能源和重工业为主体的生产结构，推动未来向可再生能源为主体的能源系统和绿色产业转型，因此人工智能、大数据等新一代信息技术也将成为绿色低碳技术体系的重要组成部分。一是碳中和情境下能源系统高度复杂，供能系统由以化石燃料为单一主体，向风能、光伏、水力、生物质能等可再生能源和核能等新能源多主体转型，生产生活方式和用户端也将发生连锁转型，供能系统将由现在的二维平面模式向三维立体转型，复杂体系下需要人工智能等技术作为有力支撑；二是碳中和情境下社会整体高效运转，由可再生能源和储能构成的新型电力系统将成为标配，但可再生能源系统具有较差的稳定性、连续性，同时储能的建设规模和容量也受到技术成熟度、关键资源储量和经济成本等因素限制，不可能无限发展，因此碳中和情境下社会将以更加高效节能、精确和经济的方式运转，同时需要更先进的数据、信息等提供保障；三是碳中和情境下社会体系密切协同，随着分布式发电、零碳建筑体系、电动汽车、新型电网等快速发展，将不再限制能源供应和需求的身份，电动汽车、建筑物不仅可以是能源消费者，也可以是能源提供者，碳中和情境下将解锁供能、终端、电网之间的单向联系，建立更加密切协同的数字化、智能化互动体系。

（4）以不同发展需求构建绿色低碳技术体系

一是碳达峰碳中和视角，碳达峰阶段以二氧化碳为目标的减排技术构成绿色低碳技术体系的主体，碳中和阶段将面向全体温室气体，甲烷、氧化亚氮等非二氧化碳温室气体减排技术也将作为重要组成部分。二是应对气候变化视角，短期发展需求包括缓解、适应气候变化技术等；长期发展目标需要考虑气候工程技术，包括太阳辐射管理技术、二氧化碳消除技术等。三是高维度立体发展视角，构建绿色低碳技术体系不同发展等级，将当前技术体系发展设定为 1.0 阶段，以 2.0 阶段、3.0 阶段等不断升级的思路重新定义未来"低碳、零碳、负碳"，实现绿色低碳技术体系长远高维度发展。

3.3.3　我国绿色低碳技术体系创新路径

我国积极推动实现"双碳"目标，绿色低碳技术呈快速发展态势，2015—2019 年我国用于相关技术研发的公共支出增长了约 70%。同时，我国的绿色低碳技术体系不断扩大，国内齐全的工业门类和规模庞大的市场，促使绿色低碳技术向高度多样化发展。因此，结合我国绿色低碳技术体系的构建和发展特点，合理制定创新路径，将为实现"双碳"目标提供有力支撑。

（1）实施以绿色低碳科技革命为统筹的系统创新路径

在绿色低碳科技革命理论下，建立绿色低碳技术体系、体制机制、基础研究、产业的系统性创新路径。一是围绕绿色低碳技术体系，开展基础研究和应用基础研究，用于持续支持前瞻性、战略性技术；推动建立绿色低碳产业创新中心，促进绿色低碳技术成果转化和规模化应用；完善绿色低碳体制机制创新，形成激励约束的政策体系，并整体协同实现体系化的创新路径。二是围绕"双碳"战略的阶段目标和技术发展特点，将国家重点实验室、企业、高校和科研单位等根据需求形成不同的创新主体，并实施细分的创新路径。三是对绿色低碳技术体系进行多维度分析，分别从技术规模化程度（单元化、模块化为标准）、碳资产密集度（碳排放强度、资产周期、碳长期锁定为标准）等进行分类，针对不同绿色低碳技术特点设计具体创新路径。

（2）以国有企业为创新主体，推动主体绿色低碳技术体系创新

国有企业在我国能源和工业中处于主导地位，是推动相关绿色低碳技术创新的最重要力量。利用国有企业在资金、技术、产业上的优势，形成针对能源、钢铁、化工、水泥和有色金属等相关行业绿色低碳技术的创新路径。一是通过利用国有企业资金优势，促进绿色低碳技术多样化发展，并实施大规模示范项目；二是充分发挥国有企业在技术、研发中心和工业实验室方面的作用，推动核电、化工、钢铁和炼油等相关技术的升级替代；三是利用国有企业巨大的产业规模，针对发电和供电行业，推动可再生能源技术和二氧化碳捕集技术的商业化试验，并通过大规模部署降低技术创新成本；四是促使国有企业承担国家战略的责任，建立专项工程，推动实施非二氧化碳温室气体减排技术、碳汇相关技术和应对气候变化技术等具有社会效益的创新计划。

（3）以私营企业为创新主体，推动新兴绿色低碳技术创新

私营企业具有较高的转型灵活性和市场敏锐性，对新兴技术创新起到重要作用。目前，我国在太阳能光伏、新能源汽车、动力电池等新兴技术领域具有一定国际优势，而相关领

域技术创新主要依赖私营企业。新兴绿色低碳技术一般规模化程度较低，大多处于示范阶段或者商业应用早期，如新能源、高效热泵、数字化、智能化等技术。私营企业创新活力高，推动其成为创新主体，利用其在政策制定灵活性、人才聚集和较高效率等方面的优势，有效推动同类型绿色低碳技术创新，加速创新进程。

（4）建立工业创新平台，推动碳中和关键技术创新

在绿色低碳技术体系中，电气化、CCUS、氢能、生物质能等技术可以在能源、工业、交通、建筑、居民生活等多个领域实施运用，目前该类技术处于早期发展阶段，在碳中和阶段将发挥重要支柱作用。利用该类型技术多行业适用的共性特征，建立工业创新平台，通过有效共享基础设施、研发数据和进行规模化应用试验，打造同类型技术开发创新路径，促进碳中和关键技术创新发展。

（5）制定低碳技术标准

低碳技术标准对低碳技术的研发至关重要。目前，国际上对低碳技术的界定并无明确定义和标准，但随着气候变化谈判的不断深入以及各国履行减排义务，有关低碳技术、低碳产品认定等诸如此类的国际规则、标准等将逐步成熟。我国应尽早开展相关方面的研究和分析，参与国际标准的制定，标准的研究、提出、讨论、确定、实施、完善等每个程序和环节都要积极参与，从而获得话语权。同时，我们还应建立国内低碳技术标准。要依据国际标准，把国际低碳技术的新理念、新创造引入中国，并结合中国低碳技术的研发实际，制定具有中国特色的低碳技术标准，对低碳技术的产品及生命周期进行分析、评价，使低碳技术的研发制度化、规范化，避免盲目、无序。

（6）加快低碳技术的研发，增强自主创新能力

低碳技术是低碳经济发展的动力和核心，低碳技术的创新能力在很大程度上决定了我国能否顺利实现低碳经济发展。我国应制定低碳技术和低碳产品研发的短期、中期、长期规划，重点着眼于中长期战略技术的储备，使低碳技术和低碳产品研发系列化，做到研发一代、应用一代、储备一代；加大科技投入，积极开展碳捕集与封存技术、替代技术、减量化技术、再利用技术、资源化技术、能源利用技术、生物技术、新材料技术、绿色消费技术、生态恢复技术等的研发；结合我国实际，有针对性地选择一些有望引领低碳经济发展方向的低碳技术，如可再生能源及新能源和煤的清洁高效利用、油气资源和煤层气的勘探开发、二氧化碳捕集与封存、垃圾无害化填埋产生的沼气利用等有效控制温室气体排放的新技术，集中投入研发力量，重点攻关，促进低碳技术和产业的发展。

（7）整合现有的低碳技术，加速科技成果的转化和应用

虽然我国在低碳技术领域整体还比较落后，低碳技术仍以中低端为主，但我们在某些技术上已经走在了世界的前列，处于领先地位。要加快现有低碳技术，尤其是优势技术的推广和应用。一是加快氢能技术产业化。我国氢气年产量已近900万t，成为世界第二大氢气生产国。我国在氢能开发技术方面已走在世界前列，如在氢能及基础设施技术、氢燃料电池分布式电站技术、氢燃料电池汽车技术和氢发动机技术的研究开发、示范应用中取得了实质性进展，为氢能技术转化和应用创造了条件。二是积极推进风能发电产业化。我

国已经掌握了兆瓦级风电机组的制造技术，初步形成规模化的生产能力，为提高风电机组的国产化率提供了技术支持。三是加快太阳能光伏技术示范和推广。中国是全球第一大太阳能电池生产国，是世界最大的太阳能光伏组件出口国，供应着世界 40%的光伏产品，约 95%的太阳能热水器的核心技术由中国公司持有，这些为降低光伏系统的投资成本，提高光伏制造产能，实现全面太阳能光伏减排潜力，奠定了基础。

（8）建立低碳技术的引导和激励机制

借鉴国外经验，绿色证书交易制度是建立在配额制度基础上的可再生能源交易制度。在绿色证书交易制度中，一个绿色证书被指定代表一定数量的可再生能源发电量，当国家实行法定的可再生能源配额制度时，没有完成配额任务的企业需要向拥有绿色证书的企业购买绿色证书，以完成法定任务。通过绿色证书，限制高碳能源的使用，引导企业研发和采用低碳技术，发展低碳的可再生能源；制定和实行低碳产品优先采购政策，优先采购经过生态设计并经过清洁生产审计符合环境标志认证的产品，通过低碳产品优先采购引导企业对低碳技术进行战略投资，大力开发低碳产品，提高产品竞争力；通过制定和实施低碳财政、税收、融资等优惠政策，引导企业淘汰落后产能，加快技术升级，有效降低单位 GDP 碳排放强度，实现低碳发展。

（9）加快低碳技术人才的培养

开发低碳技术和低碳产品，关键就是要有掌握先进技术的科技人才。目前我国低碳技术人才短缺。以新能源领域人才现状为例，全国可再生能源学院仅有 1 所，我国风电产业当中受到长期专业技术培训的人员数量不超过 50。因此，加快低碳技术人才的培养势在必行。高等教育应把低碳能源技术、低碳能源和可再生能源方面的专业放在突出位置，直接为企业培养大批急需的低碳技术人才，使这些人才掌握最优的设计方法，提高研究、设计和创新能力，加快低碳产品研发速度，缩短低碳产品的研发周期。

（10）加强国际低碳技术的交流与合作

积极参与国际上关于低碳能源及其技术交流，尤其是要加强与欧盟、美国和日本的低碳技术交流与合作。在低碳技术的研发中，欧盟的目标是追求国际领先地位，开发出廉价、清洁、高效和低排放的世界级能源技术。美国实施了清洁煤计划，开发创新型污染控制技术、煤气化技术、先进燃烧系统、汽轮机及碳捕集与封存技术等。日本重点开发削减温室气体的碳捕集与封存技术，以及化石能源的减排技术装备（如投资燃煤电厂烟气脱硫技术装备），形成了国际领先的烟气脱硫环保产业。我们应通过各种交流合作，引进消化吸收发达国家先进的节能技术、提高能效的技术和可再生能源技术。同时，我们应充分利用广阔的市场条件，制定一些特殊的优惠政策，吸引国外的先进技术和资金进入中国，共同示范，共享成果，争取"双赢"，为我国低碳技术发展创造条件。

综上所述，在低碳技术领域，一是加强国际合作，将推动我国绿色低碳技术参与国际技术竞争，通过相互竞争和加速学习，促进我国技术取得国际领先地位；二是建立国内与国际联系，扩大市场范围，通过绿色低碳技术扩散应用，降低创新成本，并加速成果转化；三是参与国际标准制定，获得绿色低碳技术发展优先权，并加速相关技术开发和部署；四是增加国际人才和知识流动，促进绿色低碳技术向高质量发展创新。

【课程思政-延伸阅读】

随着"双碳"目标的提出，中国生态文明建设进入以降碳为重点战略方向、推动减污降碳协同增效、促进经济社会发展全面绿色转型的关键时期，绿色技术创新对绿色低碳发展的关键支撑作用愈加凸显。2022年12月，国家发展改革委、科技部印发《关于进一步完善市场导向的绿色技术创新体系实施方案（2023—2025年）》（以下简称《方案》），对未来3年完善市场导向的绿色技术创新体系工作进行了系统部署。

● 明确九方面重点任务

对于加快绿色低碳前沿技术研发和推广应用，《方案》提出了明确目标：到2025年，市场导向的绿色技术创新体系进一步完善，绿色技术创新对绿色低碳发展的支撑能力持续强化。其中，绿色技术供给能力显著提升，形成一批基础性、原创性、颠覆性绿色技术创新成果。据国家发展改革委有关负责人介绍，《方案》提出了九方面重点任务：一是强化绿色技术创新引领，二是壮大绿色技术创新主体，三是促进绿色技术创新协同，四是加快绿色技术转化应用，五是完善绿色技术评价体系，六是加大绿色技术财税金融支持，七是加强绿色技术人才队伍建设，八是强化绿色技术产权服务保护，九是深化绿色技术国际交流合作。比如，在强化关键绿色技术攻关方面，要组织实施"碳达峰碳中和关键技术研究与示范""循环经济关键技术与装备"等重点专项技术攻关，研发一批具有自主知识产权、达到国际先进水平的关键核心绿色技术；在培育绿色技术创新企业方面，要培育绿色技术创新领域专精特新中小企业、专精特新"小巨人"企业，加大对中小微绿色技术创新企业的支持力度；在人才队伍建设方面，鼓励地方政府联合高校、职业院校、科研院所、骨干企业共同实施绿色技术领域产学合作协同育人项目。清华大学环境学院教授温宗国说，这些重要措施从绿色创新需求、绿色技术创新、绿色技术交易、绿色技术应用等环节，为绿色技术的全链条创新提供了坚实支撑。

● 增强科技创新驱动力

推进绿色低碳发展，科技创新是关键支撑。进一步完善事业单位工作人员考核管理机制，加大绿色技术创新成效在考核评优中的比重；在年度国家标准制修订计划中加大对绿色技术标准的支持力度；实施"科技产业金融一体化"专项，引导各类天使投资、创业投资、私募股权投资等支持绿色技术创新和成果转化；落实相关所得税优惠政策，促进绿色技术、装备和产品研发应用。中国国际工程咨询有限公司资源与环境业务部主任张英健说，通过科技创新推进绿色低碳转型是全球性共识。2020年以来，世界主要经济体通过制定面向碳中和的科技战略与计划，加快布局绿色低碳技术创新。他认为，当前中国仍处于工业化、城镇化中期，兼顾经济社会可持续发展与碳中和目标实现必须依靠科技创新。在绿色低碳发展这一前沿领域，只有把关键核心技术掌握在自己手中，以关键共性技术、前沿引领技术、现代工程技术、颠覆性技术创新为突破口，把创新主动权、发展主动权牢牢掌握在自己手中，才能在这一场绿色技术创新革命中走在世界前列。

● 更好服务"双碳"目标

在中国绿色发展协同创新中心执行主任张九天看来，《方案》明确提出了以能源节约与绿色低碳转型、资源节约集约循环利用、低碳与零碳工业流程再造、生态系统固碳增汇、负碳及温室气体减排为绿色技术创新重点领域，遴选了节能降碳、清洁能源等领域先进适用绿色技术进入绿色技术推广目录，丰富和发展了绿色技术内涵，突出了先进性和引领性。张九天说，我国碳排放总量大、碳排放强度高、碳达峰到碳中和时间短，当前的绿色技术水平远无法满足需求，必须以关键技术的重大突破支撑高质量可持续发展下的碳达峰碳中和。《方案》突出了支撑 2030 年前实现碳达峰目标并面向 2060 年碳中和的绿色技术创新体系，将绿色低碳循环技术明确为绿色技术创新的新方向，为全国相关行业、领域、地方和企业开展绿色技术创新指明了思路方向。从《方案》来看，未来将采用"揭榜挂帅""赛马"机制，以组织实施"碳达峰碳中和关键技术研究与示范"重点专项技术攻关等方式，前瞻布局低碳、零碳、负碳等技术创新，最终更好地服务"双碳"目标。国家节能中心副主任康艳兵说，《方案》全面系统提出了构建市场导向绿色技术创新体系的务实举措，将进一步提升全社会绿色技术创新活力、促进创新成果转化和推广应用，有利于推动形成绿色低碳的生产方式和生活方式，为加快发展方式绿色低碳转型提供坚实保障和有力支撑。

资料来源：http://news.sohu.com/a/624379632_115376。

【思考题】

1. 简述低碳技术产生的背景与内涵及特征。
2. 简述低碳技术的主要类型、发展现状与趋势。
3. 我国绿色低碳技术发展面临的主要问题有哪些？
4. 如何构建绿色低碳技术体系？其创新路径是什么？
5. 查阅国内外相关资料，列出不同类型低碳技术的现状及其优缺点。

参考文献

[1] 蔡林海. 低碳经济绿色革命与全球创新竞争大格局[M]. 北京：经济科学出版社，2009.

[2] 邓线平. 低碳技术及其创新研究[J]. 自然辩证法研究，2010，26（6）：18-22.

[3] 丁仲礼. 中国碳中和框架路线图研究[J]. 中国工业和信息化，2021（8）：54-61.

[4] 符冠云，白泉. 美国应对气候变化措施、问题及启示[J]. 中国经贸导刊，2012（8）：38-40.

[5] 胡珊，李海鹏. 低碳技术国内外差距研究[J]. 生态经济，2015，31（8）：28-32.

[6] 杰里米·里夫金. 零边际成本社会[M]. 赛迪研究院专家组，译. 北京：中信出版社，2014.

[7] 金起文，于海珍. 构建发展低碳经济的技术支撑体系[N]. 光明日报，2010-03-15.

[8] 赖流滨，龙云凤，郭小华. 低碳技术创新的国际经验及启示[J]. 科技管理研究，2011（10）：1-5.

[9] 李淑涵. 我国低碳技术成果转化模式与机制研究[D]. 镇江：江苏大学，2018.

[10] 李双荣，郗永勤. 英国支持低碳技术创新实践对我国的启示[J]. 海峡科学，2011（9）：56-57.

[11] 刘鹤. 必须实现高质量发展[N]. 人民日报，2021-11-24（6）.

[12] 刘仁厚，丁明磊，王书华. 国际净零排放路线及其对中国双碳战略的启示[J]. 改革与战略，2022（1）：1-12.

[13] 刘仁厚，王革，黄宁，等. 中国科技创新支撑碳达峰、碳中和的路径研究[J]. 广西社会科学，2021（8）：1-7.

[14] 刘仁厚. 格拉斯哥峰会后实现"双碳"目标这四点需重点关注[N]. 科技日报，2021-12-20.

[15] 任力. 国外发展低碳经济的政策及启示[J]. 发展研究，2009（2）：23-27.

[16] 王承云，秦健. 低碳技术研发的国际经验及启示[J]. 中国软科学，2010（8）：277-301.

[17] 王永中. 碳达峰、碳中和目标与中国的新能源革命[J]. 社会科学文摘，2022（1）：5-7.

[18] 王志刚. 碳达峰碳中和要加快构建科技创新支撑体系[J]. 设备管理与维修，2021（13）：8.

[19] 吴启华. "双碳"目标下的创新发展之路[N]. 中国矿业报，2023-11-02.

[20] 谢和平. 发展低碳技术推进绿色经济[J]. 中国能源，2010（9）：5-10.

[21] 徐大丰. 低碳技术选择的国际经验对我国低碳技术路径的启示[J]. 科技与经济，2010（4）：73-75.

[22] 徐大丰. 基于RD&D投入的国际低碳技术路线透视[J]. 现代经济探讨，2011（7）：79-82.

[23] 徐明. 构建低碳经济技术支撑体系研究[D]. 保定：河北大学，2012.

[24] 薛睿. 中国低碳经济发展的政策研究[D]. 北京：中共中央党校，2008.

[25] 张贤，郭偲悦，孔慧，等. 碳中和愿景的科技需求与技术路径[J]. 中国环境管理，2021（1）：65-70.

[26] 钟嘉琳. "双碳"链动绿色动能[N]. 烟台日报，2022-09-15.

[27] 仲平，彭斯震. 发达国家碳捕集、利用与封存技术及其启示[J]. 中国人口·资源与环境，2012（9）：25-28.

[28] 周晴晴，赵六珍，郝放，等. "双碳"背景下低碳供暖体系与能源消费结构构建与优化[J]. 上海企业政策研究，2023（10）：30-32.

[29] 周彦霞. 我国企业发展低碳技术的困境与对策探析[D]. 沈阳：东北大学，2011.

第4章 低碳政策体系

【学习目标】我国政府积极响应全球气候变化挑战，制定并实施了一系列碳达峰碳中和政策，以推动绿色低碳发展。这一政策体系旨在推动生态环境保护和绿色发展，促进经济社会的可持续发展。为帮助读者更好地理解和把握中国的碳达峰碳中和政策体系，本章梳理了中国低碳经济"1+N"政策体系，通过本章的学习，应该重点掌握以下内容：①政策支持对低碳经济发展的重要作用；②低碳经济"1+N"政策体系的构成；③低碳税收的主要工具和效果；④碳金融政策。

4.1 低碳政策概述

低碳政策体系是一个综合、多维度的策略框架，其核心理念在于通过精心设计的政策工具和措施，有效地推动低碳经济的深入发展，显著降低碳排放强度，并积极促进清洁能源的广泛应用。这一体系不仅致力于推动绿色交通的蓬勃发展，还强调节能减排和生态碳汇能力的全面增强，从而为实现经济、社会和环境的和谐、可持续发展奠定坚实基础。

具体而言，低碳政策体系涵盖两个层面：在消费层面，通过引导政策、环境政策以及需求政策，细致地引导公民形成健康、理性的低碳消费观念和行为模式。这不仅包括在日常生活中实践节约原则，更在鼓励合理消费的同时，明确反对任何形式的浪费。这种政策的细致入微体现在对绿色消费和低碳生活方式的全面倡导上，从而使低碳生活理念深入人心。在技术与管理层面，低碳政策体系同样展现出其全面性和前瞻性。低碳技术政策着重于促进先进低碳技术的研发与应用，为国民经济的低碳化转型提供坚实的技术支撑。这不仅涉及传统产业的升级改造，更包括新兴低碳产业的培育与发展。与此同时，低碳管理政策通过一系列高效的管理手段和策略，确保低碳经济的健康发展。这包括但不限于碳排放的监测与核算、节能减排目标的设定与考核以及清洁能源项目的规划与实施等。

4.1.1 政策支持低碳经济发展的重要性

4.1.1.1 引导与推动作用

（1）政府作为宏观经济管理者的角色

在低碳经济的发展过程中，政府扮演着宏观经济管理者这一关键角色。其不仅负责制定和执行一系列政策法规，以规范和指导市场主体的经济行为，而且需要从长远的角度出发，为国民经济的可持续发展奠定坚实的基础。特别是在推动低碳经济转型方面，政府的作用尤为重要。

为了有效地引导低碳经济的发展，政府首先需要明确低碳转型的长远目标，并制定相应的发展战略和规划。这些目标和规划不仅要考虑当前的经济社会发展状况，还要充分考虑未来的发展趋势和挑战。同时，政府还需要通过立法手段，将低碳发展的理念和要求融入相关法律法规中，从而为低碳经济的发展提供有力的法律保障。

在具体执行层面，政府需要通过各种政策工具，如财政、税收、金融等，来推动低碳产业的发展和市场的形成。这些政策工具不仅可以提供直接的经济激励，降低低碳技术研发和应用的成本，还可以通过引导和规范市场主体的行为，促进低碳技术和产品的普及和推广。

（2）财政、税收、金融等激励政策的运用与效果

为了推动低碳经济的蓬勃发展，政府必须精心策划并实施一系列财政、税收及金融激励政策。这些政策不仅涵盖了财政补贴、税收减免或优惠，还包括优惠贷款等多种金融扶持手段。通过这些多元化的激励措施，政府旨在从多个角度全面促进低碳产业的壮大。

具体而言，财政补贴能够直接降低低碳产业的运营成本，为其提供更多的资金支持，从而鼓励企业采用更环保、更节能的生产方式。税收减免或优惠政策则进一步减轻了企业的财务负担，使其能够将更多资源投入研发和创新中，进而提升整个产业的竞争力和市场地位。同时，优惠贷款等金融手段为企业提供了稳定的资金来源，帮助其扩大生产规模、改进技术，并推动低碳技术的广泛应用。这些激励政策还产生了显著的杠杆效应。它们不仅直接支持了低碳产业的发展，还间接引导了更多的社会资本投向这一领域。随着政策的持续推动，越来越多的企业和个人开始关注并参与到低碳经济的建设中，形成了一个充满活力的良性循环机制。此外，这些政策的实施还促进了技术创新和人才培养。在政策的鼓励下，企业纷纷加大研发投入，推动低碳技术不断突破。同时，政策的实施也吸引了更多的专业人才加入低碳产业中，为产业的可持续发展提供强有力的人才保障。

总体来说，政府通过实施财政、税收、金融等激励政策，成功地推动了低碳经济的全面发展。这些政策不仅直接支持了低碳产业，还激发了社会各界的广泛参与，为构建绿色、低碳的未来社会奠定了坚实基础。

（3）政策在引导社会资金流向低碳领域中的作用与机制

政策在引导社会资金流向低碳领域中的作用与机制至关重要。除直接的财政补贴、税收优惠等经济激励措施外，政策还通过更为广泛和深入的方式来影响和引导资金流动。

政府发布的一系列政策文件，为社会资本指明了投资方向。这些政策文件不仅详细阐述了低碳经济的重要性和发展方向，还明确了政府在未来的规划和支持力度。这种明确的政策导向，使投资者能够更为清晰地判断低碳领域的发展潜力和投资机会。与此同时，政府还通过举办各种低碳发展专题研讨会、论坛等活动，进一步加深社会各界对低碳经济的了解。在这些平台上，政府、企业、投资者和专家学者共同探讨低碳技术的发展趋势、市

场前景以及投资机会，从而增强各方对低碳经济的信心和兴趣。此外，政府还积极寻求与国际金融机构的合作，通过引进外资和技术支持，为国内低碳经济的发展注入新的活力。这种合作不仅拓宽了资金来源，还带来了国际上先进的低碳技术和管理经验，从而提升了国内低碳产业的竞争力。

在政策的持续推动和引导下，越来越多的社会资本开始主动关注并投入低碳领域。这种资金流动不仅为低碳经济的发展提供了坚实的资金基础，还促进了低碳金融市场的形成和发展。可以预见，随着政策的深入实施和资金的持续投入，低碳经济将迎来更加广阔的发展空间和投资机会。

4.1.1.2 优化资源配置与提高能源效率

在当前全球能源格局下，优化资源配置与提高能源效率已成为各国政府关注的焦点。作为经济发展的基石，能源的高效利用和合理配置对实现可持续发展具有重要意义。政府在这一过程中发挥着举足轻重的作用，它既是监管者，也是推动者和引领者。通过制定和实施一系列政策文件，政府能够引导市场力量和社会各界共同参与，形成合力，推动能源领域的革新与进步。

（1）节能减排政策与能源效率提升

节能减排政策在提高能源效率方面发挥着至关重要的作用。政府通过确立明确的节能减排目标和实施严格的标准，对企业提出具体要求，推动其摒弃传统的高能耗、高污染的生产方式，转而采用更为高效、环保的节能技术和设备。此举不仅有助于企业降低生产成本，更能显著减少能源消耗和碳排放，从而对应对全球气候变化产生积极影响。

节能减排政策的落地执行，进一步催生了企业的技术革新和转型升级。在政策的指引下，企业纷纷加大科技研发投入，积极探索并实践新的节能降耗技术和解决方案。这种创新驱动的发展模式，不仅提升了企业的市场竞争力，更推动了整个产业链的升级和优化。

此外，随着这些先进节能技术的广泛应用和不断深化，社会的能源利用效率将得到显著提升，进而实现经济效益和环境效益的"双赢"。这一过程中，政府、企业和社会公众共同努力，形成合力，为推动可持续发展和绿色经济转型奠定坚实基础。

（2）清洁能源与可再生能源政策的推广

政府在清洁能源与可再生能源的推广中扮演着举足轻重的角色。为了鼓励社会各界积极参与这一绿色变革，政府采取了多种措施。其中，财政补贴和税收优惠政策是最直接且有效的手段。通过这些激励措施，政府成功地引导了众多企业和个人投身于清洁能源与可再生能源项目的投资与开发。

政府的这一政策导向对推动能源结构的转型具有深远的影响。传统的化石能源由于其有限性和环境污染问题，正逐渐被清洁能源和可再生能源取代。而政府的扶持，无疑为这一转型过程注入了强大的动力。多样化的能源结构不仅增强了能源供应的稳定性，还显著降低了对环境的不良影响。

清洁能源和可再生能源的广泛应用，不仅是对环境的保护，更是对未来可持续发展的投资。它们有助于大幅减少温室气体排放，从而缓解全球气候变暖的压力。同时，清洁能源的推广也带动了相关产业链的发展，为经济增长注入了新的活力。

随着科技的不断进步，清洁能源和可再生能源的效率及成本效益也在不断提升。太阳能电池板、风力发电等技术的日益成熟，使得这些清洁能源的市场竞争力日益加强。展望未来，我们有理由相信，清洁能源和可再生能源将在全球能源市场中占据越来越重要的地位，成为推动人类社会持续、健康发展的关键力量。

（3）政策在能源结构调整和能源安全保障中的作用

在推动能源结构调整与确保能源安全方面，政府的作用举足轻重且无可替代。通过精心策划和实施综合性的能源战略规划，政府能够积极引导能源供应朝着多元化、国际化的方向迈进。这种战略性的布局，不仅有助于降低对某一特定能源来源的过度依赖，从而减轻潜在的风险，还能显著提升能源供应的稳定性和安全性，为国家的能源未来描绘出一幅可持续的蓝图。

不止于此，政府在构建稳固的能源储备制度和应急响应机制方面同样不遗余力。这些精心设计的制度和机制，在能源市场遭遇波动或突发危机时，能够迅速而有效地作出反应，确保能源的稳定供应不会因外部因素而受到冲击。这样的举措不仅为经济社会的平稳运行提供了坚强的后盾，更为国家的繁荣与稳定注入了长期的保障。政府的这些努力，无疑为国家的能源战略发展奠定了坚实的基础。

4.1.1.3 促进技术创新与产业升级

（1）政策支持推动低碳技术研发与创新

政府通过提供研发资金、税收减免等政策措施，为低碳技术的研发与创新创造了良好的环境。这些政策不仅降低了企业的研发成本和风险，更激发了企业的创新活力，推动了低碳技术的不断突破与进步。

研发资金的支持使企业能够更加专注于低碳技术的研发，加快技术创新的步伐。税收减免等政策措施则进一步减轻了企业的经济负担，为其提供了更多的创新空间和资源。这些政策的实施，为企业创造了良好的创新生态，促进了低碳技术的不断涌现和成熟。

此外，政府还通过建立创新平台、促进产学研合作等方式，加强企业与科研机构之间的合作与交流。这种合作模式不仅有助于加速低碳技术的研发与创新进程，更推动了科技成果的转化和应用。通过共享资源、互通有无，企业与科研机构能够携手攻克技术难题，推动低碳技术在实际应用中的不断完善和优化。

（2）政策引导传统产业低碳化转型

政府通过设定严格的碳排放标准、实施碳交易等市场机制，对传统产业进行有力的引导和约束。这些政策迫使传统产业不得不进行低碳化改造和升级，以适应新的市场环境和政策要求。

碳排放标准的设定使得传统产业必须采用更加环保、高效的生产方式和技术手段，以降低碳排放量并达到政策要求。碳交易等市场机制的引入则进一步激励了传统产业积极参与低碳化转型，通过市场交易获得经济回报的进程。

为了帮助传统产业顺利实现低碳化转型，政府还提供了转型支持资金、技术指导和市场激励等措施。这些措施不仅有助于减少碳排放、保护环境，更提高了传统产业的竞争力和可持续发展能力。通过政策引导和市场机制的双重作用，传统产业逐渐实现了向低碳化方向的转型，推动了产业结构的优化和升级。

（3）政策扶持新兴低碳产业发展

政府通过制定产业政策、提供财政补贴、优化营商环境等多种措施，积极扶持了新兴低碳产业的发展。这些政策为新兴产业的崛起提供了有力的支撑和保障。

产业政策的制定明确了新兴低碳产业的发展方向和目标，为其提供了清晰的政策指引。财政补贴和税收优惠等支持措施则降低了新兴产业的进入门槛和运营成本，使其能够加速发展。优化营商环境等举措则为新兴产业提供了良好的发展环境，促进了其健康、有序地发展。

这些政策的实施使得新兴低碳产业得以快速发展壮大，并逐渐成为经济发展的新引擎。新兴产业的崛起不仅推动了产业结构的进一步优化和升级，提高了经济的整体素质和竞争力，同时为经济增长注入了新的动力和活力。政策支持的引导和推动作用，使得新兴低碳产业与传统产业相互促进、协同发展，形成了良性互动的发展格局。

4.1.2 中国低碳经济"1+N"政策体系

随着全球气候变化问题日益凸显，低碳经济作为应对之策，已成为国际社会的广泛共识。在这一全球性的绿色转型浪潮中，中国作为世界主要经济体之一，展现出了坚定的决心和宏大的战略视野。为了推动低碳经济的发展，中国精心构建了"1+N"政策体系，立好碳达峰碳中和工作的"四梁八柱"。2021年9月22日，中共中央、国务院率先发布了《关于完整准确全面贯彻新发展理念做好碳达峰碳中和工作的意见》。紧随其后，10月24日，国务院发布了《2030年前碳达峰行动方案》。两份文件共同构成了贯穿碳达峰、碳中和两个阶段的顶层设计，称为"1"。作为"1"，是管总管长远的，在碳达峰碳中和"1+N"政策体系中发挥统领作用。"N"则包括能源、工业、交通运输、城乡建设等分领域分行业碳达峰实施方案，以及科技支撑、能源保障、碳汇能力、财政金融价格政策、标准计量体系、督察考核等保障方案。同时，各省（区、市）均制定本地区碳达峰实施方案。总体上构建起目标明确、分工合理、措施有力、衔接有序的碳达峰、碳中和政策体系（图4-1）。

这一政策体系的构建，不仅展现了中国在低碳经济发展上的战略眼光和坚定决心，也为中国乃至全球的绿色转型提供了宝贵的经验和借鉴。通过"1+N"政策体系的深入实施，中国有信心也有能力在应对气候变化、推动绿色发展的道路上迈出更加坚实的步伐，为构建人类命运共同体贡献中国智慧和中国力量。

煤炭

石油天然气

电力

非化石能源

能源

钢铁

石化化工

建材

有色金属

工业

交通运输

城乡建设

农业农村

减污降碳

生态碳汇

统计核算

财政支撑

标准计量

绿色金融

人才培养

科技支撑

干部培训

绿色消费

《2030 年前
碳达峰行
动方案》

《关于完整准确全面贯彻新发展理念
做好碳达峰碳中和工作的意见》

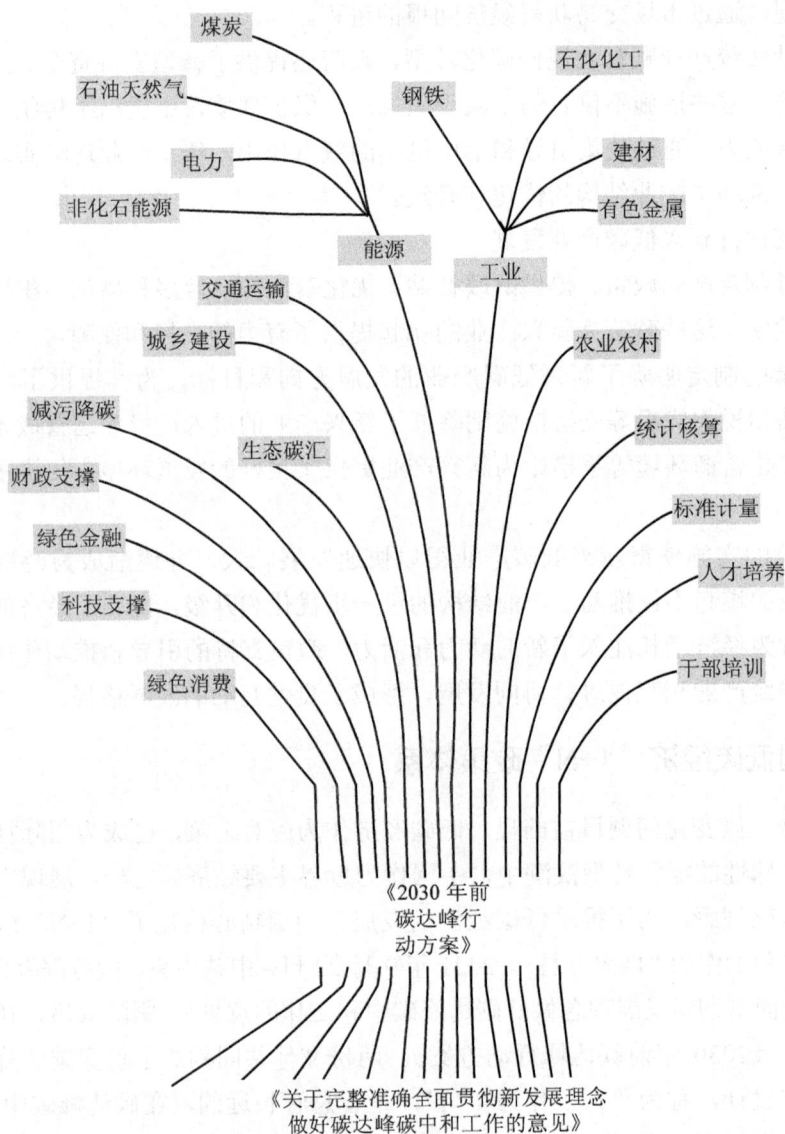

图 4-1　低碳经济"1+N"政策体系

4.1.2.1　"1"政策

《关于完整准确全面贯彻新发展理念做好碳达峰碳中和工作的意见》和《2030 年前碳达峰行动方案》两份文件共同构成了贯穿碳达峰、碳中和两个阶段的顶层设计，称为"1"政策。

（1）《关于完整准确全面贯彻新发展理念做好碳达峰碳中和工作的意见》

2021 年 9 月，中共中央、国务院正式发布《关于完整准确全面贯彻新发展理念做好碳达峰碳中和工作的意见》（以下简称《意见》），对碳达峰碳中和工作作出系统谋划，明确了总体要求、主要目标和重大举措，是指导做好碳达峰碳中和这项重大工作的纲领性文件。

从《意见》可以看出，实现碳达峰、碳中和是一项多维、立体、系统的工程，涉及经济社会发展方方面面。《意见》坚持系统观念，提出推进经济社会发展全面绿色转型、深度调整产业结构等11方面34项重点任务，明确了碳达峰碳中和工作的路线图、施工图。

（2）《2030年前碳达峰行动方案》

《2030年前碳达峰行动方案》（以下简称《方案》）主要目标分两步走实现。第一步是"十四五"期间的奋斗目标，即到2025年，非化石能源消费比重达到20%左右，单位国内生产总值能源消耗比2020年下降13.5%，单位国内生产总值二氧化碳排放比2020年下降18%，为实现碳达峰奠定坚实基础。第二步是"十五五"期间的奋斗目标，即到2030年，非化石能源消费比重达到25%左右，单位国内生产总值二氧化碳排放比2005年下降65%以上，顺利实现2030年前碳达峰目标。

《方案》将碳达峰贯穿经济社会发展全过程和各方面，重点实施能源绿色低碳转型行动、节能降碳增效行动、工业领域碳达峰行动、城乡建设碳达峰行动、交通运输绿色低碳行动、循环经济助力降碳行动、绿色低碳科技创新行动、碳汇能力巩固提升行动、绿色低碳全民行动、各地区梯次有序碳达峰行动等"碳达峰十大行动"，如表4-1所示。

表4-1 碳达峰十大行动

序号	名称	具体举措
行动一	能源绿色低碳转型行动（6项举措）	①推进煤炭消费替代和转型升级 ②大力发展新能源 ③因地制宜开发水电 ④积极安全有序发展核电 ⑤合理调控油气消费 ⑥加快建设新型电力系统
行动二	节能降碳增效行动（4项举措）	①全面提升节能管理能力 ②实施节能降碳重点工程 ③推进重点用能设备节能增效 ④加强新型基础设施节能降碳
行动三	工业领域碳达峰行动（6项举措）	①推动工业领域绿色低碳发展 ②推动钢铁行业碳达峰 ③推动有色金属行业碳达峰 ④推动建材行业碳达峰 ⑤推动石化化工行业碳达峰 ⑥坚决遏制"两高"项目盲目发展
行动四	城乡建设碳达峰行动（4项举措）	①推进城乡建设绿色低碳转型 ②加快提升建筑能效水平 ③加快优化建筑用能结构 ④推进农村建设和用能低碳转型

序号	名称	具体举措
行动五	交通运输绿色低碳行动 （3项举措）	①推动运输工具装备低碳转型 ②构建绿色高效交通运输体系 ③加快绿色交通基础设施建设
行动六	循环经济助力降碳行动 （4项举措）	①推进产业园区循环化发展 ②加强大宗固废综合利用 ③健全资源循环利用体系 ④大力推进生活垃圾减量化资源化
行动七	绿色低碳科技创新行动 （4项举措）	①完善创新体制机制 ②加强创新能力建设和人才培养 ③强化应用基础研究 ④加快先进适用技术研发和推广应用
行动八	碳汇能力巩固提升行动 （4项举措）	①巩固生态系统固碳作用 ②提升生态系统碳汇能力 ③加强生态系统碳汇基础支撑 ④推进农业农村减排固碳
行动九	绿色低碳全民行动 （4项举措）	①加强生态文明宣传教育 ②推广绿色低碳生活方式 ③引导企业履行社会责任 ④强化领导干部培训
行动十	各地区梯次有序碳达峰行动 （4项举措）	①科学合理确定有序达峰目标 ②因地制宜推进绿色低碳发展 ③上下联动制定地方达峰方案 ④组织开展碳达峰试点建设

4.1.2.2 "N"政策

2021年10月24日，《2030年前碳达峰行动方案》发布后，各部门相继发布能源、工业、城乡建设、交通运输、农业农村等重点领域实施方案，煤炭、石油天然气、钢铁、有色金属、石化化工、建材等重点行业实施方案，科技支撑、财政支撑、统计核算、人才培养等支撑保障方案，以及31个省（区、市）碳达峰实施方案均已制定，双碳"1+N"政策体系已经形成。

"N"则涵盖了围绕低碳发展主题所制定的一系列具体执行政策和细化措施。这些政策与细化措施的内容广泛且深入，包括但不限于节能减排的推进策略、可再生能源的扶持计划、绿色交通体系的建设方案、绿色建筑的设计与实施标准，以及生态环保的监管与治理手段等。这些多元化的政策和措施，共同构成了一个多维度、立体化的低碳推进系统，旨在从各个角度和层面全面推动中国的低碳化转型，确保每一项低碳发展目标都能落到实处，形成强大而持久的政策协同效应。通过这样的政策体系设计，中国正稳步向着低碳、绿色、可持续发展的未来迈进。

下面对国家已出台的政策进行梳理。

（1）能源绿色转型领域

能源生产和消费相关活动是最主要的二氧化碳排放源，大力推动能源领域碳减排是做好碳达峰碳中和工作，以及加快构建现代能源体系的重要举措。党的十八大以来，各地区、各有关部门围绕能源绿色低碳发展制定了一系列政策措施，推动太阳能、风能、水能、生物质能、地热能等清洁能源开发利用取得了明显成效。下面主要介绍能源绿色转型领域 7 项政策，如表 4-2 所示。

表 4-2　能源绿色转型领域政策

序号	发文机构	政策文件	文件概要
1	国家发展改革委、国家能源局	《"十四五"现代能源体系规划》	文件明确加快推动能源绿色低碳转型。坚持生态优先、绿色发展，壮大清洁能源产业，实施可再生能源替代行动，推动构建新型电力系统，促进新能源占比逐渐提高，推动煤炭和新能源优化组合
2	国家发展改革委、国家能源局	《关于完善能源绿色低碳转型体制机制和政策措施的意见》	文件主要突出了 4 个方面的统筹
3	国家发展改革委、国家能源局	《氢能产业发展中长期规划（2021—2035 年）》	文件提出 4 个方面的重点任务
4	国家发展改革委等六部门	《煤炭清洁高效利用重点领域标杆水平和基准水平（2022 年版）》	文件明确围绕煤炭洗选、燃煤发电、燃煤锅炉供热、煤炭转化（煤制合成氨、煤制焦炭、煤制甲醇、煤制烯烃、煤制乙二醇）等重点领域，推进煤炭清洁高效利用
5	国家发展改革委等九部门	《"十四五"可再生能源发展规划》	文件提出"十四五"期间，可再生能源发展的主要任务将围绕"四个革命、一个合作"展开，四个革命即供给革命、消费革命、技术革命和体制革命，一个合作即深化可再生能源国际合作
6	国家能源局	《能源碳达峰碳中和标准化提升行动计划》	文件包括 6 个方面内容
7	国家能源局	《关于进一步规范可再生能源发电项目电力业务许可管理的通知》	文件指出，豁免部分分散式风电项目电力业务许可。在现有许可豁免政策的基础上，将全国范围内接入 35 kV 及以下电压等级电网的分散式风电项目纳入许可豁免范围，不再要求取得电力业务许可证。调整可再生能源发电项目（机组）许可延续政策。不再开展水电机组许可延续工作。水电机组申请电力业务许可证时，不再登记机组设计寿命

（2）节能降碳领域

节能降碳是推进碳达峰碳中和、加快发展方式绿色转型的重要抓手。"十四五"时期以来，各地区、各有关部门深入贯彻党中央、国务院决策部署，落实全面节约战略，完善能源消耗总量和强度调控，扎实推进节能降碳取得显著成效。下面主要介绍节能降碳领域

6 项政策,如表 4-3 所示。

表 4-3　节能降碳领域政策

序号	发文机构	政策文件	文件概要
1	国务院	《"十四五"节能减排综合工作方案》	以习近平新时代中国特色社会主义思想为指导,全面贯彻党的十九大和十九届历次全会精神,深入贯彻习近平生态文明思想,坚持稳中求进工作总基调,立足新发展阶段,完整、准确、全面贯彻新发展理念,构建新发展格局,推动高质量发展,完善实施能源消费强度和总量双控、主要污染物排放总量控制制度,组织实施节能减排重点工程,进一步健全节能减排政策机制,推动能源利用效率大幅提高、主要污染物排放总量持续减少,实现节能降碳减污协同增效、生态环境质量持续改善,确保完成"十四五"节能减排目标,为实现碳达峰、碳中和目标奠定坚实基础
2	国家发展改革委等四部门	《高耗能行业重点领域节能降碳改造升级实施指南(2022 年版)》	明确了炼油,乙烯,对二甲苯,现代煤化工,合成氨,电石,烧碱,纯碱,磷铵、黄磷,水泥,平板玻璃,建筑、卫生陶瓷,钢铁,焦化,铁合金,以及有色金属冶炼 17 个高耗能行业节能降碳改造升级的工作方向和目标,旨在指导各有关方面科学有序开展重点领域节能降碳改造升级工作
3	生态环境部等七部门	《减污降碳协同增效实施方案》	以习近平新时代中国特色社会主义思想为指导,深入贯彻习近平生态文明思想,坚持稳中求进工作总基调,立足新发展阶段:完整、准确、全面贯彻新发展理念,构建新发展格局,把实现减污降碳协同增效作为促进经济社会发展全面绿色转型的总抓手,锚定美丽中国建设和碳达峰碳中和目标,科学把握污染防治和气候治理的整体性,以结构调整、布局优化为关键,以优化治理路径为重点,以政策协同、机制创新为手段,完善法规标准,强化科技支撑,全面提高环境治理综合效能
4	国家发展改革委等五部门	《重点用能产品设备能效先进水平、节能水平和准入水平(2022 年版)》(已废止)	重点用能产品设备产销数量多、使用范围广、耗能总量大,是节能降碳的重点环节。文件以工业电机、家用空调等 20 类量大面广、能耗量和节能潜力大的用能产品设备为重点,明确具体能效水平值,提出了四项工作要求
5	国家发展改革委等九部门	《关于统筹节能降碳和回收利用　加快重点领域产品设备更新改造的指导意见》	分 2025 年、2030 年两个阶段,按照定量与定性相结合的原则,针对不同产品设备分别提出了更新改造和回收利用工作目标。文件提出,"坚持聚焦重点、稳步推进;坚持合理定标、分类指导;坚持节约集约、畅通循环;坚持市场导向、综合施策"的工作原则,围绕加快节能降碳更新改造、完善回收利用体系、强化支撑保障等 3 个方面,部署了 11 项重点任务
6	国家发展改革委等六部门	《重点用能产品设备能效先进水平、节能水平和准入水平(2024 年版)》	结合节能降碳新形势新要求,对标国内国际先进水平,明确了工业设备、信息通信设备、交通运输设备、商用设备、家用电器、照明器具等 6 大类 43 种用能产品设备能效要求,并对扩大产品设备覆盖范围、提升节能标准、统筹更新改造和回收利用、倡导绿色低碳消费、加强应用实施和监督检查、强化综合性政策支持等作出部署,指导各地区、各有关部门和行业企业大力推广节能减排降碳先进技术,推进用能产品设备节能降碳

下面重点解读《"十四五"节能减排综合工作方案》和《减污降碳协同增效实施方案》两个文件。

——《"十四五"节能减排综合工作方案》

为认真贯彻落实党中央、国务院重大决策部署，大力推动节能减排，深入打好污染防治攻坚战，加快建立健全绿色低碳循环发展经济体系，推进经济社会发展全面绿色转型，助力实现碳达峰碳中和目标，制定本方案。

主要目标

到 2025 年，全国单位国内生产总值能源消耗比 2020 年下降 13.5%，能源消费总量得到合理控制，化学需氧量、氨氮、氮氧化物、挥发性有机物排放总量比 2020 年分别下降 8%、8%、10% 以上、10% 以上。节能减排政策机制更加健全，重点行业能源利用效率和主要污染物排放控制水平基本达到国际先进水平，经济社会发展绿色转型取得显著成效。

十大重点工程

重点行业绿色省级工程："十四五"时期，规模以上工业单位增加值能耗下降 13.5%，万元工业增加值用水量下降 16%。到 2025 年，钢铁、电解铝、水泥、平板玻璃、炼油、乙烯、合成氨、电石等重点行业产能和数据中心达到能效标杆水平的比例超过 30%。

园区节能环保提升工程：到 2025 年，建成一批节能环保示范园区。

城镇绿色节能改造工程：到 2025 年，城镇新建建筑全面执行绿色建筑标准，城镇清洁取暖比例和绿色高效制冷产品市场占有率大幅提升。

交通物流节能减排工程：到 2025 年，新能源汽车新车销售量达到汽车新车销售总量的 20% 左右，铁路、水路货运量占比进一步提升。

农业农村节能减排工程：到 2025 年，农村生活污水治理率达到 40%，秸秆综合利用率稳定在 86% 以上，主要农作物化肥、农药利用率均达到 43% 以上，畜禽粪污综合利用率达到 80% 以上，绿色防控、统防统治覆盖率分别达到 55%、45%，京津冀及周边地区大型规模化养殖场氨排放总量削减 5%。

公共机构能效提升工程：到 2025 年，创建 2000 家节约型公共机构示范单位，遴选 200 家公共机构能效领跑者。

重点区域污染物减排工程：到 2025 年，长江流域总体水质保持为优，干流水质稳定达到 II 类，黄河干流上中游（花园口以上）水质达到 II 类。

煤炭清洁高效利用工程：到 2025 年，非化石能源占能源消费总量比重达到 20% 左右。"十四五"时期，京津冀及周边地区、长三角地区煤炭消费量分别下降 10%、5% 左右，汾渭平原煤炭消费量实现负增长。

挥发性有机物综合整治工程：到 2025 年，溶剂型工业涂料、油墨使用比例分别降低 20 个百分点、10 个百分点，溶剂型胶粘剂使用量降低 20%。

环境基础设施水平提升工程：到 2025 年，新增和改造污水收集管网 8 万公里，新增污水处理能力 2000 万立方米/日，城市污泥无害化处置率达到 90%，城镇生活垃圾焚烧处理能力达到 80 万吨/日左右，城市生活垃圾焚烧处理能力占比 65% 左右。

——《减污降碳协同增效实施方案》

基本原则

突出协同增效，强化源头防控，优化技术路径，注重机制创新，鼓励先行先试。

主要目标

到 2025 年，减污降碳协同推进的工作格局基本形成；重点区域、重点领域结构优化调整和绿色低碳发展取得明显成效；形成一批可复制、可推广的典型经验；减污降碳协同度有效提升。

到 2030 年，减污降碳协同能力显著提升，助力实现碳达峰目标；大气污染防治重点区域碳达峰与空气质量改善协同推进取得显著成效；水、土壤、固体废物等污染防治领域协同治理水平显著提高。下面主要介绍减污降碳重点任务，如表 4-4 所示。

表 4-4　减污降碳重点任务

重点任务	任务清单	具体内容
加强源头防控	强化生态环境分区管控	①构建分类指导的减污降碳政策体系； ②将碳达峰碳中和要求纳入"三线一单"分区管控体系； ③研究建立以区域环境质量改善和碳达峰目标为导向的产业准入及退出清单制度
	加强生态环境准入管理	①坚决遏制高耗能、高排放、低水平项目盲目发展； ②持续加强产业集群环境治理，明确产业布局和发展方向； ③在产业结构调整指导目录中考虑减污降碳协同增效要求
	推动能源绿色低碳转型	①推动能源供给体系清洁化低碳化和终端能源消费电气化； ②实施可再生能源替代行动，不断提高非化石能源消费比重； ③持续推进北方地区冬季清洁取暖
	加快形成绿色生活方式	①扩大绿色低碳产品供给和消费； ②建设绿色社区，推广绿色包装引导绿色出行
突出重点领域	推进工业领域协同增效	①实施绿色制造工程，推广绿色设计； ②开展重点行业清洁生产改造，推动一批重点企业达到国际领先水平； ③鼓励重点行业企业探索采用多污染物和温室气体协同控制技术工艺
	推进交通运输协同增效	①加快推进"公转铁""公转水"； ②加快新能源车发展，逐步推动公共领域用车电动化； ③加快淘汰老旧船舶，推动新能源清洁能源动力船舶应用
	推进城乡建设协同增效	①优化城镇布局，合理控制城镇建筑总规模； ②多措并举提高绿色建筑比例，推进建筑废弃物再生利用； ③在农村人居环境整治提升中统筹考虑减污降碳要求
	推进农业领域协同增效	①协同推进种植业、畜牧业、渔业节能减排与污染治理； ②深入实施化肥农药减量增效行动； ③提升秸秆综合利用水平，提高畜禽粪污资源化利用水平
	推进生态建设协同增效	①科学开展大规模国土绿化行动； ②实施生物多样性保护重大工程； ③加强城市生态建设，完善城市绿色生态网络

重点任务	任务清单	具体内容
优化环境治理	推进大气污染防治协同控制	①一体推进重点行业大气污染深度治理与节能降碳行动； ②加强消耗臭氧层物质和氢氟碳化物管理； ③推进移动源大气污染物排放和碳排放协同治理
	推进水环境治理协同控制	①大力推进污水资源化利用，构建区域再生水循环利用体系； ②推进污水处理厂节能降耗和碳排放管理； ③因地制宜推进农村生活污水集中或分散式治理及就近回用
	推进土壤污染治理协同控制	①合理规划污染地块土地用途； ②鼓励绿色低碳修复，优化土壤污染风险管控和修复技术路线； ③推动严格管控类受污染耕地植树造林增汇
	推进固体废物污染防治协同控制	①强化资源回收和综合利用； ②加强"无废城市"建设； ③从源头减少含有毒有害化学物质的固体废物产生
开展模式创新	开展区域减污降碳协同创新	①聚焦国家重大战略区域、大气污染防治重点区域、重点海湾、重点城市群； ②探索减污降碳协同增效的有效模式，助力实现区域绿色低碳发展目标
	开展城市减污降碳协同创新	①探索不同类型城市减污降碳推进机制； ②在城市建设、生产生活各领域加强减污降碳协同增效
	开展产业园区减污降碳协同创新	①鼓励各类产业园区积极探索推进减污降碳协同增效； ②促进园区能源系统优化和梯级利用、水资源集约节约高效循环利用、废物综合利用
	开展企业减污降碳协同创新	①推动重点行业企业开展减污降碳试点工作； ②支持企业进一步探索深度减污降碳路径，打造"双近零"排放标杆企业

（3）工业领域

工业是产生碳排放的主要领域之一，对全国整体实现碳达峰具有重要影响。工业领域要加快绿色低碳转型和高质量发展，力争率先实现碳达峰。下面主要介绍工业领域 7 项政策，如表 4-5 所示。

表 4-5　工业领域政策

序号	发文机构	政策文件	文件概要
1	工业和信息化部	《"十四五"工业绿色发展规划》	文件提出 9 个方面的重点任务。聚集 1 个行动，构建 2 大体系，推动 6 个转型
2	工业和信息化部等三部门	《关于促进钢铁工业高质量发展的指导意见》	文件是"十四五"时期钢铁工业发展的纲领性文件，体现了"三个更加突出"
3	工业和信息化部等六部门	《关于"十四五"推动石化化工行业高质量发展的指导意见》	文件围绕主要目标，聚焦创新发展、产业结构、产业布局、数字化转型、绿色低碳、安全发展等 6 个重点难点，凝炼出 6 大重点任务
4	工业和信息化部、国家发展改革委	《关于产业用纺织品行业高质量发展的指导意见》	文件围绕发展目标，从科技创新、产业结构、两化融合、绿色发展、标准引领等方面，提出 5 项重点任务

序号	发文机构	政策文件	文件概要
5	工业和信息化部等三部门	《工业领域碳达峰实施方案》	文件提出深度调整产业结构、深入推进节能降碳、积极推进绿色制造、大力发展循环经济、加快工业绿色低碳技术变革、主动推进工业领域数字化转型6个方面的任务
6	工业和信息化部等五部门	《加快电力装备绿色低碳创新发展行动计划》	文件重点围绕火电装备、水电装备、核电装备、风电装备、太阳能装备、氢能装备、储能装备、输电装备、配电装备、用电装备等电力装备10个领域，提出6项行动
7	工业和信息化部等四部门	《建材行业碳达峰实施方案》	文件内容包括3个部分、5项任务、4项措施

（4）城乡建设领域

城乡建设是碳排放的主要领域之一。随着城镇化快速推进和产业结构深度调整，城乡建设领域碳排放量及其占全社会碳排放总量比例均将进一步提高。下面主要介绍城乡建设领域政策，如表4-6所示。

表4-6　城乡建设领域政策

序号	发文机构	政策文件	文件概要
1	中共中央办公厅、国务院办公厅	《关于推动城乡建设绿色发展的意见》	文件突出了"生态文明建设"的基础性作用，全方位落实了"创新、协调、绿色、开放、共享"五大发展理念
2	住房和城乡建设部	《"十四五"建筑业发展规划》	文件提出7项主要任务
3	国务院	《"十四五"推进农业农村现代化规划》	文件提出3个提升、3个建设、1个衔接的重点任务
4	住房和城乡建设部	《"十四五"建筑节能与绿色建筑发展规划》	文件明确了"十四五"时期建筑节能与绿色建筑发展9项重点任务
5	住房和城乡建设部	《"十四五"住房和城乡建设科技发展规划》	文件围绕建设宜居、创新、智慧、绿色、人文、韧性城市和美丽宜居乡村的重大需求，提出9个方面重点任务
6	农业农村部、国家发展改革委	《农业农村减排固碳实施方案》	文件围绕种植业节能减排等6项任务，实施稻田甲烷减排、化肥减量增效、科技创新支撑、监测体系建设等十大行动
7	住房和城乡建设部、国家发展改革委	《城乡建设领域碳达峰实施方案》	文件明确2030年前，城乡建设领域碳排放达到峰值。力争到2060年前，城乡建设方式全面实现绿色低碳转型，系统性变革全面实现，美好人居环境全面建成，城乡建设领域碳排放治理现代化全面实现，人民生活更加幸福
8	国家林业和草原局等四部门	《"十四五"乡村绿化美化行动方案》	文件部署科学编制相关规划、保护乡村自然生态、稳步增加乡村绿量、着力提升绿化质量、发展绿色惠民产业、弘扬乡村生态文化、推动国有林区绿色发展、建立健全长效管护机制、强化典型示范引领9个方面的重点任务

（5）交通运输领域

交通运输领域具有"难达峰、晚达峰"的特点。《2030 年前碳达峰行动方案》十大行动中交通运输行业没有用"碳达峰"这个词，而是用"绿色低碳"来形容，说明这跟工业领域、城乡建设领域还是有很大差异的。下面列举交通运输领域相关政策，如表 4-7 所示。

表 4-7 交通运输领域政策

序号	发文机构	政策文件	文件概要
1	交通运输部	《绿色交通"十四五"发展规划》	文件提出了 7 项主要任务
2	国务院	《"十四五"现代综合交通运输体系发展规划》	文件明确 10 个方面的主要任务
3	交通运输部等三部门	《城市绿色货运配送示范工程管理办法》	本办法适用于城市绿色货运配送示范工程的申报、组织实施、验收与命名、动态评估等工作
4	交通运输部、科技部	《交通领域科技创新中长期发展规划纲要（2021—2035年）》	文件提出，交通运输科技创新要坚持"目标引领、重点突破、协同融合、自主开放"的原则，明确 2025 年、2030 年、2035 年的"三阶段"目标
5	交通运输部	《绿色交通标准体系（2022年）》	文件主要包括综合交通运输和公路、水路领域与绿色交通发展直接相关的技术标准和工程建设标准
6	工业和信息化部等五部门	《关于加快内河船舶绿色智能发展的实施意见》	文件围绕发展目标，提出了 4 个方面的重点任务

（6）循环经济助力降碳行动

循环经济助力降碳行动是"碳达峰十大行动"之一。抓住资源利用这个源头，大力发展循环经济，全面提高资源利用效率，充分发挥减少资源消耗和降碳的协同作用。其中包括推进产业园区循环化发展、加强大宗固废综合利用、健全资源循环利用体系、大力推进生活垃圾减量化资源化。下面列举循环经济助力降碳行动相关政策，如表 4-8 所示。

表 4-8 循环经济助力降碳行动政策

序号	发文机构	政策文件	文件概要
1	国家发展改革委	《"十四五"循环经济发展规划》	文件通过部署 3 方面重点任务、5 项重点工程、6 项重大行动，清晰描绘了"十四五"循环经济发展的路线图
2	国家发展改革委等七部门	《关于组织开展废旧物资循环利用体系示范城市建设的通知》	到 2025 年，60 个左右大中城市率先建成基本完善的废旧物资循环利用体系，在全国形成示范引领效应
3	工业和信息化部等八部门	《关于加快推动工业资源综合利用的实施方案》	文件围绕构建资源高效循环利用闭环管理，提出 3 大工程

序号	发文机构	政策文件	文件概要
4	国家发展改革委等三部门	《关于加快推进废旧纺织品循环利用的实施意见》	文件聚焦废旧纺织品生产、回收、综合利用3个环节，明确了推动废旧纺织品循环利用的9项具体措施
5	国家机关事务管理局等四部门	《关于深入推进公共机构生活垃圾分类和资源循环利用示范工作的通知》	文件要求，各地区要重视公共机构生活垃圾分类和资源循环利用示范工作，示范带动更多公共机构、社会单位、社区家庭做好生活垃圾分类和资源循环利用

（7）绿色低碳科技创新行动

实现脱碳减排、推动绿色发展，已成为各国应对全球气候变化的共同行动。实现碳达峰碳中和目标，要发挥好创新作为第一动力的重要支撑作用。碳达峰碳中和双目标将带动一系列技术进步，还将带来新投资、新产业、新交通、新建筑、新能源和新的发展方式。下面列举绿色低碳科技创新行动相关政策，如表4-9所示。

表4-9 绿色低碳科技创新行动政策

序号	发文机构	政策文件	文件概要
1	国家能源局、科技部	《"十四五"能源领域科技创新规划》	文件围绕先进可再生能源、新型电力系统、安全高效核能、绿色高效化石能源开发利用、能源数字化智能化等方面，确定了相关集中攻关、示范试验和应用推广任务，以专栏形式部署了相关示范工程，并制定了技术路线图
2	科技部等九部门	《科技支撑碳达峰碳中和实施方案（2022—2030年)》	加强科技支撑碳达峰碳中和涉及基础研究、技术研发、应用示范、成果推广、人才培养、国际合作等多个方面，文件提出了10项具体行动
3	科技部等五部门	《"十四五"生态环境领域科技创新专项规划》	文件围绕构建资源高效循环利用闭环管理，提出三大工程

（8）碳汇能力巩固提升行动

坚持系统观念，推进山水林田湖草沙一体化保护和修复，提高生态系统质量和稳定性，提升生态系统碳汇增量。下面列举碳汇能力巩固提升行动相关政策，如表4-10所示。

表4-10 碳汇能力巩固提升行动政策

序号	发文机构	政策文件	文件概要
1	国家林业和草原局等十部门	《关于加快推进竹产业创新发展的意见》	文件部署了当前和今后一个时期竹产业发展的三大主要任务
2	国家市场监督管理总局等两部门	《林业碳汇项目审定和核证指南》	文件适用于中国温室气体自愿减排市场林业碳汇项目的审定和核证，其他碳减排机制或市场下的林业碳汇项目审定和核证可参照使用
3	自然资源部	《海洋碳汇经济价值核算方法》	文件提出了海洋碳汇能力评估和海洋碳汇经济价值核算的方法，适用于海洋碳汇能力评估和海洋碳汇经济价值核算与区域比较

序号	发文机构	政策文件	文件概要
4	自然资源部	《海洋碳汇核算方法》	文件规定了海洋碳汇核算工作的流程、内容、方法及技术等要求，适用于海洋碳汇能力核算与区域比较
5	自然资源部等四部门	《生态系统碳汇能力巩固提升实施方案》	文件以生态系统碳汇能力巩固和提升两个关键、科技和政策两个支撑为主线，提出了到2025年、2030年的主要目标和重点任务
6	生态环境部	《温室气体自愿减排项目方法学 造林碳汇》	文件属于林业和其他碳汇类型领域方法学。符合条件的造林碳汇项目可按照本文件要求，设计和审定温室气体自愿减排项目，以及核算和核查温室气体自愿减排项目的减排量
7	生态环境部	《温室气体自愿减排项目方法学 红树林营造》	文件属于林业和其他碳汇类型领域方法学。符合条件的红树林营造项目可以按照本文件要求，设计和审定温室气体自愿减排项目，以及核算和核查温室气体自愿减排项目的减排量

（9）绿色低碳全民行动

全民参与绿色低碳发展，本身就意味着全面参与、全民行动、全体发力。这包括从国家层面的政策推行到社会层面的落实执行，从政府的宣传引导到企业的实践转型，以及各类社会组织倡导和个体的自觉践行。只有我们每个社会主体充分发扬主体意识，在日常生产生活中真正践行绿色低碳理念，才能带来根本性转变。教育部出台的《加强碳达峰碳中和高等教育人才培养体系建设工作方案》（教高函〔2022〕3 号）、《绿色低碳发展国民教育体系建设实施方案》（教发〔2022〕2 号）即把绿色低碳发展理念全面融入国民教育体系各个层次和各个领域，培养践行绿色低碳理念、适应绿色低碳社会、引领绿色低碳发展的新一代青少年，发挥好教育系统人才培养、科学研究、社会服务、文化传承的功能。

（10）各地区梯次有序碳达峰行动

各地区要准确把握自身发展定位，结合本地区经济社会发展实际和资源环境禀赋，坚持分类施策、因地制宜、上下联动，梯次有序推进碳达峰。应坚持全国一盘棋，结合各地实际，科学制定本地区碳达峰实施方案。我国不同省市间的发展阶段、自然条件、人口规模、资源禀赋和产业结构各不相同，需要通过各具特色的达峰方案，走差异化的达峰路径和实施进程，才能实现效率最优的整体达峰。

"碳达峰先行省市"包括北京、天津、上海 3 个直辖市，应延续和发挥既有比较优势，在预期时间内率先实现碳达峰。"碳达峰潜力省市"包括江苏、浙江、广东 3 个沿海发达省，需重点关注能源结构与产业结构的转型优化，进一步提高经济发展质量。"重点控制排放省市"，包括山东、河北、山西、内蒙古、辽宁、宁夏、陕西及新疆 8 个资源大省（区），应严格限制"两高"项目，建立多元化产业体系，提高资源利用效率。"低碳转型发展省市"，包括吉林、黑龙江、青海、福建、河南、湖北、湖南、重庆、四川及海南等 10 个省（市），应严格限制"两高"项目，建立多元化产业体系，提高资源利用效率。"亟待发展省市"，包括甘肃、云南、安徽、江西、广西和贵州 6 个省（区），应加大技术投入和人才引进力度，积极运用低碳理念培育和发展产业。

4.1.2.3 "1+N" 政策体系的挑战与展望

经济转型所带来的短期经济波动构成了显著的挑战。低碳经济的转型不仅要求时间与资源的重新分配，而且会导致传统产业的逐渐衰退和新兴产业的快速崛起。这一结构性调整将不可避免地引发经济结构的重塑和就业市场的动荡。由于转型过程中的不确定性，经济增长的稳定性和社会的安定可能会受到一定程度的冲击。另外，技术创新及其成本问题，同样是低碳经济发展过程中必须面对的挑战。中国在清洁能源和节能技术方面虽有所进展，但仍有诸多技术难关需要攻克，且成本问题不容忽视。

面向未来，政策制定的精细化与系统化将成为必然趋势，以此确保各项政策间的协同和高效。这预示着政策之间的衔接将更为紧密，政策合力将得到进一步强化，从而有力推动低碳产业、绿色金融以及碳市场等多个领域的同步发展，构建出一个更加和谐、可持续的经济生态。另外，在公众意识和教育方面，未来将看到更加多样化的宣传教育活动，以提高公众对气候变化和低碳发展的认知度和参与度。

4.2 低碳发展规划

低碳发展规划是指制定和实施低碳经济发展的总体规划和具体行动计划。这个规划应该明确低碳经济发展的目标、任务、措施和时间表，包括降低碳排放强度、促进清洁能源发展、推动绿色交通发展、促进节能减排、增强生态碳汇能力等方面。同时，低碳发展规划还需要考虑资源节约、环境保护、经济发展等多方面因素，确保低碳经济发展与可持续发展相结合。

4.2.1 低碳发展规划引领

低碳发展规划在推动经济社会全面绿色转型中具有举足轻重的地位。它不仅是一份全面的指导文件，更是一个将环境保护、经济发展与社会可持续性完美融合的战略框架，为社会的未来发展精心描绘了一个以低碳、绿色和可持续发展为核心的壮丽蓝图，同时确保蓝图实施不走样、不变形。

低碳发展规划展现了卓越的战略眼光和深邃的前瞻性，通过将碳达峰碳中和的宏伟目标与经济社会发展的长期愿景相结合，凸显了环境保护在经济社会发展中的核心地位。它运用科学的目标设定与详尽的路径规划，确保了经济、社会和环境三大领域的和谐共生与持续发展。这种全局性的思维方式，旨在实现经济发展的同时，促进生态环境的保护和优化，为后代留下更美好的家园，具有引领作用。

4.2.2 低碳发展规划主要内容

《关于完整准确全面贯彻新发展理念做好碳达峰碳中和工作的意见》和《2030 年前碳

达峰行动方案》两份文件共同构成了低碳发展规划的框架，旨在推动经济社会可持续发展，实现人与自然和谐共生的目标。因地区、行业发展阶段的不同而有所差异，根据实际情况制定行业、地区的低碳发展规划。下面对低碳发展规划的主要内容做简单的介绍，如表 4-11 所示。

表 4-11　不同行业低碳发展规划

序号	行业类型	政策文件	发文时间	发文字号
1	能源	《"十四五"现代能源体系规划》	2022 年 1 月 29 日	发改能源〔2022〕210 号
2		《"十四五"可再生能源发展规划》	2021 年 10 月 21 日	发改能源〔2021〕1445 号
3		《氢能产业发展中长期规划（2021—2035 年）》	2022 年 3 月 23 日	—
4	工业	《"十四五"工业绿色发展规划》	2021 年 11 月 15 日	工信部规〔2021〕178 号
5		《"十四五"医药工业发展规划》	2021 年 12 月 22 日	工信部联规〔2021〕217 号
6	城乡建设	《"十四五"建筑节能与绿色建筑发展规划》	2022 年 3 月 1 日	建标〔2022〕24 号
7		《"十四五"建筑业发展规划》	2022 年 1 月 19 日	建市〔2022〕11 号
8		《"十四五"推进农业农村现代化规划》	2021 年 11 月 12 日	国发〔2021〕25 号
9		《"十四五"住房和城乡建设科技发展规划》	2022 年 3 月 16 日	建标〔2022〕23 号
10	交通	《"十四五"现代综合交通运输体系发展规划》	2021 年 12 月 9 日	国发〔2021〕27 号
11		《数字交通"十四五"发展规划》	2021 年 10 月 25 日	交规划发〔2021〕102 号
12		《绿色交通"十四五"发展规划》	2021 年 10 月 29 日	交规划发（2021）104 号
13	循环经济	《"十四五"循环经济发展规划》	2021 年 7 月 1 日	发改环资（2021）969 号
14	低碳科技	《"十四五"能源领域科技创新规划》	2021 年 11 月 29 日	国能发科技〔2021〕58 号
15		《"十四五"生态环境领域科技创新专项规划》	2022 年 9 月 19 日	国科发社〔2022〕238 号

通过以上的规划内容和实施路径，可以逐步形成全面、系统、科学的低碳发展规划体系，为推动经济社会可持续发展提供有力支撑。同时，需要强调的是，低碳发展规划的制定和实施需要政府、企业、社会组织和公众等多方共同参与和努力，形成合力，共同推动低碳发展的进程。

4.3　低碳经济财税政策

低碳经济财税政策是指通过财政和税收手段来推动低碳经济发展。这些政策可以包括设立低碳经济发展专项资金，支持低碳技术研发和产业化；对高碳排放产业征收环境污染税，促使企业减少碳排放；对低碳产业和绿色产品给予税收优惠，鼓励其发展；实施绿色采购制度，引导企业生产低碳产品等。这些财税政策旨在通过经济激励和约束机制，引导企业和个人积极参与低碳经济发展。

4.3.1　低碳财政支出政策

在全球气候变化和环境问题日益严重的背景下，低碳发展已成为当今时代的必然选择。低碳财政支出政策作为政府推动低碳经济发展的重要手段，旨在通过财政资金的投入和引导，促进绿色低碳技术的研发、创新和推广，进而实现经济社会的可持续发展。

4.3.1.1　低碳财政支出政策的内涵与特点

（1）低碳财政支出政策的内涵

低碳财政支出政策，作为政府宏观调控的重要手段之一，特指在财政预算的规划与执行过程中，针对低碳经济发展及其相关技术创新的专项财政资金支持。这一政策的实施，不仅体现了政府对环境保护和气候变化的深刻认识，也反映了其推动经济结构转型、实现绿色发展的坚定决心。

低碳财政支出政策的覆盖范围广泛，它涉及清洁能源的开发与利用、节能环保技术的研发与推广、工业污染治理、生态环境保护与修复等多个关键领域。这些领域都是低碳经济发展的重要支柱，也是实现可持续发展的重要途径。通过财政资金的引导和支持，政府期望能够激发社会各界的积极性和创造力，共同推动低碳技术的创新与应用，加速绿色产业的发展壮大。

具体而言，低碳财政支出政策在清洁能源领域，重点支持太阳能、风能、水能等可再生能源的开发与利用，推动能源结构的优化升级；在节能环保技术领域，注重支持高效节能技术、环保技术的研发与推广，提高能源利用效率，减少污染物排放；在工业污染治理方面，加大投入力度，支持企业采用先进技术和设备进行污染治理，降低工业对环境的影响；在生态环境保护与修复方面，注重生态系统的保护与修复，提升生态服务功能，维护生态平衡。

低碳财政支出政策的实施，不仅有助于促进经济社会的可持续发展，也有助于提升国家的竞争力和国际形象。通过这一政策的实施，政府期望能够引导社会各界形成绿色低碳的生产生活方式，推动经济社会与环境的协调可持续发展，为子孙后代留下一个清洁美丽的家园。同时，这也将为中国在全球应对气候变化、推动绿色发展方面发挥更大的作用，展现负责任大国的担当和形象。

（2）低碳财政支出政策的特点

一是针对性强。低碳财政支出政策具有明确的针对性。它聚焦于低碳经济发展中的关键环节和重点领域，如清洁能源开发、节能环保技术推广等。通过针对性的资金投入，政策旨在解决制约低碳经济发展的技术"瓶颈"和市场障碍，加速相关技术的研发和应用，推动绿色低碳产业的快速发展。这种针对性强的特点使得政策能够更加精准地发挥作用，提高财政资金的使用效率。

二是引导性突出。低碳财政支出政策在市场中发挥着重要的引导作用。政府通过财政资金的投入，向社会传递出发展低碳经济的强烈政策信号和市场预期，从而引导社会资本向低碳领域流动。这种引导作用不仅体现在资金的导向上，更体现在对市场行为和产业发展的引领作用上。通过财政资金的杠杆效应，政府能够吸引更多的社会资本投入低碳产业，推动形成绿色低碳的生产方式和生活方式，促进经济社会的可持续发展。

三是注重可持续性。低碳财政支出政策注重长期效益和可持续发展。政府在制定相关政策时，会充分考虑经济、社会和环境三方面的综合效益，确保财政支出项目在促进低碳经济发展的同时，不会对环境造成新的负担。政策还强调对生态环境的保护和改善，致力于推动经济社会与环境的协调发展。此外，政府还会根据低碳经济发展的实际情况和需要，适时调整和优化财政支出结构，以保持政策的连续性和有效性，确保低碳经济的可持续发展。

4.3.1.2　低碳财政支出政策的实施与保障

（1）制定科学合理的低碳财政支出预算

政府应根据低碳经济发展的战略目标和实际需求，结合国家财力状况，精心制定低碳财政支出预算。预算的制定应坚持科学、合理、透明的原则，确保资金的合理分配和高效利用。同时，预算应具有一定的灵活性和前瞻性，能够适应低碳经济发展过程中的变化和挑战。通过预算的制定和执行，政府能够为低碳项目提供稳定且充足的资金支持，推动绿色低碳经济的持续健康发展。

（2）构建完善的低碳财政支出政策体系

为推动绿色低碳产业的快速发展，政府应构建一套完善的低碳财政支出政策体系。该体系应包括财政补贴、贷款贴息、税收优惠、政府采购等多种政策工具，形成政策合力，共同支持低碳项目的实施和产业的发展。同时，政策体系还应注重与市场机制的结合，发挥市场在资源配置中的决定性作用，激发企业和社会各界参与低碳发展的积极性和创造力。通过政策体系的完善和创新，政府能够有效地引导资金流向低碳领域，推动绿色低碳产业的蓬勃发展。

（3）强化低碳财政支出政策的监管和评估

为确保低碳财政支出政策的有效实施和资金的合理使用，政府应加强对政策执行情况的监管和评估。在监管方面，应建立健全监管机制，明确监管职责和程序，加强对资金流向和使用情况的跟踪监控，确保资金的安全性和合规性。在评估方面，应定期对政策执行效果进行评估，采用科学的方法和指标体系，客观评价政策实施的效果和存在的问题，为政策的调整和优化提供科学依据。通过监管和评估的有机结合，政府能够确保低碳财政支出政策发挥最大效用，推动绿色低碳经济持续健康发展。

（4）积极引导社会资本参与低碳发展

在推动低碳发展的过程中，政府应积极发挥引导作用，吸引更多的社会资本参与低碳项目的投资和建设。通过公私合营、政府购买服务、绿色金融等方式，政府可以与社会资本建立紧密的合作关系，共同推动绿色低碳产业的发展。同时，政府还应加强与社会资本的沟通和协调，了解其需求和关切，为其提供更加便捷高效的服务和支持。通过引导社会资本的积极参与，政府能够汇聚更多的力量和资源，形成推动低碳发展的强大合力。此外，政府还可以通过宣传和教育等方式提高公众对低碳发展的认识和参与度，营造全社会共同关注和支持低碳发展的良好氛围。

4.3.2 低碳税收政策

4.3.2.1 低碳税收政策的概念

低碳税收政策是政府为实现环保与经济双赢而制定的一项重要策略。该政策利用税收这一经济杠杆，对经济活动中的碳排放进行精准调控和管理。其核心思路在于，通过设置差异化的税收政策，对积极投身于节能减排、采纳清洁能源以及进行低碳技术创新的企业或个人给予税收上的减免和优惠。这些正向激励措施不仅有效降低了低碳行为的成本负担，更激发了市场主体参与低碳发展的热情和动力。

与此同时，针对那些碳排放强度高、能源利用效率不佳的企业或个人，政府则采取增加税收的措施，以此施加必要的经济压力。这种奖惩分明的策略，即"胡萝卜加大棒"的方法，旨在通过经济利益的重新分配，引导市场主体自觉摒弃高碳行为，转向更加环保、高效的低碳发展路径。

从更宏观的角度看，低碳税收政策实质上是一种以市场机制为基础、以税收为重要工具的环保经济政策。它通过精细调节市场主体的经济行为，从源头上推动碳减排和能源的高效利用，从而引领整个社会向更加低碳化、可持续化的发展方向迈进。这项政策不仅是对全球气候变化挑战的有力回应，更体现了政府在推动绿色、可持续发展方面的坚定决心和智慧。

4.3.2.2 低碳税收政策的主要工具

（1）碳税

碳税作为一种专门针对碳排放所征收的税种，其提出是为了应对全球气候变化挑战，通过经济手段来减少温室气体的排放。碳税是指针对二氧化碳排放所征收的税。它以环境保护为目的，希望通过削减二氧化碳排放来减缓全球变暖。碳税通过对燃煤和石油下游的汽油、航空燃油、天然气等化石燃料产品，按其碳含量的比例征税来实现减少化石燃料消耗和二氧化碳排放。与总量控制和排放贸易等市场竞争为基础的温室气体减排机制不同，征收碳税只需要额外增加非常少的管理成本就可以实现。

它的发展经历了多个阶段，最初在北欧国家尝试，之后逐渐成为全球范围内的政策工具。碳税发展历程，如表4-12所示。

表 4-12 碳税发展历程

国际碳税发展历程	起步阶段（1990—2004 年）	以芬兰、丹麦为代表的北欧发达国家最早开始实施碳税。这些国家通过引入碳税来推动减少化石燃料的使用和温室气体的排放
	发展阶段（2005—2018 年）	随着欧盟碳排放权交易体系（EU ETS）的建立，碳税和碳排放权交易两种减排机制逐渐成为国际上的主流做法。日本、澳大利亚、墨西哥等国家也相继通过碳税法案
	全球推广阶段（2019 年至今）	随着全球在应对气候变化上达成共识，以及《巴黎协定》等国际协议的推进，更多国家和地区开始实施碳税，如新加坡、南非等
碳税在中国的发展历程	前期探索	中国在碳税方面的探索起步较晚。但在 2013 年，环境保护部启动了 7 个碳排放权交易试点项目，这些试点项目为未来建立全国性的碳市场打下了基础
	政策制定与试点	随后几年，中国政府逐步明确了碳市场建设的目标和原则，并发布了一系列相关文件和指南，如《关于完善大气污染防治法律制度的决定》和《碳市场建设工作指南》等。同时，全国碳市场也逐步扩大行业覆盖范围
	全国碳市场启动	2021 年，国家发展改革委发布了《碳排放权配额管理办法》，明确实施碳排放权交易制度，并计划在之后启动全国性的碳市场。这标志着中国碳市场建设进入了新的阶段
	持续发展与完善	随着中国碳市场的不断发展，政府也在持续完善相关政策法规和市场机制。例如，优化配额分配方法、增加灵活履约机制等。同时，中国还积极推进与其他国家在碳市场领域的合作与交流

总体来说，碳税作为一种重要的经济政策工具，在全球范围内得到了广泛应用。而在中国，虽然碳税政策尚未正式实施，但政府已经通过其他手段（如碳排放权交易等）来推动绿色低碳发展。未来，随着全球气候变化挑战的加剧和中国经济社会的持续发展，碳税政策有望在中国得到进一步推进和完善。

（2）环保税

环保税作为现代环境治理的重要手段之一，其历史可以追溯到 20 世纪初。当时，随着工业化的快速发展，环境问题日益凸显，一些先进国家开始探索利用税收手段来保护环境。英国经济学家庇古（Pigou）提出的外部性理论为环保税的设立提供了理论基础。

在国际上，环保税的发展经历了从初步建立到全面发展再到绿色税制改革的三个阶段。20 世纪中叶，部分国家率先对废气、废水、噪声等污染物征税，标志着环保税体系的初步建立。这一阶段环保税的主要目的是通过税收手段筹集环境治理资金。到了 20 世纪末期，随着环境问题的日益严重，发达国家纷纷加强环保税立法，通过实行源头扣减、清洁生产、重点把控的全流程监管政策，正式确立环保税相关法治体系。进入 21 世纪后，面对全球气候变化等环境挑战，绝大多数发达国家在维持对重点污染物征税的基础上，更加关注地区生态文明建设、绿色能源资源保护等议题，推动绿色税制改革，以实现税收对环境保护和经济发展的平衡作用。

在我国，环保税的发展历程也经历了类似的阶段。自 2018 年 1 月 1 日起施行《中华人民共和国环境保护税法》及其实施条例以来，我国环保税制度正式确立并逐步完善。这一制度的实施对促进我国企业绿色转型、推动经济高质量发展具有重要意义。

环保税是一种针对直接向环境排放应税污染物的企事业单位和其他生产经营者征收的税种。其计税依据主要包括应税大气污染物、水污染物的排放量，应税固体废物的排放量以及超过国家标准的噪声分贝数。这些应税污染物的排放对环境造成了损害，因此需要通过税收手段进行限制和惩罚。

环保税的征收方式一般采用税负定额法和比例税法双重征税。税负定额法是指将企业排放污染物的数量和排放标准作为计税依据，按一定比例征收环保税。这种方式可以鼓励企业减少污染物排放，降低对环境的损害。比例税法则是根据企业排放污染物的浓度或总量来计算应缴纳的税款，浓度或总量越高，缴纳的税款越多。这种方式可以更有效地限制高污染、高排放企业的生产活动。

环保税的征收范围广泛且具体，涵盖大气污染物、水污染物、固体废物和噪声等多个方面。具体来说，排放废气、废水和固体废物的行为都应纳入环保税的征收范围。这些污染物的排放对环境造成了严重损害，需要通过税收手段进行限制和惩罚。此外，那些难以降解和再回收利用的、对环境造成严重污染的包装物品的生产和使用也应纳入征收范围。这些包装物品在流入消费市场之前就需要对消费者进行告知，以强化环境保护的意识和行动。

环保税的征收对象主要是直接向环境排放应税污染物的企事业单位和其他生产经营者。这些单位和个人在生产经营过程中产生的污染物对环境造成了损害，因此需要承担相应的税收责任。同时，环保企业收购废料进行加工和处理的行为也需缴纳环保税。这种处理方式是将生产过程中产生的废料经过严格分类和处理后加工成为可再生利用的商品以达到环保目的。对这类行为征收环保税可以鼓励更多的企业参与到废料回收和处理中，推动循环经济的发展。

环保税的征收对企业和整个社会产生了深远的影响。首先，它增加了企业的成本负担，要求企业在追求经济效益的同时必须考虑环境保护的社会责任。这促使企业加强环保管理，提高资源利用效率，降低污染物排放。其次，环保税推动了企业的技术升级和生产方式的转变。为了降低税收负担并提高竞争力，企业需要采用更环保、更高效的生产技术和设备，推动产业结构的优化和升级。最后，环保税通过限制高污染、高排放企业的生产活动促进了经济的绿色、可持续发展。它鼓励企业向低碳、环保方向转型，推动清洁能源、节能环保等新兴产业的发展壮大。此外，环保税还对政府财政收入和环保事业发展产生了积极影响。通过征收环保税，政府可以获得一定的财政收入用于环境治理和保护项目的投入。这有助于改善环境质量、提高人民生活品质并推动社会的可持续发展。同时，环保税的实施也提高了公众对环境保护的认识和参与度，形成了全社会共同关注环保、参与环保的良好氛围。

（3）资源税

资源税并非一个全新的概念，其历史可以追溯到很久以前。以中国为例，资源税的起源可以追溯到 1984 年颁布的《中华人民共和国资源税条例（草案）》，该条例主要针对煤炭、石油和天然气三种资源征税。随着时间的推移，资源税制度经历了多次调整和完善，包括 1993 年发布的《中华人民共和国资源税暂行条例》（现已废止）以及后续的多次改革。这些改革逐步扩大了资源税的征收范围，调整了计税方式，使资源税制度更加符合经济社会发展的需要。在国际上，许多国家也都有类似的资源税制度。这些国家根据各自的资源禀赋和经济发展情况，制定了不同的资源税政策。这些政策在促进资源合理开发利用、保护生态环境、实现可持续发展等方面发挥了积极作用。

资源税是一种针对自然资源开采和利用的税收。具体来说，在中华人民共和国领域和中华人民共和国管辖的其他海域开发资源的单位和个人，为资源税的纳税人。资源税的征收旨在促进资源的合理开发利用，保护生态环境，实现经济社会的可持续发展。

资源税的征收范围主要包括能源矿产、金属矿产、非金属矿产、水泥矿产和盐五大类。

（4）税收优惠

低碳经济活动已成为推动可持续发展的重要手段。为了鼓励和支持市场主体积极参与低碳发展，政府制定并实施了一系列税收减免、退税等优惠措施。这些税收优惠旨在降低低碳技术的研发成本、提高清洁能源的使用率、促进节能减排项目的实施，从而为构建绿色低碳的经济体系提供动力。税收优惠如表 4-13 所示。

表 4-13 税收优惠

低碳技术研发的税收优惠	对从事低碳技术研发的企业，其研发费用可享受一定比例的税收加计扣除； 对转让低碳技术取得的收入，免征或减征企业所得税； 对购买并用于低碳技术研发的设备，允许加速折旧并在税前扣除
清洁能源使用的税收优惠	对使用太阳能、风能、水能等清洁能源的企业，根据其使用量给予相应的税收减免； 对投资清洁能源项目的企业，其实缴资本金可享受一定比例的退税优惠； 对清洁能源设备的进口关税、增值税等给予减免
节能减排项目的税收优惠	对实施节能减排项目的企业，根据其项目效果给予相应的税收减免； 对节能减排项目所需设备的购置、安装等费用，允许在税前一次性扣除； 对参与节能减排项目的企业，其所得税实行"三免三减半"等优惠政策
其他相关税收优惠	对从事低碳经济活动的个体工商户和小微企业，给予一定期限的免税或减税优惠； 对捐赠给低碳公益事业的资金和物资，允许在企业所得税前全额扣除； 对低碳经济示范区内的企业，实行更加优惠的税收政策，以鼓励区域低碳发展

4.3.2.3 低碳税收政策的效果与展望

（1）低碳税收政策的社会与经济影响

低碳税收政策不仅是一项环保措施，更在社会和经济层面产生了深远的影响。从社会角度看，这些政策提高了公众保护环境的意识，促进了社会整体向绿色生活方式的转变。

在经济方面，低碳税收政策通过调整市场机制，鼓励企业创新，推动了绿色产业的发展和经济增长点的形成。

一是社会意识形态的转变。低碳税收政策通过经济激励，引导公众认识到环境保护的重要性，从而在日常生活中采取更加环保的行为。这种转变从长远来看，有助于形成更加绿色、可持续的社会意识形态。

二是经济结构调整与优化。税收政策对高碳行业施加压力，同时给予绿色产业税收优惠，从而推动经济结构的调整和优化。这种转变有助于提升经济的韧性和可持续性，更好地应对未来的环境和社会挑战。

（2）低碳税收政策的创新与挑战

在实施低碳税收政策的过程中，各国都面临着一系列的创新与挑战。如何设计合理的税收机制，既能有效减少碳排放，又不损害经济增长和社会福利，是政策制定者需要解决的关键问题。

一是政策创新。随着技术的进步和市场的变化，低碳税收政策需要不断创新，以适应新的挑战。例如，通过引入碳交易市场、绿色税收抵免等机制，进一步激励企业和个人减少碳排放。

二是应对挑战。低碳税收政策也面临着一些挑战，如如何平衡环境保护与经济发展的关系、如何确保税收的公平性和有效性等。这些挑战需要政策制定者具备前瞻性的视野和灵活的应对策略。

（3）低碳税收政策的未来趋势

展望未来，低碳税收政策将继续发挥重要作用，但其形式和实施方式可能会随着时代的变化而有所调整。

一是数字化与智能化。随着数字化和智能化技术的发展，低碳税收政策的实施将更加精准和高效。通过大数据分析和人工智能等技术手段，可以更好地监测和评估碳排放情况，为政策制定提供更加科学的依据。

二是多元化与协同化。未来，低碳税收政策可能会与其他政策工具相结合，形成更加多元化的政策体系。例如，通过与能源政策、交通政策等协同作用，共同推动绿色低碳发展。

4.4 低碳经济金融政策

低碳经济金融政策是指通过金融手段来支持低碳经济发展。这些政策包括建立绿色信贷机制，对低碳产业和绿色项目提供优惠贷款；发展绿色债券市场，为低碳项目提供融资支持；建立碳排放权交易市场，通过市场机制推动碳排放的减少；鼓励金融机构创新绿色金融产品，为低碳经济发展提供多样化的金融服务等。这些金融政策旨在通过市场机制和金融创新，为低碳经济发展提供资金支持和风险保障。

4.4.1　绿色金融概述

4.4.1.1　绿色金融的定义与特点

（1）绿色金融的定义

绿色金融（Green Finance）是一种将环境保护和可持续发展理念深度融入金融决策和活动的现代金融模式。它强调在追求经济效益的同时，必须充分考虑金融活动对环境和社会的影响，以实现经济、社会、环境的和谐共生。绿色金融不仅要求金融机构在投融资过程中注重环境风险评估和管理，还倡导通过金融工具的创新，引导社会资本流向环保、节能、清洁能源等绿色产业，从而推动经济社会的绿色转型和可持续发展。

（2）绿色金融的主要关注点

绿色金融的主要关注点在于支持那些有助于环保、节能、清洁能源、绿色交通及绿色建筑等领域的发展项目。这些领域不仅是推动绿色转型的关键，也是实现可持续发展的重要支柱。通过为这些领域提供精准、高效的金融支持，绿色金融不仅促进了绿色技术的研发和应用，更在推动产业结构优化升级、降低能耗和排放、提高资源利用效率等方面发挥了积极作用。

具体来说，绿色金融关注为清洁能源项目提供长期稳定的资金支持，推动风能、太阳能等可再生能源的广泛应用；同时，也关注支持绿色建筑和绿色交通项目，通过优化建筑设计和交通方式，降低能耗和排放，改善人居环境。此外，绿色金融还关注为环保产业提供融资支持，推动环保技术的创新和应用，促进生态环境的改善。

（3）绿色金融的核心特点

1）环境因素纳入金融决策。绿色金融在进行金融决策时，将环境因素作为一个重要的考量因素。这意味着在进行投融资决策时，金融机构会评估项目或企业对环境的影响，包括其可能产生的污染物排放、能源消耗、生态破坏等，并根据评估结果来决定是否提供金融支持以及支持的程度。

2）推动可持续发展。绿色金融的最终目标是推动经济社会的可持续发展。通过为环保、节能等绿色项目提供金融支持，绿色金融可以促进这些项目的实施和运营，从而推动经济增长与环境保护的良性循环。同时，绿色金融还可以通过提高环境风险定价水平，引导资金流向绿色、低碳领域，推动经济结构的优化和升级。

3）创新金融工具与策略。为了更好地支持绿色项目和发展绿色金融，金融机构需要创新金融工具和策略。这包括开发绿色债券、绿色基金、绿色保险等新型金融产品，以满足不同绿色项目的融资需求；同时，还需要探索绿色信贷、绿色租赁等新型金融服务模式，为绿色项目提供全方位的金融支持。

总之，绿色金融是一种将环境因素纳入金融决策中的新型金融模式，它旨在通过金融工具和策略的创新来推动经济社会的可持续发展。随着全球对环境保护和可持续发展的日益重视，绿色金融将成为未来金融发展的重要方向之一。

4.4.1.2 绿色金融的发展与挑战

绿色金融作为推动经济绿色转型的关键工具，近年来得到了广泛关注和快速发展。各国政府和国际组织纷纷出台相关政策措施，为绿色金融的发展提供有力的政策支持。然而，尽管前景广阔，绿色金融在实际发展过程中仍面临着一系列挑战。

首先，标准化问题是制约绿色金融发展的一个核心难题。由于绿色金融涉及金融、环保、能源等多个领域，目前尚未形成统一、完整的绿色金融标准体系。不同国家和地区的绿色金融标准存在差异，这不仅增加了绿色金融市场的交易成本，也影响了绿色金融产品的国际流通和普及。因此，推动绿色金融标准化工作，建立全球统一的绿色金融标准体系，对促进绿色金融市场的健康发展具有重要意义。

其次，可测算性难题也是绿色金融发展中不可忽视的问题。绿色金融项目的环境效益和经济效益的准确衡量和评估，是金融机构决定是否投资的关键因素。然而，由于环境效益的评估涉及多个复杂因素，如生态系统的多样性和复杂性、环境风险的潜在性等，其可测算性难度较大。这导致金融机构在评估绿色项目时，往往面临信息不对称和评估成本高昂的问题。因此，加强绿色金融评估技术的研究和应用，提高绿色项目的可测算性，对推动绿色金融发展至关重要。

此外，市场认可度不高也是制约绿色金融发展的一个重要因素。尽管绿色金融的发展前景被广泛认可，但由于其新兴性和复杂性，部分市场主体对绿色金融产品的接受度仍然较低。这导致绿色金融市场的供需不匹配，影响了绿色金融产品的市场推广和应用。因此，提高市场主体的绿色金融意识，加强绿色金融知识的普及和教育，是提升绿色金融市场认可度的关键举措。

为了解决上述挑战，需要进一步完善绿色金融标准体系，加强监管和信息披露要求，建立激励约束机制等。具体而言，应推动绿色金融标准体系的制定和完善，为金融机构提供明确的指导和规范。同时，加大监管力度，确保绿色金融市场的公平、透明和有效运行。此外，加强信息披露要求，提高市场的透明度和信息对称性，降低投资者的决策风险。最后，建立激励约束机制，通过政策引导和市场激励相结合的方式，鼓励金融机构积极参与绿色金融市场，推动绿色金融产品的创新和应用。

总之，尽管绿色金融发展面临诸多挑战，但通过加强标准化工作、提高可测算性、提升市场认可度以及完善相关政策和机制等措施，可以推动绿色金融的健康发展，为应对全球气候变化和环境问题提供有力支持。

4.4.1.3 绿色金融在中国的发展与实践

中国作为世界上最大的发展中国家，在应对全球气候变化和环境保护方面肩负着重大责任。近年来，随着环境保护意识的提升和经济发展模式的转型，中国政府高度关注绿色金融的发展，并努力将其打造为推动经济绿色转型、实现可持续发展的重要引擎。

（1）政策框架的构建与完善

为了推动绿色金融朝着健康、有序的方向发展，中国政府积极作为，精心打造了一套全面而细致的政策框架。这一框架的形成并非一蹴而就，而是经过深思熟虑、逐步构建并日臻完善的。

在绿色金融政策体系的构建过程中，2016年，中国人民银行携手其他六部委联合颁布的《关于构建绿色金融体系的指导意见》堪称里程碑式的文件。该文件不仅权威地界定了绿色金融的涵义，而且清晰地设定了绿色金融的中长期发展目标以及需要优先完成的主要任务。更为难得的是，该文件对如何落实这些目标和任务给出了详尽的政策措施和实施路线图，这无疑为金融机构以及各类市场主体提供了极为有力的政策指引和实质性支持。

此外，中国政府并未止步于国内政策的制定与实施，更以开放性和前瞻性的视野，积极参与国际绿色金融领域的合作与交流。通过与国际社会共同探索，中国政府在推动绿色金融标准的统一、促进国际绿色金融市场的融合与对接方面发挥了积极作用，展现了负责任的大国担当。这些努力不仅有助于提升国内绿色金融的发展水平，也为全球绿色金融的繁荣与进步贡献了中国智慧和中国方案。

总体来说，中国政府在绿色金融政策框架的构建与完善上所做的工作是全方位、多层次的，既立足国内实际，又放眼全球视野，旨在为绿色金融的健康发展提供坚实的政策保障和广阔的发展空间。

（2）绿色金融实践与创新的深度融合

在政策框架的明确指引下，中国金融机构正以前所未有的热情探索绿色金融的实践与创新，积极推动绿色金融产品和服务的多元化、个性化发展。绿色债券、绿色基金、绿色保险等金融创新产品如雨后春笋般涌现，这些产品不仅为各类环保项目提供了稳定的资金来源，更以其独特的金融属性，激发了社会对绿色发展的广泛关注和深度参与。

金融机构也在不断优化自身的服务模式和业务流程，以适应绿色金融的发展需求。通过调整信贷结构，降低绿色项目的融资成本，进一步加大了对绿色产业的扶持力度。这种金融与产业的深度融合，不仅促进了绿色产业的发展壮大，也为金融机构带来了新的业务增长点和更广阔的发展空间。

值得一提的是，绿色金融科技创新也取得了令人瞩目的成果。大数据、人工智能等前沿技术被广泛应用于绿色金融领域，极大地提高了绿色金融服务的效率和质量。这些技术的应用，使金融机构能够更精准地评估绿色项目的风险和收益，为投资者提供更加科学、合理的投资建议。

在积极推动创新的同时，中国政府也高度重视对绿色金融活动的监管和评估工作。通过构建完善的监管体系，确保金融机构在追求创新的过程中始终遵循法律法规，有效防范金融风险。同时，政府还定期对金融机构的绿色金融业务进行全面评估，以此激励金融机构持续加大投入，推动绿色金融事业的蓬勃发展。这种监管与评估并重的做法，不仅保障了绿色金融的健康发展，也为中国的绿色发展注入了强大的动力。

（3）绿色成效与社会影响的彰显

历经数年的深耕与努力，绿色金融已在中国结出了丰硕的果实。一方面，伴随着绿色金融产品和服务的持续创新，绿色产业获得了强大的发展动力。这种创新不仅催生了新的经济增长点，还有力地推动了经济结构的优化与转型升级。越来越多的企业已将目光转向环保和可持续发展，他们热衷于投身绿色项目的建设，以实际行动践行绿色理念。

另一方面，绿色金融的深入实践也在潜移默化中提高了公众对环保和可持续发展的认知与意识。这种变化不仅体现在个人的生活方式上，更在全社会范围内推动了绿色生产和绿色生活方式的广泛形成。如今，绿色、低碳、环保已成为公众的自觉追求，这无疑为构建生态文明社会奠定了坚实的基础。

值得一提的是，绿色金融的蓬勃发展还为中国在国际舞台上塑造了一个积极、正面的形象。中国通过主动参与国际绿色金融的合作与交流，不仅向世界展示了在应对气候变化和环境保护方面的坚定决心和实际行动，更在全球金融治理中发出了自己的声音，提升了国际话语权和影响力。可以说，绿色金融已成为中国走向世界的一张亮丽名片。

（4）未来展望与挑战应对

在全球日益严峻的气候变化和环境问题背景下，中国政府持续推动绿色发展理念的深化，绿色金融在中国展现出更为宏大的发展蓝图。绿色项目融资、绿色债券发行和绿色投资基金等绿色金融工具以及服务预计将得到更广泛的应用和推广，不仅有助于中国经济的绿色转型，还将为金融机构提供新的业务增长点和投资机会。

然而，这一进程中同样存在不少挑战。政策之间的协调问题、市场成熟度的提升、风险的有效防控等，都是必须细致面对和妥善解决的难题。特别是在风险评估与管理方面，绿色金融涉及的项目往往具有长期性和复杂性，如何准确评估项目的环境风险、确保资金的有效利用、防范潜在的信用风险，都考验着金融机构的专业能力。

为了应对这些挑战，中国需要更加精细化的政策设计和实施。政府应加强跨部门协调，确保绿色金融政策与其他相关政策有效衔接，形成合力。同时，还应加大对绿色金融市场的培育力度，通过提供税收优惠、财政补贴等激励措施，引导更多资本流向绿色产业。

金融机构作为绿色金融的主要实践者，也应不断提升自身的风险管理水平和创新能力。这包括建立完善的绿色金融风险评估体系，加强绿色金融产品的研发和创新，以及提升从业人员的专业素养等。通过这些措施，金融机构不仅能够更好地服务于绿色经济发展，也能在激烈的市场竞争中占据有利地位。

总体而言，绿色金融在中国的发展与实践已经取得了令人瞩目的成果，为经济的绿色转型和可持续发展注入了强劲动力。展望未来，随着政策体系的日臻完善和市场参与者的日益活跃，绿色金融有望在中国乃至全球范围内扮演更加核心的角色，为推动可持续发展和应对气候变化做出更大贡献。

4.4.1.4 绿色信贷与传统信贷的区别

（1）信贷目标不同

传统信贷与绿色信贷在信贷目标上的差异，不仅体现在对经济效益和生态效益的侧重上，还涉及更深层次的金融理念、社会责任以及国家政策的导向。

首先，传统信贷作为商业银行的主要业务之一，其核心目标是实现银行的盈利最大化。在这个过程中，银行会优先考虑那些能够带来稳定且可观经济回报的贷款项目。这种以经济效益为主导的信贷模式，在推动经济发展的同时，也可能导致一些环境问题和社会问题的产生。因为一些高污染、高能耗的项目虽然短期内能够带来较大的经济收益，但长期来看，它们对环境的破坏和对社会的负面影响也是巨大的。而绿色信贷则突破了传统信贷单纯追求经济效益的局限，将生态效益纳入信贷目标中。它的核心理念是通过金融手段来推动环保和可持续发展，实现经济、社会和环境的协调共生。在绿色信贷的框架下，商业银行不仅要关注借款人的还款能力和项目的经济效益，更要关注项目对环境的影响和对社会的贡献。只有那些符合国家环保政策、能够带来正面环境效益和社会效益的项目，才能获得绿色信贷的支持。

其次，传统信贷在传导国家宏观经济金融政策方面发挥着重要作用。通过调整信贷规模和结构，商业银行可以影响国家的经济增长速度、就业水平以及通货膨胀率等宏观经济指标。然而，这种以经济效益为主导的信贷模式，在传导国家政策时可能存在一定的局限性。因为它更多地关注经济增长和金融稳定，而忽视了环境保护和社会可持续发展等长远目标。相较之下，绿色信贷则更好地体现了商业银行的社会责任和国家政策的导向。通过向绿色企业和项目提供资金支持，商业银行可以帮助这些企业和项目实现环保目标，推动经济社会的可持续发展。同时，绿色信贷也反映了国家对环保政策和产业政策的重视。通过制定和实施绿色信贷政策，国家可以引导资金流向符合环保要求的产业和企业，推动经济结构的绿色转型和升级。这种政策导向不仅有助于提升国家的环保水平和国际形象，也有助于培育新的经济增长点和提高经济的长期竞争力。

最后，需要指出的是，传统信贷和绿色信贷并不是完全对立的两种信贷模式。在实际操作中，商业银行可以根据借款人的实际情况和项目的具体需求，灵活运用这两种信贷模式。对于那些既能够带来稳定经济收益，又符合环保要求的项目，商业银行可以同时采用传统信贷和绿色信贷的方式进行支持。这样不仅可以满足借款人的多样化需求，也可以更好地平衡经济效益和生态效益之间的关系。

（2）信贷操作与审批标准不同

传统信贷与绿色信贷在贷款审批流程与标准上展现出截然不同的特点。这两种信贷模式不仅反映了金融机构对风险与回报的不同权衡，更体现了社会对环境与可持续发展日益增长的重视。

传统信贷：以还款能力和经济效益为核心。在传统信贷的审批过程中，银行的首要任务是确保借款人有足够的还款能力。为此，银行会深入分析借款人的财务报表、资产状况、经营历史以及信用记录。这些详尽的财务与信用分析旨在构建一个全面的借款人画像，从而准确评估其偿债能力和信用风险。同时，银行也会对贷款项目的经济效益进行全面评估。这包括深入探究项目的盈利模式、市场需求、竞争格局以及未来现金流预测等，以确保贷款资金能够安全回收并获得合理的投资回报。然而，这种审批模式在过去的经济发展中虽然起到了重要作用，但也存在明显的局限性。它往往忽视了环境和社会因素，导致一些对环境造成破坏或社会负面影响的项目也能轻松获得贷款。这种短视行为不仅加剧了环境问题，还可能引发社会不满和长期的经济损失。

绿色信贷：融合环境与可持续发展的考量。与传统信贷相比，绿色信贷在审批流程中融入了更多关于环境保护和可持续发展的考量。这一转变不仅体现了金融机构对环境问题的重视，更是对社会责任和长期价值的深刻认识。在绿色信贷的审批过程中，银行除评估借款人的还款能力和项目的经济效益外，还要求借款企业必须符合国家的环保政策和标准。为此，银行会对借款企业的环保设施、生产工艺、污染物排放情况等进行深入调查。这些详细的环保审查旨在确保借款企业在追求经济效益的同时，也积极履行环保责任。同时，绿色信贷还强调对项目的环保效益进行评估。这包括项目对环境的改善效果、资源利用效率以及可能带来的社会效益等。通过这种评估，银行能够更全面了解项目的长期价值，从而作出更明智的贷款决策。值得注意的是，在绿色信贷的审批过程中，如果借款企业或项目不符合环保要求或标准，银行将坚决拒绝提供贷款。这种严格的审批标准不仅体现了银行对环境保护的坚定立场，更是通过金融手段引导企业走向绿色发展道路的重要举措。通过这种方式，绿色信贷旨在推动经济结构的转型升级和可持续发展，实现经济效益与社会效益的和谐统一。

总体来说，传统信贷与绿色信贷在信贷操作与审批标准上的差异反映了金融机构在应对环境和社会问题上的不同理念和策略。随着社会对可持续发展的日益重视，绿色信贷无疑将成为未来金融发展的重要趋势。

（3）资金流向与用途监控不同

传统信贷与绿色信贷在资金流向与用途监控方面展现出明显的不同。这些差异不仅体现了两种信贷模式在风险管理和可持续发展理念上的区别，更反映了金融机构在资金监管方面的精细化与专业化发展趋势。

传统信贷的资金流向与用途监控。在传统信贷模式下，银行在发放贷款后，对资金的流向和用途的监控相对较为宽松。这主要是因为传统信贷更侧重于借款人的还款能力和项目的经济效益，而对资金的具体使用过程并不进行过多干预。此外，传统信贷的监控手段也相对有限，主要依赖于借款人的定期报告和银行的定期检查，难以对资金的实时流向和用途进行有效监控。然而，这种宽松的监控模式也带来了一系列问题。首先，它可能导致资金被挪用或滥用，增加了信贷风险。由于缺乏有效的监控手段，借款人可能会将资金用于非约定的用途，甚至投资于高风险领域，从而加大银行的信贷风险。其次，由于传统信贷对环境和社会因素的忽视，即使资金被用于对环境造成破坏或社会负面影响的项目，银行可能也不会采取严格的措施进行干预。这不仅加剧了环境问题和社会矛盾，还可能影响银行的声誉和长期发展。

绿色信贷的资金流向与用途监控。相较之下，绿色信贷则要求商业银行对贷款资金的流向和用途进行更为严格的监控。这主要出于以下几个方面的考虑：首先，绿色信贷强调环境保护和可持续发展，因此要求资金必须用于符合环保要求的绿色项目或企业。为了确保资金的有效利用和降低信贷风险，绿色信贷需要对资金的流向和用途进行实时监控和评估。其次，通过严格的监控和评估，绿色信贷可以及时发现和纠正资金使用过程中的问题，确保资金真正用于推动绿色发展和可持续发展。这不仅有助于提升项目的环保效益和社会效益，还能增强银行的品牌影响力和市场竞争力。在绿色信贷模式下，银行通常会采取一系列措施来加强对资金流向和用途的监控。首先，银行会要求借款人提供详细的资金使用计划，明确资金的具体用途和预期效果。这有助于银行更好地了解借款人的项目情况和资金需求，为后续的监控和评估奠定基础。其次，银行会利用现代信息技术手段，如大数据分析和人工智能等，对资金的实时流向和用途进行监控和预警。通过这些技术手段，银行可以实时掌握资金的流动情况，及时发现异常交易和违规行为，并采取相应的措施进行干预。此外，银行还可能要求借款人定期提交项目进展报告和财务报表等资料，以便对项目的实施情况和资金使用效果进行全面评估。如果发现资金被挪用或滥用等问题，银行将采取严格的措施进行干预，包括要求借款人提前还款、停止发放后续贷款、追究法律责任等。

总体来说，传统信贷与绿色信贷在资金流向与用途监控方面的差异体现了两种信贷模式在风险管理和可持续发展方面的不同理念和策略。随着社会对可持续发展和环境保护的日益重视，绿色信贷的严格监控和评估模式将逐渐成为未来金融发展的主流趋势。

（4）风险管理与责任承担不同

传统信贷的风险管理。传统信贷的风险管理主要聚焦于借款人的信用风险和还款能力。这通常涉及对借款人的财务状况、经营历史、市场地位以及还款记录的深入分析。商业银行会利用一系列信用评估工具（如信用评分、抵押品价值评估等）来确定借款人的信用风险水平。在此基础上，银行会设定相应的贷款条件（如贷款额度、利率、还款期限等）确保贷款资金的安全性和盈利性。然而，这种风险管理方式主要关注经济因素，而忽视了环境和社会因素可能对借款人信用风险和还款能力产生的影响。例如，高污染、高能耗的企业可能面临更严格的环境监管和更高的运营成本，从而影响其盈利能力和还款能力。因此，在传统信贷模式下，银行可能无意中为这些企业提供了资金支持，增加了信贷风险。

绿色信贷的风险管理。相较之下，绿色信贷的风险管理要求商业银行在审批贷款时充分考虑环境因素。这包括评估借款企业或项目的环保合规性、污染治理效果以及未来可能面临的环境风险。为此，商业银行需要建立一套完善的绿色信贷评估体系，将环保因素纳入信用评估和贷款审批流程中。在绿色信贷模式下，商业银行会对不符合环保要求的企业或项目进行授信限制或拒绝贷款。这种做法旨在通过金融手段引导企业加强环保投入，改善生产工艺，降低污染排放。同时，它也有助于降低银行自身的信贷风险，因为那些忽视环保要求的企业可能面临更高的运营成本和法律风险。除对借款企业或项目的环保表现进行评估外，绿色信贷还要求商业银行加强与社会公众的沟通和互动。这包括公开相关环境和社会影响的信息，提高透明度，让社会公众了解贷款资金的流向和用途以及借款企业或项目的实际环保效果。这种做法有助于增强社会公众对绿色信贷的信任和支持，推动商业银行和企业更加积极地履行环保责任。此外，绿色信贷还强调商业银行与政府、环保组织等利益相关方的合作与信息共享。通过建立多方参与的沟通机制和信息平台，商业银行可以更加全面地了解借款企业或项目的环保表现和风险情况，从而作出更加准确的信贷决策。这种合作与信息共享也有助于提升整个社会的环保意识和参与度，推动可持续发展目标的实现。

责任承担的差异。在责任承担方面，传统信贷主要关注借款人的还款责任。如果借款人无法按时还款或违约，商业银行将采取相应的法律手段来追讨债务。然而，在传统信贷模式下，商业银行往往忽视了自身在环境和社会方面的责任。相较之下，绿色信贷要求商业银行在追求经济效益的同时，积极承担环境和社会责任。这包括在贷款审批过程中充分考虑环境因素、推动借款企业或项目加强环保投入、公开相关环境和社会影响的信息等。如果借款企业或项目存在环保违规行为或未达到环保标准，商业银行不仅需要承担相应的法律责任，还可能面临声誉风险和市场风险。

（5）经济效益与社会效益的平衡不同

传统信贷与绿色信贷在经济效益与社会效益之间的平衡取舍上，展现出了明显的差异。这种差异不仅体现在信贷政策导向和目标设定上，还贯穿信贷审批、资金流向监控以及风险管理等各个环节。

传统信贷机制的核心目标是追求经济效益最大化。在这一导向下，商业银行等金融机构在审批贷款时，主要关注借款人的还款能力、项目的投资回报率等经济指标。这种以经济利益为主导的信贷模式，在推动经济发展的同时，可能在一定程度上忽视了对环境和社会产生的负面影响。例如，一些高污染、高能耗的项目可能在短期内带来显著的经济效益，但长期来看，它们对环境的破坏和对社会资源的消耗可能远远超出其带来的经济利益。

然而，随着全球环境问题的日益严峻和可持续发展理念的深入人心，传统信贷机制的这种弊端逐渐暴露出来。人们开始意识到，单纯追求经济效益最大化的发展模式是不可持续的，必须寻求一种能够平衡经济效益和社会效益的发展路径。

在这一背景下，绿色信贷机制应运而生。与传统信贷不同，绿色信贷机制致力于在经济效益和社会效益之间寻求平衡。在绿色信贷机制下，商业银行等金融机构在审批贷款时，除关注借款人的还款能力和项目的经济效益外，还将环保表现、社会责任履行情况等因素纳入考量范围。这种综合考量的方式不仅有助于引导资金流向那些既具有经济效益又有利于环保和可持续发展的产业和企业，还能在一定程度上促使企业承担起环保和社会责任。

此外，绿色信贷机制还通过一系列金融手段推动经济结构的绿色转型和可持续发展。例如，通过提供优惠利率、延长贷款期限等激励措施，鼓励和支持清洁能源、节能环保、循环经济等绿色产业的发展；同时，通过提高贷款利率、限制贷款额度等惩罚性措施，限制对高污染、高能耗产业的信贷支持。这种信贷政策导向有助于促进经济增长与环境保护的良性循环，实现经济效益和社会效益的"双赢"。

同时，绿色信贷机制还强调社会公众的监督和参与。通过公开相关环境和社会影响的信息，提高透明度，让公众了解并参与到绿色信贷的实践中。这不仅有助于提升公众对环保和可持续发展的认知和支持，还能进一步推动绿色信贷机制的发展和完善。公众的参与和监督也能促使企业和金融机构更加注重环保和社会责任，从而形成一种良性的互动和循环。

在风险管理方面，绿色信贷机制也要求商业银行等金融机构充分考虑环境因素对信贷风险的影响。例如，对于高污染、高能耗的企业和项目，金融机构可能需要面临更大的环境风险和社会风险。因此，在绿色信贷机制下，金融机构需要加强对这些企业和项目的风险评估和管理，确保信贷资金的安全性和可持续性。

总体来说，传统信贷与绿色信贷在经济效益与社会效益之间的平衡上展现出了明显的差异。传统信贷主要追求经济效益最大化，可能在一定程度上忽视了对环境和社会的影响；而绿色信贷则致力于在经济效益和社会效益之间寻求平衡，通过金融手段引导资金流向有利于环保和可持续发展的产业和企业。这种平衡不仅有助于推动经济结构的绿色转型和可持续发展，还能提升公众对环保和可持续发展的认知和支持，形成一种良性的互动和循环。

4.4.2 碳金融

4.4.2.1 碳金融的概念与内涵

碳金融是当代金融领域与环境保护领域交叉融合的新兴分支，其概念源于全球对气候变化问题的深刻认识与积极应对，特别是《京都议定书》等国际气候协议的签署与实施。从学理上讲，碳金融可以被定义为围绕低碳经济所展开的一系列投融资活动，这些活动通过金融工具和市场的力量，旨在推动温室气体排放的减少和环境的可持续发展。

具体而言，碳金融的内涵丰富而多样。首先，它直接涉及服务于限制温室气体排放技术和项目的投融资活动。这些技术和项目涵盖了清洁能源、节能减排、碳捕集与封存等多个领域。通过为这些领域提供资金支持，碳金融促进了技术创新和产业升级，推动了低碳经济的转型和发展。这种转型不仅有助于减少温室气体排放，还为企业带来了新的商业机会和竞争优势。其次，碳金融还涵盖了碳权交易。碳权，即碳排放权，是一种可交易的金融资产或商品。在碳权交易市场中，企业和机构可以根据自身的排放需求和减排目标进行买卖交易。这种市场机制通过价格信号引导排放者减少排放，同时为投资者提供了新的投资机会。碳权交易不仅促进了碳排放权的优化配置，还推动了全球碳市场的形成和发展。

此外，碳金融还涉及传统的金融活动，如银行贷款、债券发行等。金融机构通过提供绿色信贷、环保债券等金融产品，支持低碳经济的发展。这些金融产品通常具有特定的环保要求和优惠条件，以鼓励更多的资金流向绿色、低碳领域。同时，金融机构还通过风险评估和管理等手段，确保这些资金能够真正用于低碳项目的建设和运营。

除了以上方面，碳金融还涉及与碳排放相关的保险、基金等金融产品和服务。例如，碳保险可以为排放者提供风险保障，降低其因碳排放而面临的经济损失；碳基金则可以为低碳项目提供长期稳定的资金支持，推动其持续发展。

4.4.2.2 碳金融市场的构成

碳金融市场主要由碳排放权交易市场和碳金融服务市场两部分构成。碳排放权交易市场是碳金融市场的基础，包括配额市场和项目市场两类。配额市场主要是碳排放权的初始分配和后续交易，而项目市场则是基于项目的碳信用额度的买卖市场。碳金融服务市场则提供与碳交易相关的金融服务，如碳交易经纪、碳资产管理、碳基金、碳债券等。碳金融市场构成如表 4-14 所示。

表 4-14　碳金融市场构成

碳排放权交易市场	配额市场	配额市场主要涉及碳排放权的初始分配和后续交易；初始分配是指政府或相关机构根据一定的规则和方法，将碳排放权分配给各个排放单位，而后续交易则是指这些排放单位在获得碳排放权后，可以在市场上进行买卖，以实现排放权的优化配置；配额市场的有效运作，不仅可以为排放单位提供灵活的减排途径，还可以为投资者提供新的投资机会
	项目市场	项目市场是基于项目的碳信用额度的买卖市场。与配额市场不同，项目市场主要关注于具体的减排项目。这些项目通过实施特定的减排措施，可以获得相应的碳信用额度。这些碳信用额度可以在市场上进行交易，为项目实施者带来经济收益，同时也为其他排放单位提供了额外的减排手段
碳金融服务市场	碳交易经纪	碳交易经纪是指为碳排放权交易双方提供交易撮合、信息咨询等服务的机构。这些机构通过专业的分析和判断，帮助交易双方找到最合适的交易对手和交易条件，降低交易成本，提高交易效率
	碳资产管理	碳资产管理是指对企业或机构的碳排放权资产进行全面管理的过程。这包括碳排放权的核算、监测、报告、交易等多个环节。通过有效的碳资产管理，企业可以更好地掌握自身的排放情况，制定科学的减排策略，降低减排成本
	碳基金	碳基金是专门投资于碳排放权或相关项目的基金。这些基金通过聚集社会资金，为低碳技术和项目的研发、推广提供资金支持。投资者可以通过购买碳基金份额，间接参与到碳金融市场中，分享低碳经济发展的成果
	碳债券	碳债券是一种与碳排放权或低碳项目相关的债券。这些债券的发行人通常是政府、企业或相关机构，募集资金主要用于支持低碳项目的建设和运营。投资者购买碳债券，不仅可以获得固定的利息收益，还可以为环保事业做出贡献

4.4.2.3 碳金融的功能与作用

碳金融作为应对气候变化和促进低碳发展的重要经济手段，具有多重功能与作用，对推动经济社会向绿色、低碳方向转型具有重要意义。

首先，碳金融通过市场机制将碳排放成本内部化，有效激励企业和个人减少碳排放。在市场经济条件下，企业和个人的行为往往受到成本—收益分析的驱动。通过将碳排放权量化为可交易的资产，并赋予其价格信号，碳金融使排放者必须承担其排放行为的经济成本。这种成本内部化机制能够激励企业和个人主动采取减排措施，推动经济社会的低碳转型。

其次，碳金融市场在优化资源配置方面发挥着重要作用。在传统的金融市场中，资金往往流向高收益但可能对环境造成负面影响的项目。而碳金融市场的出现，为投资者提供了新的投资渠道和选择。通过投资低碳、环保、可持续发展的项目，投资者不仅可以获得经济回报，还能为环境保护做出贡献。这种资金导向作用有助于优化资源配置，促进绿色产业的发展和壮大。

再次，碳金融还为碳排放权交易双方提供了风险管理工具。由于碳排放权价格受到多种因素的影响，如政策变化、市场需求等，存在较大的波动性。为了规避这种价格波动风险，碳金融市场提供了碳期货、碳期权等金融衍生品，帮助交易者进行风险管理和对冲。这些工具的存在不仅提高了市场的流动性和价格发现机制，也为参与者提供了更多的交易策略和选择。

最后，碳金融在推动技术创新方面发挥着积极作用。低碳技术的研发和创新是实现长期减排目标的关键。然而，这些技术的研发和应用往往需要大量的资金投入和市场支持。碳金融通过提供资金支持和激励机制，如绿色信贷、碳基金等，为低碳技术的研发和创新提供了重要的推动力。这种支持不仅有助于加快技术创新的速度和降低其成本，还能提高能源利用效率，推动经济社会向更加绿色、可持续的方向发展。

4.4.2.4　碳金融的实践与挑战

（1）碳金融的实践

在全球层面，碳金融的实践主要表现为碳排放权交易市场的构建与发展。这些市场不仅为企业提供了降低排放成本的途径，也促进了全球范围内的碳减排合作。通过市场机制的引入，碳排放权交易有效地将环境问题转化为经济激励，推动了全球低碳经济的发展。

在中国，碳金融实践呈现出独特的路径和特色。中国政府在推动碳金融市场发展方面发挥了关键作用，通过政策引导和市场培育，逐步建立了具有中国特色的碳金融体系。例如，中国碳排放权交易市场的建设，就是在借鉴国际经验的基础上，结合中国国情进行的创新实践。

（2）碳金融市场的挑战

首先，从经济维度看，碳金融市场面临着市场波动性和不确定性的挑战。碳排放权价格受到多种因素的影响，如政策调整、技术进步、市场需求等，这些因素可能导致市场价格波动，增加市场风险。

其次，从政策维度看，碳金融市场的健康发展需要政府提供持续而稳定的政策支持。然而，政策制定和实施过程中可能存在的滞后性、不一致性等问题，都可能对碳金融市场的发展造成不利影响。

再次，从社会维度看，碳金融市场的发展还需要得到社会各界的广泛支持和参与。然而，目前公众对碳金融的认知程度有限，社会参与度不高，这在一定程度上制约了碳金融市场的发展。

最后，从技术和环境维度看，碳金融市场的发展还需要考虑技术进步和环境保护的关系。随着技术的不断发展，新的减排技术和方法不断涌现，这对碳金融市场的产品创新和服务创新提出了新的要求。同时，碳金融市场的发展也需要与环境保护目标相协调，确保在实现经济效益的同时，不损害环境利益。

4.4.2.5　碳金融的未来发展

随着全球气候治理体系日趋完善，各国对碳中和目标的承诺与行动不断加深，碳金融的重要性日益凸显。它不仅在应对气候变化中发挥着关键作用，更是推动绿色经济发展、促进可持续发展的重要工具。

（1）技术创新驱动市场深化

技术创新在推动碳金融市场深化发展方面起着至关重要的作用。随着碳捕集、利用与封存（CCUS）、高精度碳监测等前沿技术的持续进步，碳金融市场的交易产品和服务正经历着前所未有的变革。

这些技术的不断革新，为碳金融市场注入了新的活力，使得交易产品日趋多样化与精细化。从最初的基础碳排放权交易，到现在的碳期货、碳期权等复杂衍生品的涌现，每一步都彰显了技术创新对市场发展的深刻影响。此外，随着可再生能源和绿色技术的融合，综合性金融产品也应运而生，这些产品不仅涵盖了碳排放的减少，还涉及清洁能源的投资和推广，从而进一步拓宽了碳金融市场的边界。

这些技术创新不仅丰富了碳金融市场的交易品种，更重要的是，它们提升了市场的活跃度和流动性。交易品种的多样化和复杂化吸引了更多的市场参与者，从而增加了市场的交易量，推动了市场的繁荣。同时，这些创新也提高了市场的透明度和效率，使得碳价格更能准确反映市场的供求关系，为碳减排提供了有效的经济激励。

因此可以说，技术创新是推动碳金融市场向更深层次发展的核心驱动力。随着技术的不断进步和创新应用的深化，碳金融市场将迎来更加广阔的发展空间，为实现全球碳中和目标提供有力的金融支持。

（2）政策环境持续优化

政府在推动碳金融市场的成长与发展中起着举足轻重的作用。展望未来，全球各国政府预计将不断精进和完善碳金融相关政策体系，以更加系统、全面的方式推动这一领域的进步。通过实施税收优惠，政府可以降低碳金融项目的成本，提升其市场竞争力；通过财政补贴，政府能够鼓励更多的企业和机构投身于低碳技术和项目的研发与实施；而通过绿色金融扶持政策，政府将为碳金融市场注入更多的资金活力，促进其蓬勃发展。

不仅如此，政府还将进一步强化对碳金融市场的监管力度，以保障市场的公平性和透明度。通过建立健全的监管机制，政府旨在预防和打击任何形式的市场操纵和不当交易行为，确保每一位市场参与者都能在公正的环境下进行交易。同时，政府也将致力于提升碳金融市场的运行效率，通过优化交易流程、降低交易成本等措施，为市场的高效运转提供助力。

这种政策环境的持续优化，不仅为碳金融市场的稳健发展构筑了坚实的基石，更为实现全球低碳经济和可持续发展的目标注入了强大的动力。随着政府支持的不断加强和监管的逐步到位，碳金融市场将迎来更加广阔的发展空间，为应对气候变化和环境保护贡献更大的力量。

（3）国际合作与竞争共舞

在全球一体化的大背景下，碳金融市场正逐渐成为国际合作与竞争的新舞台。随着全球气候变化问题的紧迫性日益凸显，各国纷纷认识到单打独斗难以有效应对这些问题，于是加强在碳金融领域的交流与合作成为必然。这不仅体现在共同制定更为严格的国际碳市场规则和标准上，还表现在推动全球碳金融市场的互联互通，以实现资源共享、风险共担。

然而，合作并不意味着竞争的消失。事实上，各国在碳金融市场上的竞争也日趋激烈。为了吸引更多的国际资本流入，提升本国碳金融市场的国际影响力，各国纷纷出台优惠政策、完善市场基础设施、加大监管力度，以期在激烈的国际竞争中脱颖而出。

这种合作与竞争并存的格局，不仅推动了全球碳金融市场的快速发展，还促进了相关技术的创新和进步。通过国际合作，各国可以共同研发和推广先进的低碳技术，降低减排成本，提高能源利用效率。而竞争则激发了各国的创新活力，推动碳金融市场不断向前发展，以更好地应对全球气候变化挑战。

总体来说，碳金融市场的国际合作与竞争是一把"双刃剑"。它既带来了机遇，也带来了挑战。但无论如何，这种格局都将推动全球碳金融市场不断向前发展，为实现全球可持续发展目标贡献力量。

（4）风险管理与可持续发展并重

随着全球碳金融市场的迅猛扩张，风险管理和可持续发展的平衡显得越发关键。在未来的发展中，碳金融市场将不仅聚焦于交易和投融资活动，更将风险管理的精细化作为核心要务。通过建立全面而深入的风险评估体系，市场能够更准确地识别、评估和量化各类潜在风险，从而作出更为明智的决策。

预警机制的构建也是未来碳金融市场风险管理的重要组成部分。这一机制能够实时监控市场动态，及时发现异常交易和潜在风险点，为市场参与者提供足够的时间窗口来调整和应对。此外，应对机制的完善也将确保在风险事件发生时，市场能够快速、有效地作出反应，最大限度地减轻风险带来的冲击。

与此同时，碳金融市场在追求稳健风险管理的同时，也将目光投向了更长远的目标——可持续发展。通过积极推动绿色投资、绿色信贷等绿色金融业务的创新与发展，市场旨在引导更多的资金流向那些致力于环保、节能和低碳技术的企业与项目。这种资金导向不仅有助于推动相关产业的绿色升级，还将为经济社会的全面、协调、可持续发展提供坚实的金融支撑。

在这一进程中，碳金融市场还将积极探索与其他金融市场的协同发展模式，通过信息共享、风险共担等方式，共同推动绿色金融理念的普及和实践的深化。这不仅有助于提升市场整体的风险抵御能力，还将进一步拓宽绿色金融的服务领域和影响力，为全球的可持续发展事业注入更为强大的动力。

【思考题】

1. 低碳政策体系的核心目标是什么？
2. 如何理解低碳政策在促进经济、社会和环境可持续发展中的作用？
3. 在低碳政策体系中，哪些政策手段对减少碳排放特别重要？为什么？
4. 请探讨一个绿色金融创新的实例，分析其如何支持低碳项目和产业的发展。
5. 征收环境污染税可能对哪些行业产生较大影响？为什么？
6. 如何通过财税政策激励企业和个人更多地参与到低碳经济活动中？
7. 在制定低碳发展规划时，应如何平衡经济发展和碳排放减少之间的关系？

参考文献

[1] 工业和信息化部，财政部，商务部，等. 关于印发加快电力装备绿色低碳创新发展行动计划的通知[EB/OL].（2022-08-24）. https://www.gov.cn/zhengce/zhengceku/2022-08/29/content_5707333.htm.

[2] 工业和信息化部，国家发展改革委，财政部，等. 关于加快内河船舶绿色智能发展的实施意见[EB/OL].（2022-09-27）. https://www.gov.cn/gongbao/content/2022/content_5729426.htm.

[3] 工业和信息化部，国家发展改革委，科技部，等. 关于"十四五"推动石化化工行业高质量发展的指导意见[EB/OL].（2022-03-28）. https://www.gov.cn/gongbao/content/2022/content_5696258.htm.

[4] 工业和信息化部，国家发展改革委，科技部，等. 关于印发加快推动工业资源综合利用实施方案的通知[EB/OL].（2022-01-27）. https://www.gov.cn/zhengce/zhengceku/2022/02/11/content_5673067.htm.

[5] 工业和信息化部，国家发展改革委，生态环境部，等. 建材行业碳达峰实施方案[EB/OL].（2022-11-02）. https://news.cctv.com/2022/11/08/ARTIuMn5IHmy6EVfiwKK9uGY221108.shtml.

[6] 工业和信息化部，国家发展改革委，生态环境部. 关于印发工业领域碳达峰实施方案的通知[EB/OL].（2022-07-07）. https://www.gov.cn/gongbao/content/2022/content_5717004.htm.

[7] 工业和信息化部，国家发展和改革委员会，生态环境部. 关于促进钢铁工业高质量发展的指导意见[EB/OL].（2022-01-20）. https://www.gov.cn/zhengce/zhengceku/2022/02/08/content_5672513.htm.

[8] 工业和信息化部，国家发展和改革委员会. 关于产业用纺织品行业高质量发展的指导意见[EB/OL].（2022-04-12）. https://www.miit.gov.cn/jgsj/xfpgys/wjfb/art/2022/art_e8013b07f7d64f36b328ba2772d43864.html.

[9] 工业和信息化部. 关于印发《"十四五"工业绿色发展规划》的通知[EB/OL].（2021-11-15）. https://www.gov.cn/zhengce/zhengceku/2021-12/03/content_5655701.htm.

[10] 国家标准化管理委员会. 林业碳汇项目审定和核证指南（GB/T 41198—2021）[S]. 北京：中国标准

出版社，2021.

[11] 国家发展改革委，工业和信息化部，财政部，等. 关于发布《重点用能产品设备能效先进水平、节能水平和准入水平（2022 年版）》的通知[EB/OL]. （2022-11-10）. https://zfxxgk.ndrc.gov.cn/web/iteminfo.jsp?id=18992.

[12] 国家发展改革委，工业和信息化部，财政部，等. 关于发布《重点用能产品设备能效先进水平、节能水平和准入水平（2024 年版）》的通知[EB/OL]. （2024-01-29）. https://www.gov.cn/zhengce/zhengceku/202402/content_6933649.htm.

[13] 国家发展改革委，工业和信息化部，财政部，等. 关于统筹节能降碳和回收利用 加快重点领域产品设备更新改造的指导意见[EB/OL]. （2023-02-20）. https://www.gov.cn/zhengce/zhengceku/2023-02/25/content_5743274.htm.

[14] 国家发展改革委，工业和信息化部，生态环境部，等. 关于发布《高耗能行业重点领域节能降碳改造升级实施指南（2022 年版）》的通知[EB/OL]. （2022-02-03）. https://www.ndrc.gov.cn/xwdt/tzgg/202202/t20220211_1315447_ext.html.

[15] 国家发展改革委，工业和信息化部，生态环境部，等. 关于发布《煤炭清洁高效利用重点领域标杆水平和基准水平（2022 年版）》的通知[EB/OL]. （2022-04-09）. https://www.ndrc.gov.cn/xxgk/zcfb/tz/202205/t20220510_1324482.html.

[16] 国家发展改革委，国家能源局，财政部，等. 关于印发"十四五"可再生能源发展规划的通知[EB/OL]. （2021-10-21）. https://www.ndrc.gov.cn/xxgk/zcfb/ghwb/202206/t20220601_1326719.html.

[17] 国家发展改革委，国家能源局. 关于完善能源绿色低碳转型体制机制和政策措施的意见[EB/OL]. （2022-01-30）. https://www.gov.cn/zhengce/zhengceku/2022-02/11/content_5673015.htm.

[18] 国家发展改革委，国家能源局. 关于印发《"十四五"现代能源体系规划》的通知[EB/OL]. （2022-01-29）. https://www.ndrc.gov.cn/xxgk/zcfb/ghwb/202203/t20220322_1320016.html.

[19] 国家发展改革委，国家能源局. 氢能产业发展中长期规划（2021—2035 年）[EB/OL]. （2022-03-23）. https://www.gov.cn/xinwen/2022-03/24/content_5680973.htm.

[20] 国家发展改革委，商务部，工业和信息化部. 关于加快推进废旧纺织品循环利用的实施意见[EB/OL]. （2022-03-31）. https://www.gov.cn/zhengce/zhengceku/2022-04/12/content_5684664.htm.

[21] 国家发展改革委. "十四五"循环经济发展规划[EB/OL]. （2021-07-01）. https://www.ncsti.gov.cn/zcfg/zcwj/202107/t20210707_36205.html.

[22] 国家发展改革委办公厅，商务部办公厅，工业和信息化部办公厅，等. 关于组织开展废旧物资循环利用体系示范城市建设的通知[EB/OL]. （2022-01-19）. https://www.ndrc.gov.cn/xxgk/zcfb/tz/202201/t20220121_1312650.html.

[23] 国家机关事务管理局，住房和城乡建设部，国家发展改革委，等. 关于深入推进公共机构生活垃圾分类和资源循环利用示范工作的通知[EB/OL]. （2022-08-19）. https://www.ggj.gov.cn/tzgg/202208/t20220831_41129.htm.

[24] 国家林业和草原局，国家发展改革委，科技部，等. 关于加快推进竹产业创新发展的意见[EB/OL]. （2021-11-11）. https://www.gov.cn/zhengce/zhengceku/2021-12/07/content_5658570.htm.

[25] 国家林业和草原局，农业农村部，自然资源部，等. 关于印发《"十四五"乡村绿化美化行动方案》的通知[EB/OL].（2022-10-25）. https://www.gov.cn/zhengce/zhengceku/2022-11/06/content_5724986.htm.

[26] 国家能源局，科技部. 关于印发《"十四五"能源领域科技创新规划》的通知[EB/OL].（2021-11-29）. https://www.gov.cn/zhengce/zhengceku/2022-04/03/content_5683361.htm.

[27] 国家能源局. 关于进一步规范可再生能源发电项目电力业务许可管理的通知[EB/OL].（2023-10-07）. https://www.gov.cn/zhengce/zhengceku/202310/content_6912031.htm.

[28] 国家能源局. 关于印发《能源碳达峰碳中和标准化提升行动计划》的通知[EB/OL].（2022-09-20）. https://www.nea.gov.cn/2022-10/09/c_1310668927.htm.

[29] 国务院. 关于印发"十四五"节能减排综合工作方案的通知[EB/OL].（2021-12-28）. https://www.gov.cn/gongbao/content/2022/content_5674299.htm.

[30] 国务院. 关于印发"十四五"推进农业农村现代化规划的通知[EB/OL].（2021-11-12）. https://www.gov.cn/gongbao/content/2022/content_5675948.htm.

[31] 国务院. 关于印发"十四五"现代综合交通运输体系发展规划的通知[EB/OL].（2021-12-09）. http://www.scio.gov.cn/zdgz/jj/202309/t20230914_769420.html.

[32] 国务院. 关于印发 2030 年前碳达峰行动方案的通知[EB/OL].（2021-10-24）. https://www.gov.cn/gongbao/content/2021/content_5649731.htm.

[33] 交通运输部，公安部，商务部. 关于印发《城市绿色货运配送示范工程管理办法》的通知[EB/OL].（2022-03-14）. https://www.gov.cn/zhengce/zhengceku/2022-03/16/content_5679316.htm.

[34] 交通运输部，科技部. 关于印发《交通领域科技创新中长期发展规划纲要（2021—2035 年）》的通知[EB/OL].（2022-01-24）. https://www.gov.cn/zhengce/zhengceku/2022-04/06/content_5683595.htm.

[35] 交通运输部. 关于印发《绿色交通"十四五"发展规划》的通知[EB/OL].（2021-10-29）. https://www.gov.cn/zhengce/zhengceku/2022-01/21/content_5669662.htm.

[36] 交通运输部办公厅. 关于印发《绿色交通标准体系（2022 年）》的通知[EB/OL].（2022-08-10）. https://www.gov.cn/zhengce/zhengceku/2022-08/23/content_5706441.htm.

[37] 科技部，国家发展改革委，工业和信息化部，等. 关于印发《科技支撑碳达峰碳中和实施方案（2022—2030 年）》的通知[EB/OL].（2022-06-24）. https://www.most.gov.cn/xxgk/xinxifenlei/fdzdgknr/qtwj/qtwj2022/202208/t20220817_181986.html.

[38] 科技部，生态环境部，住房和城乡建设部，等. 关于印发《"十四五"生态环境领域科技创新专项规划》的通知[EB/OL].（2022-09-19）. https://www.mee.gov.cn/xxgk2018/xxgk/xxgk10/202211/t20221102_999489.html.

[39] 刘蓉，余英杰，刘若水. 绿色低碳产业发展与财税政策支持[J]. 税务研究，2022（6）：97-101.

[40] 农业农村部，国家发展改革委. 农业农村减排固碳实施方案[EB/OL].（2022-05-07）. http://www.moa.gov.cn/zxfile/reader?file=http://www.moa.gov.cn/govpublic/KJJYS/202206/P020220630331656855638.pdf.

[41] 生态环境部，国家发展改革委，工业和信息化部，等. 关于印发《减污降碳协同增效实施方案》的通知[EB/OL].（2022-06-10）. https://www.gov.cn/gongbao/content/2022/content_5707285.htm.

[42] 王海鲲. 中国城市低碳发展理论与规划实践[M]. 北京：科学出版社，2022.

[43] 王松霈. 生态经济建设大辞典[M]. 南昌：江西科学技术出版社，2013.

[44] 王文，刘锦涛，赵越. 碳中和与中国未来[M]. 北京：北京师范大学出版社，2022.

[45] 王文军. 低碳经济发展研究[M]. 北京：中国人民大学出版社，2014.

[46] 张青，王倩. 构建智慧税务新生态：逻辑起点、基本框架与关键环节[J]. 税务研究，2022（6）：51-56.

[47] 中共中央，国务院. 关于完整准确全面贯彻新发展理念做好碳达峰碳中和工作的意见[EB/OL]. （2021-09-22）. https://www.gov.cn/zhengce/2021-10/24/content_5644613.htm.

[48] 中共中央办公厅，国务院办公厅. 关于推动城乡建设绿色发展的意见[EB/OL]. （2021-10-21）. https://www.gov.cn/gongbao/content/2021/content_5649730.htm.

[49] 周楠，邱波，赵良，等. 我国碳达峰碳中和"1+N"政策体系分析与展望[J]. 可持续发展经济导刊，2023（Z2）.

[50] 住房和城乡建设部，国家发展改革委. 关于印发城乡建设领域碳达峰实施方案的通知[EB/OL]. （2022-06-30）. https://www.gov.cn/zhengce/zhengceku/2022-07/13/content_5700752.htm.

[51] 住房和城乡建设部. 关于印发"十四五"建筑节能与绿色建筑发展规划的通知[EB/OL]. （2022-03-01）. https://www.gov.cn/zhengce/zhengceku/2022-03/12/content_5678698.htm.

[52] 住房和城乡建设部. 关于印发"十四五"建筑业发展规划的通知[EB/OL]. （2022-01-19）. https://www.gov.cn/zhengce/zhengceku/2022-01/27/content_5670687.htm.

[53] 住房和城乡建设部. 关于印发"十四五"住房和城乡建设科技发展规划的通知[EB/OL]. （2022-03-01）. https://www.gov.cn/zhengce/zhengceku/2022-03/12/content_5678693.htm.

[54] 自然资源部. 海洋碳汇核算方法（HY/T 0349—2022）[S]. 北京：中国标准出版社，2022.

第 5 章　碳排放核算

【学习目标】碳排放计算方法对科学计算温室气体排放量，完善碳交易制度，具有重要的指导意义。本章首先介绍国际上通行的碳排放计算方法和应用领域，然后介绍我国区域和企业层面温室气体排放量的计算方法。通过本章的学习，应该掌握以下内容：①国际上通行碳计算方法和使用范围；②我国区域碳排放量计算方法；③企业的温室气体排放计算方法；④企业的温室气体排放核查。

温室气体是大气中那些吸收和重新放出红外辐射的自然的和人为的气态成分，《京都议定书》中规定了 6 种主要温室气体，分别为二氧化碳（CO_2）、甲烷（CH_4）、氧化亚氮（N_2O）、氢氟碳化物（HFCs）、全氟化碳（PFCs）和六氟化硫（SF_6）。碳排放核算是做好碳达峰碳中和工作的重要基础，是制定政策、推动工作、开展考核、谈判履约的重要依据。

现阶段的碳排放核算方法主要有实测法、物料衡算法和排放因子法。实测法测算结果精确，但需要耗费较大的人力、物力，目前主要应用于农业生产、森林生态系统碳排放量的核算。物料衡算法适用于整个生产过程及局部生产过程的物料衡算，但工作量大，过程较复杂。排放因子法适用于估算碳排放量长期趋势和微观碳排放计算，其结果精确，更符合实际。这三种方法是获得估算数据的根本依据，在使用过程中各有所长，互为补充。

5.1　碳排放计算方法

5.1.1　实测法

实测法主要是通过监测手段或国家有关部门认定的连续计量设施，测量排放温室气体的流速、流量和浓度，计算气体排放总量的方法。一般地讲，实测结果较为准确，但工作量大，费用多。实测法公式如下：

$$E=K\times Q\times C$$

式中，E 为某气体排放量；C 为介质中某气体浓度；Q 为介质（空气）流量；K 为单位换算系数。

监测数据是通过科学、合理地采集样品，分析样品而获得的。样品是对监测的环境要素的总体而言，如采集的样品缺乏代表性，尽管测试分析很准确，不具备代表性的数据也毫无意义。

例如：某冶炼厂排气筒截面 0.4 m²，排气平均流速 12.5 m/s，实测所排废气中平均 CO_2 浓度 C_{CO_2}=10 g/m³，求每小时该排气筒 CO_2 的排放量。

解：每小时废气流量 Q=12.5×0.4×3600 =1.8×10⁴ m³/h

每小时 CO_2 的排放量 E_{CO_2}=10⁻⁶×10×1.8×10⁴ =0.18 t/h

5.1.2 物料衡算法

物料衡算法是对生产过程中使用的物料情况进行定量分析的一种方法。物料衡算的基本原理基于质量守恒定律，即生产过程中，投入某系统或设备的物料质量总和必须等于该系统产出物质的质量总和。

该方法是把工业部门中排放源的排放量、生产工艺和管理、资源（原材料、水源、能源）的综合利用及环境治理结合起来，系统、全面地研究生产从源头到末端的全过程中排放物的产生、排放的一种科学有效的计算方法。它涉及生产系统中原材料、燃料、水源、产品、回收品、生产工艺、处理设施、排放方式等诸多因素。

公式如下所示：

$$\sum G_{投入} =\sum G_{产出} +\sum G_{损失}$$

该通用式，既适用于整个生产系统，又适用于某一工序或者某一燃烧设备的碳平衡计算。

以燃煤产生 CO_2 为例，燃原煤量乘以原煤含碳量折算为总碳量，扣除进入灰、渣、烟尘中的碳后，即为排入大气的 CO_2 的碳量。进入灰、渣、烟尘中的碳是通过灰、渣、烟尘量乘以燃煤设备未燃烧损失计算得到。燃煤设备未燃烧损失是电厂燃煤排放灰、渣、烟尘中的含碳百分率。

排入大气的 CO_2 的量通过排入大气的 CO_2 的碳量乘以 CO_2 转换系数即可得到（根据物质的量比进行折算，CO_2 中 C 占 12/44，C 原子量为 12，CO_2 分子量为 44）。

计算燃料燃烧后排放的 CO_2 量，必须建立电厂燃料燃烧的碳平衡，燃料燃烧后的碳平衡可以用如下公式表示：

$$C_m= C_z+ C_a+ C_c+ C_{CO_2+CO}$$

式中，C_m 为燃煤中的碳；C_z 为炉渣中的碳；C_a 为除尘器收集灰中的碳；C_c 为排入大气烟尘中所含的碳（元素碳）；C_{CO_2+CO} 为烟气中 CO_2 和 CO 的含碳量（化合碳），其值可由下式计算。

$$C_{CO_2+CO} =C_y×Q_y×\eta = C_y×O_y$$

式中，C_{CO_2+CO} 为燃料排入大气的 CO_2 和 CO 所含的碳；C_y 为燃料含碳量；Q_y 为燃料量；η 为锅炉燃烧效率；O_y 为碳的氧化率。

利用计算出的随烟气排入大气的 CO_2 和 CO 所含的碳，可计算排入大气的 CO_2 量：

$$E_{CO_2}= C_{CO_2+CO}×44/12$$

式中，E_{CO_2} 为排入大气的 CO_2 量；C_{CO_2+CO} 为排入大气的 CO_2 和 CO 所含的碳；44 和 12 分别为 CO_2 和 C 的分子量。

由以上计算过程可知，只要有燃料、灰、渣、尘中的含碳量数据和锅炉燃烧效率或碳的氧化率数据，就可以计算出电厂温室气体 CO_2 和 CO 的排放量。物料衡算法精确度高，可以佐证排放系数。

5.1.3 排放因子法

排放因子法又称排放系数法，是目前应用最为广泛的碳排放量核算方法。联合国政府间气候变化专门委员会（IPCC）发布的《IPCC 国家温室气体清单指南》、我国的《省级温室气体清单编制指南（试行）》（以下简称《指南》）、曼彻斯特大学编制的《温室气体地区清单协定书》均运用了排放因子法。排放因子法公式为

$$E=AD×EF$$

式中，E 为温室气体排放量；AD 为活动数据；EF 为排放因子。

活动数据主要是来自政府相关部门的统计数据、监测数据、调查资料和排放源普查数据等，排放因子则既可以采用《指南》中的缺省值，也可以采用权威机构的实际测量结果。排放因子的主要获取来源有《IPCC 国家温室气体清单指南》、国际能源署（IEA）、国家应对气候变化战略研究和国际合作中心等（表 5-1）。

表 5-1 碳排放因子数值主要获取来源

文献类别	来源	备注
国家应对气候变化战略研究和 国际合作中心	国家气候中心网站	提供中国普适性缺省因子
《IPCC 国家温室气体清单指南》	IPCC 网站	提供普适性的缺省因子
国际能源署（IEA）	国际能源署网站	可用于对比检验
美国能源情报署（EIA）	美国能源情报署网站	可用于对比检验
EMEP/CORINAIR 排放清单指导手册	欧洲环境署（EEA）	可用于交叉检验
国际或国内杂志数据	期刊杂志	有针对性因子
具体的调查、监测数据等	大学等研究机构	需要检验数据的代表性

资料来源：刘学之，孙鑫，朱乾坤，等. 中国二氧化碳排放量相关计量方法研究综述[J]. 生态经济，2017，33（11）：21-27.

5.2 区域碳排放量核算

核算区域碳排放总量，编制温室气体清单是应对气候变化的一项基础性工作。根据《联合国气候变化框架公约》要求，所有缔约方应按照《IPCC 国家温室气体清单指南》编制各国的温室气体清单。为了进一步加强我国省级温室气体清单编制能力建设，国家发展和改革委员会应对气候变化司组织国家发展和改革委员会能源研究所、清华大学、中国科学院大气所、中国农科院环发所、中国林科院森环森保所、中国环科院气候中心等单位的专家编写了《指南》，其中包括能源活动、工业生产过程、农业、土地利用变化和林业、废

弃物处理五方面的碳排放计算方法，是我国计算区域（国家、省、市、县）碳排放的主要依据，现简要介绍其中的主要内容。

5.2.1　能源活动碳排放计算方法

能源生产和消费活动是我国温室气体的重要排放源，主要包括：化石燃料燃烧活动产生的二氧化碳、甲烷和氧化亚氮排放；生物质燃料燃烧活动产生的甲烷和氧化亚氮排放；煤矿和矿后活动产生的甲烷逃逸排放以及石油和天然气系统产生的甲烷逃逸排放。

5.2.1.1　化石燃料燃烧

化石燃料包括煤炭、石油、天然气等，燃烧排放的温室气体主要包括二氧化碳和氧化亚氮。估算燃料燃烧温室气体排放量的计算公式如下。

$$温室气体排放量 = EF \times A$$

式中，EF 为排放因子，千克/太焦；A 为燃料消费量，太焦。

有些产品可以固定碳，计算时需扣除。

$$净碳排放量 = 燃料总含碳量 - 固碳量$$
$$固碳量 = 固碳产品产生 \times 单位产品含碳量 \times 固碳率$$

5.2.1.2　生物质燃料燃烧

生物质燃料主要包括三类，一是农作物秸秆及木屑等农业废弃物及农林产品加工业废弃物；二是薪柴和由木材加工而成的木炭；三是人畜和动物粪便。考虑到生物质燃料生产与消费的总体平衡，其燃烧所产生的二氧化碳与生长过程中光合作用所吸收的碳两者基本抵消，只需要编制和报告甲烷和氧化亚氮的排放。生物质燃料燃烧温室气体计算公式为

$$排放量 = 排放因子 \times 燃料消费量$$

式中，排放因子，千克/太焦；燃料消费量，太焦。

排放因子最好采用当地的实测因子，如实测困难，可以用《指南》推荐的甲烷排放因子为 2.4～6.0 克/千克燃料，氧化亚氮排放因子为 0.03～0.18 克/千克燃料。

5.2.1.3　煤炭开采和矿后活动逃逸

我国煤炭开采和矿后活动的甲烷排放源主要分为井下开采、露天开采和矿后活动。实测法活动水平数据为区域内各矿井甲烷排放量实测值和甲烷实际利用量。采用实测法时甲烷逃逸排放量等于实际测量值，不需要确定排放因子。

如无法获得实测数据，可选用《指南》推荐的甲烷排放因子：重点煤矿、地方煤矿和乡镇煤矿井下开采分别为 8.37 立方米/吨、8.35 立方米/吨和 6.93 立方米/吨；露天开采为 2 立方米/吨；高瓦斯矿、低瓦斯矿和露天矿矿后活动分别为 3 立方米/吨、0.9 立方米/吨和 0.5 立方米/吨。

5.2.1.4 石油和天然气系统逃逸排放源界定

石油和天然气系统甲烷逃逸排放是指油气从勘探开发到消费的全过程的甲烷排放，主要包括钻井、天然气开采、天然气的加工处理、天然气的输送、原油开采、原油输送、石油炼制、油气消费等活动，其中常规原油中伴生的天然气，随着开采活动也会产生甲烷的逃逸排放。我国油气系统逃逸排放源涉及的设施主要包括：勘探和开发设备、天然气各类井口装置，集气系统的管线加热器和脱水器、加压站、注入站、计量站和调节站、阀门等附属设施，天然气集输、加工处理和分销使用的储气罐、处理罐、储液罐及火炬设施等，石油炼制装置，以及油气的终端消费设施等。

油气系统甲烷排放因子需要通过测试获得。如无法获得实测数据，《指南》推荐的甲烷排放因子为 0.2～95（吨/个·年）、5000～140000 吨/亿吨油、133～542 吨/亿立方米。

5.2.2 工业生产过程

工业生产过程温室气体排放是工业生产中能源活动温室气体排放之外的其他化学反应过程或物理变化过程的温室气体排放，包括：水泥、石灰、钢铁、电石生产过程二氧化碳排放，己二酸、硝酸生产过程氧化亚氮排放，一氯二氟甲烷（HCFC-22）生产过程三氟甲烷（HFC-23）排放，铝生产过程全氟化碳排放，镁、电力设备生产过程六氟化硫排放，半导体生产过程氢氟烃、全氟化碳和六氟化硫排放，以及氢氟烃生产过程的氢氟烃排放。

5.2.2.1 水泥生产过程

水泥生产过程中的二氧化碳排放来自水泥熟料的生产过程。熟料是由水泥生料经高温煅烧发生物理化学变化后形成的，生料主要由石灰石及其他配料配制而成。在煅烧过程中，生料中碳酸钙和碳酸镁会分解排放出二氧化碳。估算水泥生产过程二氧化碳排放量计算公式为

$$E_{CO_2} = AD \times EF$$

式中，E_{CO_2} 为水泥生产过程二氧化碳排放量；AD 为辖区内扣除电石渣生产的熟料产量后的水泥熟料产量；EF 为水泥生产过程平均排放因子。排放因子优先采用本地实测数据，《指南》推荐的水泥生产过程平均排放因子为 0.538 吨二氧化碳/吨熟料。

5.2.2.2 石灰生产过程

石灰生产过程的二氧化碳排放源于石灰石中碳酸钙和碳酸镁的热分解，碳排放的计算公式为

$$E_{CO_2} = AD \times EF$$

式中，E_{CO_2} 为石灰生产过程二氧化碳排放量；AD 为所在省级辖区内石灰产量；EF 为石灰生产过程平均排放因子。排放因子优先采用本地实测数据，《指南》推荐的石灰生产过程排放因子为 0.683 吨二氧化碳/吨石灰。

5.2.2.3　钢铁生产过程

钢铁生产过程二氧化碳排放主要有两个来源：炼铁熔剂高温分解和炼钢降碳过程。石灰石和白云石等熔剂中的碳酸钙和碳酸镁在高温下会发生分解反应，并排放出二氧化碳。炼钢降碳是指在高温下用氧化剂把生铁里过多的碳和其他杂质氧化成二氧化碳排放或炉渣除去。钢铁生产中焦炭消耗排放的二氧化碳参见能源活动温室气体计算。估算钢铁生产过程二氧化碳排放量的计算公式如下：

$$E_{CO_2} = AD_l \times EF_l + AD_d \times EF_d + (AD_r \times F_r - AD_s \times F_s) \times 44/12$$

式中，E_{CO_2} 为钢铁生产过程二氧化碳排放量；AD_l 为所在省级辖区内钢铁企业消费的作为熔剂的石灰石的数量；EF_l 为作为熔剂的石灰石消耗的排放因子；AD_d 为所在省级辖区内钢铁企业消费的作为熔剂的白云石的数量；EF_d 为作为熔剂的白云石消耗的排放因子；AD_r 为所在省级辖区内炼钢用生铁的数量；F_r 为炼钢用生铁的平均含碳率；AD_s 为所在省级辖区内炼钢的钢材产量；F_s 为炼钢的钢材产品的平均含碳率。若无本地实测排放因子，《指南》推荐的排放因子或基本参数为：石灰石消耗 0.43 吨二氧化碳/吨石灰石，白云石消耗 0.474 吨二氧化碳/吨白云石，生铁、钢材平均含碳量分别为 4.1、0.248。

5.2.2.4　电石生产过程

电石的生产工艺一般包括两个环节，即石灰石经过煅烧生产石灰；以石灰和焦炭、无烟煤、石油焦等碳素原料生产电石。这里仅介绍电石生产过程的二氧化碳排放量的计算方法，第一环节的排放见石灰生产过程。估算电石生产过程二氧化碳排放量的计算公式如下：

$$E_{CO_2} = AD \times EF$$

式中，E_{CO_2} 为电石生产过程二氧化碳排放量；AD 为所在省级辖区内电石产量；EF 为电石的平均排放因子。若无本地实测排放因子，《指南》推荐的排放因子为 1154 千克二氧化碳/吨电石。

5.2.2.5　己二酸生产过程

己二酸有多种制备工艺，其中会产生氧化亚氮的主要是传统工艺。估算己二酸生产过程二氧化碳排放量的计算公式如下：

$$E_{CO_2} = AD \times EF$$

式中，E_{CO_2} 为己二酸生产过程二氧化碳排放量；AD 为所在省级辖区内己二酸产量；EF 为己二酸的平均排放因子。若无本地实测排放因子，《指南》推荐的排放因子为 0.293 吨氧化亚氮/吨己二酸。

5.2.2.6 硝酸生产过程

硝酸生产过程主要排放氧化亚氮，计算公式如下：

$$E_{N_2O} = \sum_i AD_i \times EF_i$$

式中，E_{N_2O} 为硝酸生产过程氧化亚氮排放量；i 为高压法（没有安装非选择性尾气处理装置）、高压法（安装非选择性尾气处理装置）、中压法、常压法、双加压法、综合法、低压法等七种技术类型；AD_i 为所在省级辖区内上述七种技术的硝酸产量；EF_i 为七种技术的氧化亚氮排放因子。若无本地实测排放因子，《指南》推荐的排放因子为：高压法产量（没有安装非选择性尾气处理装置）13.9 千克氧化亚氮/吨硝酸、高压法产量（安装非选择性尾气处理装置）2.0 千克氧化亚氮/吨硝酸、中压法产量 11.77 千克氧化亚氮/吨硝酸、常压法产量 9.72 千克氧化亚氮/吨硝酸、双加压法产量 8.0 千克氧化亚氮/吨硝酸、综合法产量 7.5 千克氧化亚氮/吨硝酸、低压法产量 5.0 千克氧化亚氮/吨硝酸。

5.2.2.7 一氯二氟甲烷生产过程

一氯二氟甲烷（HCFC-22）生产会排放三氟甲烷（HFC-23），计算公式如下：

$$E_{HFC-23} = AD \times EF$$

式中，E_{HFC-23} 为 HCFC-22 生产过程 HFC-23 排放量；AD 为所在省（市）辖区内 HCFC-22 产量；EF 为 HCFC-22 生产的平均排放因子。若无本地实测排放因子，《指南》推荐的排放因子为 0.0292 吨 HFC-23/吨 HCFC-22。

5.2.2.8 铝生产过程

原铝熔炼过程中会排放四氟化碳（CF_4，PFC-14）和六氟乙烷（C_2F_6，PFC-116）两种全氟化碳（PFCs），计算公式如下：

$$E_{CF_4} = \sum_{i=1}^{2} AD_i \times EF_{i,1}$$

$$E_{C_2F_6} = \sum_{i=1}^{2} AD_i \times EF_{i,2}$$

式中，E_{CF_4} 为铝生产过程中 CF_4 排放量；$E_{C_2F_6}$ 为铝生产过程中 C_2F_6 排放量；AD_i 为分别采用点式下料预焙槽技术生产和侧插阳极棒自焙槽技术生产的产量；$EF_{i,1}$ 为分别采用点式下料预焙槽技术和侧插阳极棒自焙槽技术的 CF_4 排放因子；$EF_{i,2}$ 为分别采用点式下料预焙槽技术和侧插阳极棒自焙槽技术的 C_2F_6 排放因子。若无本地实测排放因子，《指南》推荐的排放因子为：点式下料预焙槽技术的 CF_4 和 C_2F_6 排放因子分别为 0.0888 千克 CF_4/吨铝和 0.0114 千克 CF_4/吨铝；侧插阳极棒自焙槽技术的 CF_4 和 C_2F_6 排放因子分别为 0.6 千克 CF_4/吨铝和 0.06 千克 CF_4/吨铝。

5.2.2.9 镁生产过程

镁生产过程会排放六氟化硫，计算公式如下：

$$E_{SF_6} = \sum_{i=1}^{2} AD_i \times EF_i$$

式中，E_{SF_6} 为镁生产过程 SF_6 排放量；AD_i 为辖区内采用六氟化硫作为保护剂的原镁产量和镁加工的产量；EF_i 为采用六氟化硫作为保护剂的原镁生产的 SF_6 排放因子和镁加工的 SF_6 排放因子。若无本地实测排放因子，《指南》推荐原镁生产和镁加工排放因子分别为 0.490 千克 SF_6/吨镁和 0.114 千克 SF_6/吨镁。

5.2.2.10 电力设备生产过程

在高压开关等电器设备中广泛使用六氟化硫，《指南》只报告电力设备生产环节和安装环节的六氟化硫排放，暂不报告电力设备使用环节和报废环节的六氟化硫排放。估算电力设备生产过程六氟化硫排放量的计算公式如下：

$$E_{SF_6} = AD \times EF$$

式中，E_{SF_6} 为电力设备生产过程的 SF_6 排放量；AD 为所在省级辖区内电力设备生产过程 SF_6 的使用量；EF 为电力设备生产过程 SF_6 的平均排放因子。若无本地实测排放因子，《指南》推荐的电力设备生产过程六氟化硫平均排放因子为 8.6%。

5.2.2.11 半导体生产过程

半导体生产过程采用多种含氟气体。估算半导体生产过程排放量方法的计算公式如下：

$$E_{CF_4} = AD_{CF_4} \times EF_{CF_4}$$
$$E_{HFC_3} = AD_{HFC_3} \times EF_{HFC_3}$$
$$E_{C_2F_6} = AD_{C_2F_6} \times EF_{C_2F_6}$$
$$E_{SF_6} = AD_{SF_6} \times EF_{SF_6}$$

式中，E_{CF_4}、E_{HFC_3}、$E_{C_2F_6}$、E_{SF_6} 分别为半导体生产过程的 CF_4、HFC_3、C_2F_6、SF_6 排放量；AD_{CF_4}、AD_{HFC_3}、$AD_{C_2F_6}$、AD_{SF_6} 分别为辖区内半导体生产过程 CF_4、HFC_3、C_2F_6、SF_6 的使用量；EF_{CF_4}、EF_{HFC_3}、$EF_{C_2F_6}$、EF_{SF_6} 分别为半导体生产过程 CF_4、HFC_3、C_2F_6、SF_6 的平均排放系数。若无本地实测排放系数，《指南》推荐半导体生产过程 CF_4、HFC_3、C_2F_6、SF_6 的平均排放系数分别为 43.56%、20.95%、3.76%、19.51%。

5.2.2.12 氢氟烃生产过程

氢氟烃在生产和使用中会有部分气体排放到大气中，《指南》暂不计算氢氟烃使用过程的排放，只计算氢氟烃生产过程的排放：

$$E_i = AD_i \times EF_i$$

式中，E_i 为第 i 类氢氟烃生产过程的同类氢氟烃排放量；AD_i 为辖区内第 i 类氢氟烃产量；

EF_i 为第 i 类氢氟烃生产的平均排放因子。若无本地实测排放因子，《指南》推荐的 HFC-32、HFC-125、HFC-134a、HFC-143a、HFC-152a、HFC-227ea、HFC-236fa、HFC-245fa 排放系数为 0.5%。

5.2.3 农业

农业温室气体排放包括稻田甲烷排放、农用地氧化亚氮排放、动物肠道发酵甲烷排放、动物粪便管理甲烷和氧化亚氮排放四部分。

5.2.3.1 稻田甲烷排放

稻田甲烷排放量计算公式如下：

$$E_{CH_4} = \sum AD_i \times EF_i$$

式中，E_{CH_4} 为稻田甲烷排放总量，吨；AD_i 为对应于该排放因子的水稻播种面积，千公顷；i 为稻田类型，分别指单季水稻、双季早稻和晚稻；EF_i 为分类型稻田甲烷排放因子，千克/公顷。若无本地实测排放因子，《指南》推荐的稻田甲烷排放因子为 156.2～236.7 千克/公顷。

5.2.3.2 农用地氧化亚氮排放

农用地氧化亚氮排放包括两部分：直接排放和间接排放。直接排放是由农用地当季氮肥、粪肥和秸秆还田氮输入引起的排放，间接排放包括大气氮沉降引起的氧化亚氮排放和氮淋溶径流损失引起的氧化亚氮排放。

农用地氧化亚氮直接排放公式如下：

$$E_{N_2O} = \sum (N_{输入} \times EF)$$

式中，E_{N_2O} 为农用地氧化亚氮排放总量；$N_{输入}$ 为各排放过程氮输入量；EF 为对应的氧化亚氮排放因子，千克氧化亚氮/千克氮输入量。

大气氮沉降引起的氧化亚氮间接排放计算公式为

$$N_2O_{沉降} = (N_{畜禽} \times 20\% + N_{输入} \times 10\%) \times 0.01$$

大气氮主要来源于畜禽粪便（$N_{畜禽}$）和农用地氮输入（$N_{输入}$）的 NH_3 和 NO_x 挥发。若无 $N_{畜禽}$ 和 $N_{输入}$ 的挥发率观测数据，可采用《指南》的推荐值，分别为 20% 和 10%，排放因子为 0.01。

氮淋溶径流损失引起的氧化亚氮间接排放计算公式为

$$N_2O_{淋溶} = N_{输入} \times 20\% \times 0.0075$$

按氮淋溶径流损失的氮量占农用地总氮输入量的 20% 来估算。

5.2.3.3 动物肠道发酵甲烷排放

动物肠道发酵甲烷排放是指动物在正常的代谢过程中，寄生在动物消化道内的微生物发酵消化道内饲料时产生的甲烷排放，肠道发酵甲烷排放只包括从动物口、鼻和直肠排出体外的甲烷，不包括粪便的甲烷排放。列入《指南》的动物肠道发酵甲烷排放源包括牛、羊、猪、马、驴、骡和骆驼。

某种动物的肠道发酵甲烷排放量估算公式如下：

$$E_{CH_4,enteric,i} = EF_{CH_4,enteric,i} \times AP_i \times 10^{-7}$$

式中，$E_{CH_4,enteric,i}$ 为第 i 种动物甲烷排放量，万吨甲烷/年；$EF_{CH_4,enteric,i}$ 为第 i 种动物的甲烷排放因子，千克/（头/年）；AP_i 为第 i 种动物的数量，头（只）。

各种动物的甲烷排放因子的计算公式如下：

$$EF_{CH_4,enteric,i} = (GE_i \times Y_{m,i} \times 365)/55.65$$

式中，$EF_{CH_4,enteric,i}$ 为第 i 种动物的甲烷排放因子，千克/（头/年）；GE_i 为摄取的总能，兆焦/（头/年）；$Y_{m,i}$ 为甲烷转化率，是饲料中总能转化成甲烷的比例；55.65 为甲烷能量转化因子，兆焦/千克甲烷。

5.2.3.4 动物粪便管理甲烷和氧化亚氮排放

（1）动物粪便管理甲烷排放

在畜禽粪便施入土壤之前动物粪便贮存和处理所产生的甲烷。动物粪便管理甲烷排放源包括猪、牛、羊、家禽、马、驴、骡和骆驼。

计算特定动物粪便管理甲烷排放量的公式如下：

$$E_{CH_4,enteric,i} = EF_{CH_4,enteric,i} \times AP_i \times 10^{-7}$$

式中，$E_{CH_4,enteric,i}$ 为第 i 种动物粪便管理甲烷排放量，万吨甲烷/年；$EF_{CH_4,enteric,i}$ 为第 i 种动物粪便管理甲烷排放因子，千克/（头/年）；AP_i 为第 i 种动物的数量，头（只）。

（2）动物粪便管理氧化亚氮排放

动物粪便管理氧化亚氮排放是指在畜禽粪便施入土壤之前动物粪便贮存和处理过程中所产生的氧化亚氮。猪、牛、羊、家禽、马、驴、骡和骆驼为动物粪便管理氧化亚氮排放源。

计算特定动物粪便管理氧化亚氮排放量的公式如下：

$$E_{N_2O,manure,i} = EF_{N_2O,manure,i} \times AP_i \times 10^{-7}$$

式中，$E_{N_2O,manure,i}$ 为第 i 种动物粪便管理氧化亚氮排放量，万吨氧化亚氮/年；$EF_{N_2O,manure,i}$ 为特定种群粪便管理氧化亚氮排放因子，千克/（头/年）；AP_i 为第 i 种动物的数量，头（只）。

5.2.4 土地利用变化和林业

"土地利用变化和林业"（Land Use Change and Forest，LUCF）温室气体清单，既包括温室气体的排放（如森林采伐或毁林排放的二氧化碳），也包括温室气体的吸收（如森林生长时吸收的二氧化碳）。如果森林采伐或毁林的生物量损失超过森林生长的生物量增加，则表现为碳排放源，反之则表现为碳吸收汇。

我国土地类型常分为林地、耕地、牧草地、水域、未利用地和建设用地等，LUCF 主要考虑林地转化为非林地的过程。LUCF 清单主要考虑两种人类活动引起的二氧化碳吸收或排放：森林和其他木质生物质生物量碳贮量变化；森林转化碳排放。

5.2.4.1　森林和其他木质生物质生物量碳贮量变化

本部分计算受森林管理、采伐、薪炭材采集等活动影响而导致的生物量碳贮量增加或减少。森林包括乔木林、竹林、经济林和国家有特别规定的灌木林；其他木质生物质包括疏林、散生木和四旁树。

森林和其他木质生物质生物量碳贮量的变化计算方法如下：

$$\Delta C_{生物量}=\Delta C_{乔}+\Delta C_{散四疏}+\Delta C_{竹/经/灌}-\Delta C_{消耗}$$

式中，$\Delta C_{生物量}$ 为森林和其他木质生物质生物量碳贮量变化，吨碳；$\Delta C_{乔}$ 为乔木林（林分）生物量生长碳吸收，吨碳；$\Delta C_{散四疏}$ 为散生木、四旁树、疏林生物量生长碳吸收，吨碳；$\Delta C_{竹/经/灌}$ 为竹林（或经济林、灌木林）生物量碳贮量变化，吨碳；$\Delta C_{消耗}$ 为活立木消耗生物量碳排放，吨碳。

$$\Delta C_{乔}=V_{乔}\times GR\times\overline{SVD}\times\overline{BEF}\times0.5$$

$$\overline{BEF}=\sum_{i=1}^{n}\left(BEF_i\times\frac{V_i}{V_{乔}}\right)$$

$$\overline{SVD}=\sum_{i=1}^{n}\left(SVD_i\times\frac{V_i}{V_{乔}}\right)$$

式中，$V_{乔}$ 为区域内乔木林总蓄积量，立方米；V_i 为乔木林第 i 树种（组）蓄积量，立方米；GR 为区域内活立木蓄积量年生长率，%；BEF_i 为区域内乔木林第 i 树种（组）的生物量转换系数，即全林生物量与树干生物量的比值，量纲一；$\overline{BEF}$ 为区域内乔木林 BEF 加权平均值；SVD_i 为区域内乔木林第 i 树种（组）的基本木材密度，吨/立方米；$\overline{SVD}$ 为区域内乔木林 SVD 加权平均值；i 为区域内乔木林优势树种（组）（i=1，2，3，…，n）；0.5为生物量含碳率。

$$\Delta C_{散四疏}=V_{散四疏}\times GR\times\overline{SVD}\times\overline{BEF}\times0.5$$

$$\Delta C_{竹/经/灌}=\Delta A_{竹/经/灌}\times B_{散/四/疏}\times0.5$$

式中，$\Delta C_{竹/经/灌}$ 为竹林（或经济林、灌木林）生物量碳贮量变化，吨碳；$\Delta A_{竹/经/灌}$ 为竹林

（或经济林、灌木林）面积年变化，公顷；$B_{散/四/疏}$ 为竹林（或经济林、灌木林）平均单位面积生物量，吨干物质。

$$\Delta C_{消耗} = V_{活立木} \times CR \times \overline{SVD} \times \overline{BEF} \times 0.5$$

式中，$\Delta C_{消耗}$ 为活立木消耗生物量碳排放，吨碳；$V_{活立木}$ 为活立木总蓄积量，即乔木林、散生木、四旁树、疏林的蓄积量总和；CR 为活立木蓄积消耗率；$\overline{SVD}$ 为区域内平均基本木材密度；$\overline{BEF}$ 为区域内平均生物量转换系数。排放因子最好采用当地实际数据，可采用《指南》中给出的推荐值。

5.2.4.2 森林转化碳排放

"森林转化"指将现有森林转化为其他土地利用方式，相当于毁林。在毁林过程中，被破坏的森林生物量一部分通过现地或异地燃烧排放到大气中，另一部分（如木产品和燃烧剩余物）通过缓慢的分解过程（约数年至数十年）释放到大气中。有一小部分（5%～10%）燃烧后转化为木炭，分解缓慢，需约 100 年，甚至更长时间。

本部分主要估算区域内"有林地"转化为"非林地"过程中，由于地上生物质的燃烧和分解引起的二氧化碳、甲烷和氧化亚氮排放。

（1）森林转化燃烧引起的碳排放

现地燃烧 CO_2 排放 ＝年转化面积×（转化前单位面积地上生物量
　　　　　　　　　－转化后单位面积地上生物量）×现地燃烧生物量比例
　　　　　　　　　×现地燃烧生物量氧化系数×地上生物量碳含量

CH_4 排放=现地燃烧碳排放（吨碳）×CH_4–C 排放比例

N_2O 排放=现地燃烧碳排放（吨碳）×碳氮比×N_2O-N 排放比例

异地燃烧 CO_2 排放 ＝年转化面积 ×（转化前单位面积地上生物量
　　　　　　　　　－转化后单位面积地上生物量）×异地燃烧生物量比例
　　　　　　　　　×异地燃烧生物量氧化系数×地上生物量碳含量

（2）森林转化分解引起的碳排放

森林转化分解碳排放，主要考虑燃烧剩余物的缓慢分解造成的二氧化碳排放。由于分解排放是一个缓慢的过程，因此在具体估算时，采用 10 年平均的年转化面积进行计算，而不是使用清单编制年份的年转化面积。

分解碳排放=年转化面积（10 年平均值）×（转化前单位面积地上生物量
　　　　　　　　　－转化后单位面积地上生物量）×被分解部分的比例×地上生物量碳含量

5.2.5 废弃物处理

城市固体废物和生活污水及工业废水处理过程会排放甲烷、二氧化碳和氧化亚氮气体，是温室气体的重要来源。

5.2.5.1 填埋处理甲烷排放

通过物料平衡法估算，假设所有潜在的甲烷均在处理当年就全部排放完，一般会高估甲烷的排放。估算公式如下：

$$E_{CH_4} = (MSW_T \times MSW_F \times L_0 - R) \times (1 - OX)$$

式中，E_{CH_4} 为甲烷排放量，万吨/年；MSW_T 为总的城市固体废物产生量，万吨/年；MSW_F 为城市固体废物填埋处理率；L_0 为垃圾填埋场的甲烷产生潜力，万吨甲烷/万吨废弃物；R 为甲烷回收量，万吨/年；OX 为氧化因子。其中：

$$L_0 = MCF \times DOC \times DOC_F \times F \times 16/12$$

式中，MCF 为各垃圾填埋场的甲烷修正因子；DOC 为可降解有机碳，千克碳/千克废弃物；DOC_F 为可分解的 DOC 比例；F 为垃圾填埋气体中的甲烷比例；16/12 为甲烷与碳分子量比率。

《指南》推荐的固体废物填埋场的甲烷修正因子为 0.4~1.0，固体废物成分 DOC 含量比例的推荐值为 15%~43%，可分解的 DOC 比例为 0.5%，甲烷在垃圾填埋气中的比例为 0.5%，氧化因子为 0.1。

5.2.5.2 焚烧处理二氧化碳排放

估算废弃物焚化和露天燃烧产生的二氧化碳排放量的估算公式为

$$E_{CO_2} = \sum_i (IW_i \times CCW_i \times FCF_i \times EF_i \times 44/12)$$

式中，E_{CO_2} 为废弃物焚烧处理的二氧化碳排放量，万吨/年；i 为城市固体废物、危险废物、污泥；IW_i 为第 i 种类型废弃物的焚烧量，万吨/年；CCW_i 为第 i 种类型废弃物中的碳含量比例；FCF_i 为第 i 种类型废弃物中矿物碳在碳总量中比例；EF_i 为第 i 种类型废弃物焚烧炉的燃烧效率；44/12 为碳转换成二氧化碳的转换系数。

《指南》推荐的城市生活垃圾碳含量为 20%，危险废物碳含量为 1%，污泥碳含量为 30%，矿物碳在碳总量中的百分比为 0~90%，燃烧效率为 95%~97%。

5.2.5.3 废水处理

（1）生活污水处理

生活污水处理甲烷排放的估算公式为

$$E_{CH_4} = (TOW \times EF) - R$$

式中，E_{CH_4} 为清单年份的生活污水处理甲烷排放总量，万吨甲烷/年；TOW 为清单年份的生活污水中有机物总量，千克 BOD/年；EF 为排放因子，千克甲烷/千克 BOD；R 为清单年份的甲烷回收量，千克甲烷/年。

生活污水处理甲烷排放时主要的活动水平数据是污水中有机物的总量，以生化需氧量（BOD）作为重要的指标，如果可以获得 BOD 的详细资料或者平均状况的 BOD 排放量，建议使用各省（区、市）特有值，如果无相关实测数据，《指南》提供的各区域平均 BOD/COD 推荐值为：全国 0.46、华北 0.45、东北 0.46、华东 0.43、华中 0.49、华南 0.47、西南 0.51 和西北 0.41。

（2）工业废水处理甲烷排放

工业废水处理甲烷排放的估算公式为

$$E_{CH_4} = \sum_i [(TOW_i - S_i) \times EF_i - R_i]$$

式中，E_{CH_4} 为甲烷排放量，千克甲烷/年；i 为不同的工业行业；TOW_i 为工业废水中可降解有机物的总量，千克 COD/年；S_i 为以污泥方式清除掉的有机物总量，千克 COD/年；EF_i 为排放因子，千克甲烷/千克 COD；R_i 为甲烷回收量，千克甲烷/年。《指南》给出的各行业工业废水的 MCF 推荐值为 0.1~0.8。

（3）废水处理氧化亚氮排放

废水处理产生的氧化亚氮排放估算公式为

$$E_{N_2O} = N_E \times EF_E \times 44/28$$

式中，E_{N_2O} 为清单年份氧化亚氮的年排放量，千克氧化亚氮/年；N_E 为污水中氮含量，千克氮/年；EF_E 为废水的氧化亚氮排放因子，千克氧化亚氮/千克氮；44/28 为转化系数。

估算废水处理氧化亚氮排放量所需的关键排放因子，建议根据各省（区、市）的实际情况确定，如果不可获得，《指南》推荐值为 0.005 千克氧化亚氮/千克氮。

5.3 企业碳排放量核算

5.3.1 企业碳排放核算概况

为了实现碳达峰碳中和目标，我国发布了《碳排放权交易管理办法（试行）》《2030年前碳达峰行动方案》《关于完整准确全面贯彻新发展理念做好碳达峰碳中和工作的意见》等一系列政策，碳排放问题越来越被重视。企业是碳排放主体，也是实现碳达峰碳中和愿景的主体。准确计量企业的碳排放总量，是制定碳排放管理政策、开展考核、谈判履约的重要依据，是推进碳达峰碳中和工作的基础。

企业温室气体排放情况复杂，监测、核算比较困难，需要建立企业温室气体排放核算标准体系，建立碳排放统计核算制度。以下为我国企业温室气体排放核算制度的建立与完善情况。

《"十二五"控制温室气体排放工作方案》（国发〔2011〕41 号）提出建立温室气体统

计核算制度，构建国家、地方、企业三级温室气体排放核算工作体系，实施重点企业直接报送温室气体排放数据制度。

2013 年 10 月 15 日，国家发展改革委办公厅发布了首批 10 个行业的企业温室气体排放核算方法与报告指南：《中国发电企业温室气体排放核算方法与报告指南（试行）》《中国电网企业温室气体排放核算方法与报告指南（试行）》《中国钢铁生产企业温室气体排放核算方法与报告指南（试行）》《中国化工生产企业温室气体排放核算方法与报告指南（试行）》《中国电解铝生产企业温室气体排放核算方法与报告指南（试行）》《中国镁冶炼企业温室气体排放核算方法与报告指南（试行）》《中国平板玻璃生产企业温室气体排放核算方法与报告指南（试行）》《中国水泥生产企业温室气体排放核算方法与报告指南（试行）》《中国陶瓷生产企业温室气体排放核算方法与报告指南（试行）》《中国民航企业温室气体排放核算方法与报告指南（试行）》。

2014 年 12 月 3 日，国家发展改革委办公厅发布了第二批总共 4 个行业的企业温室气体排放核算方法与报告指南：《中国石油和天然气生产企业温室气体排放核算方法与报告指南（试行）》《中国石油化工企业温室气体排放核算方法与报告指南（试行）》《中国独立焦化企业温室气体排放核算方法与报告指南（试行）》《中国煤炭生产企业温室气体排放核算方法与报告指南（试行）》。

2015 年 7 月 6 日，国家发展改革委办公厅发布了第三批总共 10 个行业的企业温室气体排放核算方法与报告指南：《造纸和纸制品生产企业温室气体排放核算方法与报告指南（试行）》《其他有色金属冶炼和压延加工业企业温室气体排放核算方法与报告指南（试行）》《电子设备制造企业温室气体排放核算方法与报告指南（试行）》《机械设备制造企业温室气体排放核算方法与报告指南（试行）》《矿山企业温室气体排放核算方法与报告指南（试行）》《食品、烟草及酒、饮料和精制茶企业温室气体排放核算方法与报告指南（试行）》《公共建筑运营单位（企业）温室气体排放核算方法和报告指南（试行）》《陆上交通运输企业温室气体排放核算方法与报告指南（试行）》《氟化工企业温室气体排放核算方法与报告指南（试行）》《工业其他行业企业温室气体排放核算方法与报告指南（试行）》。

2014 年 1 月 13 日，国家发展改革委发布了《关于组织开展重点企（事）业单位温室气体排放报告工作的通知》，组织开展重点单位温室气体排放报告工作，目的是全面掌握重点单位温室气体排放情况，加快建立重点单位温室气体排放报告制度，完善国家、地方、企业三级温室气体排放基础统计和核算工作体系。

2016 年 10 月 27 日，国务院发布了《"十三五"控制温室气体排放工作方案》（国发〔2016〕61 号），文件要求加强温室气体排放统计与核算，建立温室气体排放信息披露制度。

2017 年 12 月 18 日，国家发展改革委发布了《全国碳排放权交易市场建设方案（发电行业）》，文件提出建设碳排放监测、报告与核查制度。

2020 年 12 月 31 日，生态环境部发布了《碳排放权交易管理办法（试行）》（生态环境部令　第 19 号），文件提出建设全国碳排放权注册登记系统和全国碳排放权交易系统，明确要求省级生态环境主管部门应当组织开展对重点排放单位温室气体排放报告的核查。

2021 年 3 月 28 日，生态环境部办公厅发布了《关于加强企业温室气体排放报告管理相关工作的通知》，文件强化了对企业温室气体排放报告的管理工作。同时，《企业温室气体排放核算方法与报告指南 发电设施》以文件的附件形式发布。

2021 年 10 月 23 日，生态环境部办公厅发布了《关于做好全国碳排放权交易市场数据质量监督管理相关工作的通知》，对企业碳排放数据质量监督管理提出了明确要求。

2022 年 3 月 10 日，生态环境部办公厅发布了《关于做好 2022 年企业温室气体排放报告管理相关重点工作的通知》，该文件以附件形式发布了《企业温室气体排放核算方法与报告指南 发电设施》（2022 年修订版）。

2022 年 4 月 22 日，国家发展改革委、国家统计局、生态环境部联合印发了《关于加快建立统一规范的碳排放统计核算体系实施方案》，方案提出到 2023 年，基本建立职责清晰、分工明确、衔接顺畅的部门协作机制，初步建成统一规范的碳排放统计核算体系。到 2025 年，统一规范的碳排放统计核算体系进一步完善，数据质量全面提高。方案要求建立全国及地方碳排放统计核算制度、完善行业企业碳排放核算机制、建立健全重点产品碳排放核算方法、完善国家温室气体清单编制机制等四项重点任务，提出了夯实统计基础、建立排放因子库、应用先进技术、开展方法学研究、完善支持政策等五项保障措施，并对组织协调、数据管理及成果应用提出工作要求。

2022 年 12 月 19 日，生态环境部发布了《企业温室气体排放核算与报告指南 发电设施》《企业温室气体排放核查技术指南 发电设施》，自 2023 年 1 月 1 日起施行。

2023 年 2 月 4 日，生态环境部办公厅发布了《关于做好 2023—2025 年发电行业企业温室气体排放报告管理有关工作的通知》，组织开展发电行业企业温室气体排放报告管理有关工作，明确了 2023—2025 年发电行业企业温室气体排放报告管理有关工作要求。

2024 年 9 月 13 日，生态环境部办公厅发布了水泥行业、铝冶炼行业 2 个行业的企业温室气体排放核算与报告指南及技术指南。

2025 年 1 月 21 日，生态环境部办公厅发布了钢铁行业企业温室气体排放核算与报告指南及技术指南。

目前，我国已制定了 27 个行业的企业温室气体排放核算方法与报告指南，其中，发电设施的温室气体排放核算与报告指南已经过 2 次修订，可操作性更强，下面重点介绍发电设施的温室气体排放核算与报告指南、发电设施的温室气体排放核查技术指南。

5.3.2 企业温室气体排放核算与报告

我国发电行业温室气体排放占 40%左右，下面以发电行业为例，依据《企业温室气体排放核算与报告指南 发电设施》（2022 年修订版）要求，介绍企业如何进行温室气体排放核算与报告。

5.3.2.1 核算工作程序

发电设施的温室气体排放核算工作程序见图 5-1。

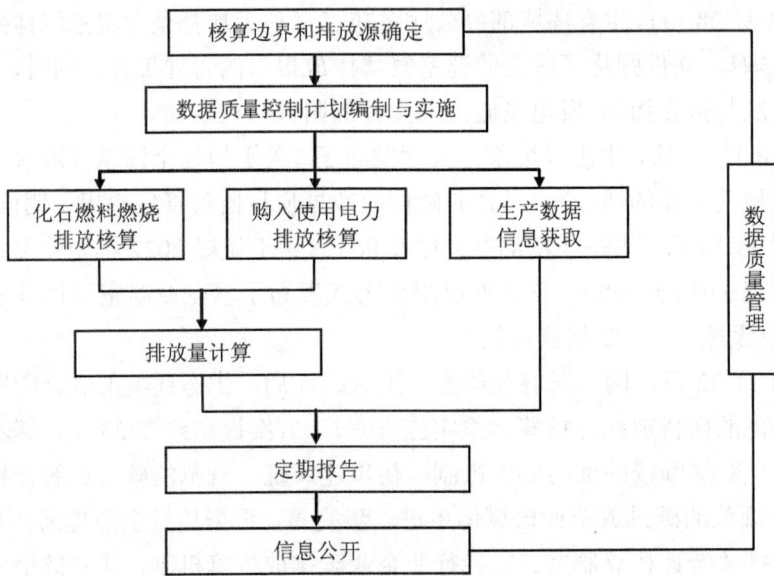

图 5-1 发电设施温室气体排放核算工作程序

5.3.2.2 核算边界和排放源确定

1）核算边界。核算边界为发电设施，主要包括燃烧系统、汽水系统、电气系统、控制系统和除尘及脱硫脱硝等装置的集合，不包括厂区内其他辅助生产系统和附属生产系统。发电设施核算边界如图 5-2 中虚线框内所示。

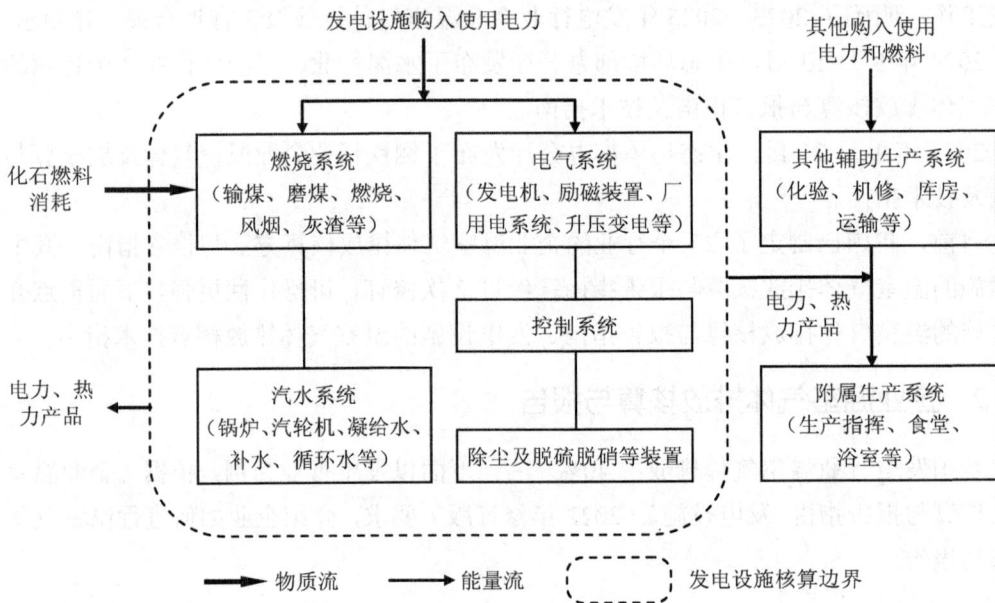

图 5-2 发电设施核算边界

2）排放源确定。发电设施温室气体排放核算和报告范围包括化石燃料燃烧产生的二氧化碳排放、购入使用电力产生的二氧化碳排放。

5.3.2.3　化石燃料燃烧排放核算

化石燃料燃烧排放量为统计期内发电设施各种化石燃料燃烧产生的二氧化碳排放量的加和。如已开展元素碳实测，采用下式计算：

$$E_{燃烧} = \sum_{i=1}^{n} \left(FC_i \times C_{ar,i} \times OF_i \times 44/12 \right)$$

式中，$E_{燃烧}$ 为化石燃料燃烧的排放量，吨二氧化碳；FC_i 为第 i 种化石燃料的消耗量，吨或万标准立方米；$C_{ar,i}$ 为第 i 种化石燃料的收到基元素碳含量，吨碳/吨（固体或液体燃料）或吨碳/万标准立方米（气体燃料）；OF_i 为第 i 种化石燃料的碳氧化率，%；44/12 为二氧化碳与碳的相对分子质量之比；i 为化石燃料种类代号。

已开展元素碳实测，碳含量采用下式换算：

$$C_{ar} = C_{ad} \times (100 - M_{ar}) / (100 - M_{ad}) \ 或 \ C_{ar} = C_d \times (100 - M_{ar}) / 100$$

式中，C_{ar} 为收到基元素碳含量，吨碳/吨；C_{ad} 为空气干燥基元素碳含量，吨碳/吨；C_d 为干燥基元素碳含量，吨碳/吨；M_{ar} 为收到基水分，采用重点排放单位测量值，%；M_{ad} 为空气干燥基水分，采用检测样品数值，%。

未开展元素碳实测的或实测不符合指南要求的，其收到基元素碳含量采用下式计算：

$$C_{ar,i} = NCV_{ar,i} \times CC_i$$

式中，$C_{ar,i}$ 为第 i 种化石燃料的收到基元素碳含量，吨碳/吨（固体或液体燃料）或吨碳/万标准立方米（气体燃料）；$NCV_{ar,i}$ 为第 i 种化石燃料的收到基低位发热量，吉焦/吨（固体或液体燃料）或吉焦/万标准立方米（气体燃料）；CC_i 为第 i 种化石燃料的单位热值含碳量，吨碳/吉焦。

对于掺烧生物质（含垃圾、污泥）的，其热量占比采用下式计算：

$$P_{biomass} = \frac{Q_{cr}/\eta_{gl} - \sum_{i=1}^{n} \left(FC_i \times NCV_{ar,i} \right)}{Q_{cr}/\eta_{gl}} \times 100\%$$

式中，$P_{biomass}$ 为机组的生物质掺烧热量占机组总燃料热量的比例，%；Q_{cr} 指锅炉产热量，吉焦；η_{gl} 为锅炉效率，%；FC_i 为第 i 种化石燃料的消耗量，吨（固体或液体燃料）或万标准立方米（气体燃料）；$NCV_{ar,i}$ 为第 i 种化石燃料的收到基低位发热量，吉焦/吨（固体或液体燃料）或吉焦/万标准立方米（气体燃料）。

5.3.2.4 购入使用电力排放核算

对于购入使用电力产生的二氧化碳排放，采用下式计算：

$$E_电 = AD_电 \times EF_电$$

式中，$E_电$ 为购入使用电力产生的排放量，吨二氧化碳；$AD_电$ 为购入使用电量，兆瓦时；$EF_电$ 为电网排放因子，吨二氧化碳/兆瓦时。

购入使用电力按以下优先顺序获取：根据电表记录的读数统计、供应商提供的电费结算凭证上的数据。电网排放因子采用生态环境部最新发布的数值。

发电设施二氧化碳年度排放量等于当年各月排放量之和。各月二氧化碳排放量等于各月度化石燃料燃烧排放量和购入使用电力产生的排放量之和。

5.3.2.5 数据的监测与获取

化石燃料消耗量的测定标准与优先序：燃煤消耗量应优先采用经校验合格后的皮带秤或耐压式计量给煤机的入炉煤测量结果，采用生产系统记录的计量数据。燃油、燃气消耗量应优先采用每月连续测量结果。轨道衡、汽车衡等计量器具的准确度等级应符合 GB/T 21369 或相关计量检定规程的要求。

元素碳含量等相关参数的测定按我国现行检测标准执行。燃煤、燃油、燃气的元素碳含量至少每月检测，可自行检测、委托检测或由供应商提供。

低位发热量的测定标准与频次：燃煤、燃油、燃气低位发热量按我国现行标准进行测定。

单位热值含碳量的取值：未开展燃煤元素碳实测或实测不符合要求的，单位热值含碳量取 0.03085 吨碳/吉焦（不含非常规燃煤机组）；非常规燃煤机组，单位热值含碳量取 0.02858 吨碳/吉焦。

未开展燃油、燃气元素碳实测或实测不符要求的，单位热值含碳量可以采用本指南的缺省值（表 5-2）。

表 5-2　常用化石燃料相关参数缺省值

能源名称	计量单位	低位发热值/（吉焦/吨或吉焦/万标准立方米）	单位热值含碳量/（吨碳/吉焦）	碳氧化率[*]/%
原油	吨	41.816	0.02008	
燃料油	吨	41.816	0.0211	
汽油	吨	43.070	0.0189	98
煤油	吨	43.070	0.0196	
柴油	吨	42.652	0.0200	
其他石油制品	吨	41.031	0.0200	

能源名称	计量单位	低位发热值/（吉焦/吨或吉焦/万标准立方米）	单位热值含碳量/（吨碳/吉焦）	碳氧化率*/%
液化石油气	吨	50.179	0.0172	
液化天然气	吨	51.498	0.0172	98
炼厂干气	吨	45.998	0.0182	
天然气	万标准立方米	389.31	0.01532	
焦炉煤气	万标准立方米	173.54	0.0121	
高炉煤气	万标准立方米	33.00	0.0708	99
转炉煤气	万标准立方米	84.00	0.0496	
其他煤气	万标准立方米	52.27	0.0122	

* 燃煤的碳氧化率取 99%。

5.3.2.6　生产数据核算

发电量：发电量是指统计期内从发电机端输出的总电量，采用计量数据。

供热量：供热量为锅炉不经汽轮机直供蒸汽热量、汽轮机直接供热量与汽轮机间接供热量之和，不含烟气余热利用供热。采用下式计算：

$$Q_{gr} = \sum Q_{gl} + \sum Q_{jz}$$
$$\sum Q_{jz} = \sum Q_{zg} + \sum Q_{jg}$$

式中，Q_{gr} 为供热量，吉焦；$\sum Q_{gl}$ 为锅炉不经汽轮机直接或经减温减压后向用户提供热量的直供蒸汽热量之和，吉焦；$\sum Q_{jz}$ 为汽轮机向外供出的直接供热量和间接供热量之和，吉焦；$\sum Q_{zg}$ 为由汽轮机直接或经减温减压后向用户提供的直接供热量之和，吉焦；$\sum Q_{jg}$ 为通过热网加热器等设备加热供热介质后间接向用户提供热量的间接供热量之和，吉焦。

5.3.2.7　信息公开

重点排放单位信息公开包括以下内容。

基本信息：单位名称、统一社会信用代码、法定代表人姓名、生产经营场所地址、行业分类、纳入全国碳市场的行业子类等信息。

机组及生产设施信息：燃料类型、燃料名称、机组类别、装机容量、锅炉类型、汽轮机类型、汽轮机排汽冷却方式、负荷（出力）系数等信息。

元素碳含量和低位发热量的确定方式：自行检测的应公开检测设备、检测频次、设备校准频次和测定方法标准信息；委托检测的应公开委托机构名称、检测报告编号、检测日期和测定方法标准信息；未实测的应公开所选取的缺省值。

排放量信息：全部机组二氧化碳排放总量。

生产经营变化情况：合并、分立、关停或搬迁等情况；发电设施地理边界变化情况；主要生产运营系统关停或新增项目生产等情况；其他较上一年度变化情况。

受委托编制温室气体排放报告的技术服务机构情况：受委托编制本年度温室气体排放报告的技术服务机构名称和统一社会信用代码。

受委托提供煤质分析报告的检验检测机构情况：受委托提供本年度煤质分析报告的检验检测机构/实验室名称及统一社会信用代码。

5.3.3 企业温室气体排放核查

生态环境部发布了《企业温室气体排放核查技术指南 发电设施》，以下为主要内容。

5.3.3.1 核查依据

核查依据主要有：《企业温室气体排放核算与报告指南 发电设施》《碳排放权交易管理办法（试行）》《企业温室气体排放报告核查指南（试行）》、生态环境部发布的相关工作通知、生态环境部制定的其他温室气体排放核算报告核查相关技术规范。

5.3.3.2 核查方法、内容

核查方法：核查、询问、查看、检验。确保核查报告的真实性、完整性、准确性和可靠性。

核查组应现场查阅重点排放单位提供的证据原件，对证据载明信息以及证据之间逻辑关系的合理性进行审核，从而对排放报告中信息和数据的完整性、准确性和符合性进行判断。核查组应对核查过程中发现的任何与核算指南或质量控制计划不符合的情形开具不符合项，并要求重点排放单位补正。

核查主要内容包括：

重点排放单位基本信息核查：重点排放单位名称、统一社会信用代码、单位性质（营业执照）、法人代表姓名、注册日期、注册资本、注册地址、生产经营场所地址、发电设施经纬度、报告联系人（电话、电子邮箱）、行业分类、纳入全国碳市场的行业子类、生产经营变化情况、本年度编制温室气体排放报告的技术服务机构名称及统一社会信用代码。

核算边界的核查：确认重点排放单位排放报告中机组及生产设施信息的完整性、准确性，核实其与数据质量控制计划、现场确认机组信息的一致性，确认机组信息的变更情况。①燃料类型、燃料名称的核查；②机组类别、装机容量的核查；③燃煤机组-锅炉的核查；④燃煤机组-汽轮机、发电机的核查；⑤燃气机组与燃气蒸汽联合循环发电（CCPP）机组、IGCC 机组等特殊机组的核查。

核算方法的核查：确认核算方法是否符合核算指南的要求，对任何偏离指南的核算方法都应判断其合理性，并在核查报告的核查发现和核查结论章节予以说明。

核算数据的核查：①根据核算指南，对重点排放单位排放报告中的所有活动数据的来源及数值进行核查。核查内容应包括活动数据的数值、单位、数据获取方式、数据来源、数据质量控制计划中设备维护信息（监测设备名称、型号、安装位置、测量频次、测量设备精度、设备校准频次）、数据缺失时的处理方式、数据获取负责部门等。②排放因子核查。根据核算指南和数据质量控制计划对重点排放单位排放报告中的每一个排放因子的来

源及数值进行核查。对采用缺省值的排放因子，核查组应确认与核算指南中的缺省值一致。对采用实测方法获取的排放因子，核查组至少应对排放因子的单位、数据来源、监测方法、监测频次、记录频次、数据缺失处理（如适用）等内容进行核查，核查组应采取与活动数据同样的核查方法对重点排放单位使用的监测设备进行核查。在核查过程中，核查组应将每一个排放因子与其他数据来源进行交叉核对。若排放因子为单一数据来源，无法进行交叉核对，应在核查报告中作出说明。

排放量核查：对排放报告中排放量的核算结果进行核查，通过确认排放量计算公式是否正确、排放量的累加是否正确、排放量的计算是否可再现等方式验证排放量的计算结果是否正确。通过对比以前年度的排放报告，分析生产数据和排放数据的变化和波动情况，确认排放量是否合理。

生产数据核查：根据核算指南和数据质量控制计划对每一个生产数据进行核查，并与数据质量控制计划规定之外的数据来源进行交叉验证，若数据为单一来源，无法进行交叉核对，应在核查报告中作出说明。核查内容应包括生产数据的单位、数据来源、监测方法、监测频次、记录频次、数据缺失处理等。

重点参数的核查：排放报告中的发电设施核算数据可分为化石燃料燃烧排放数据、购入使用电力排放数据以及生产数据三大类。

燃煤排放的核查：核查的关键参数主要包括消耗量、收到基元素碳含量、收到基低位发热量。

燃油、燃气排放的核查：关键参数包括消耗量、元素碳含量和低位发热量，其余参数（如碳氧化率）采用缺省值。

生物质的热量占比的核查：对于掺烧生物质（含垃圾、污泥）的，应核查其热量占比。

购入使用电力排放的核查：购入使用电力排放核查的关键参数主要包括购入使用电量，其余参数（如电网排放因子）采用缺省值。

生产数据的核查：包括发电量、供热量、运行小时数、负荷（出力）系数。

质量保证和文件存档的核查：重点排放单位是否建立了温室气体排放核算和报告的内部管理制度和质量保证体系，包括负责计量、检测、核算、报告和管理工作的部门及其职责、具体工作要求、工作流程等；是否指定了专职人员负责温室气体排放核算和报告工作；是否建立了温室气体排放报告内部审核制度，确保提交的排放报告和支撑材料符合技术规范、内部管理制度和质量保证要求；是否建立了原始凭证和台账记录管理制度，规范排放报告和支撑材料的登记、保存和使用。

数据质量控制计划及执行的核查：重点排放单位基本情况是否与数据质量控制计划中的报告主体描述一致；年度报告的核算边界和主要排放设施是否与数据质量控制计划中的核算边界和主要排放设施一致；所有活动数据、排放因子及生产数据是否按照数据质量控制计划实施监测；煤炭的采样、制样、检测化验能够按照计划实施。监测设备是否得到了有效的维护和校准，维护和校准是否符合国家、地区计量法规或标准的要求，是否符合数据质量控制计划、核算指南或设备制造商的要求；监测结果是否按照数据质量控制计划中规定的频次记录；数据缺失时的处理方式是否与数据质量控制计划一致；数据内部质量控制和质量保证程序是否有效实施。

其他内容：投诉举报重点排放单位温室气体排放量和相关信息存在的问题；各级生态环境主管部门转办交办的事项；生态环境主管部门日常监管或监督检查中发现的问题；排放报告和数据质量控制计划中出现错误风险较高的数据以及重点排放单位的风险控制措施；重点排放单位以往年份不符合项的补正完成情况，以及是否得到持续有效管理等。

【思考题】

1. 阐述国际上通行的温室气体排放方法有哪些。
2. 阐述化石燃料的分类及碳排放计算方法。
3. 简答水泥生产过程中温室气体排放的计算方法。
4. 简答农业温室气体排放源有哪些。
5. 简答稻田甲烷排放量的计算方法。
6. 简答反刍动物甲烷排放量估算方法。
7. 阐述土地利用方式变化对碳排放的影响有哪些。请举例说明。
8. 阐述森林生态系统吸收 CO_2 的估算方法。
9. 阐述森林生态系统排放的 CO_2 的估算方法。

参考文献

[1] 陈广生，田汉勤. 土地利用/覆盖变化对陆地生态系统碳循环的影响[J]. 植物生态学报，2007，31（2）：189-204.

[2] 程鹏飞，王金亮，王雪梅，等. 森林生态系统碳储量估算方法研究进展[J]. 林业调查规划，2009，34（6）：39-45.

[3] 付杰. 装配式建筑碳排放研究综述[J]. 绿色建筑，2023（4）：43-46.

[4] 龚昕. 企业温室气体排放核算和减碳方案的误区与建议[J]. 环境保护与循环经济，2022（1）：107-110.

[5] 韩娟，赵晨，汪牡丹，等. 我国水泥工业二氧化碳排放现状与减排分析[J]. 海南大学学报（自然科学版），2010，28（3）：252-256.

[6] 何介南，康文星. 湖南省化石燃料和工业过程碳排放的估算[J]. 中南林业科技大学学报，2008，28（5）：52-58.

[7] 何介南，康文星. 湖南省化石燃料和工业过程碳排放的估算[J]. 中南林业科技大学学报，2008，28（5）：52-58.

[8] 李春焕，曹阿林. 铝电解工业碳排放核算方法[J]. 有色金属，2023（3）：48-49.

[9] 李克国，王滢，李晓亮，等. 低碳经济概论[M]. 北京：中国环境科学出版社，2011.

[10] 刘学之，孙鑫，朱乾坤，等. 中国二氧化碳排放量相关计量方法研究综述[J]. 生态经济，2017，33

（11）：21-27.

[11]　钱杰，俞立中. 上海市化石燃料排放二氧化碳贡献量的研究[J]. 上海环境科学，2003，22（11）：836-839.

[12]　汪艳林，许信旺，曹志红. 土地利用和覆盖变化对土壤碳库的影响[J]. 池州学院学报，2008，22（5）：84-88.

[13]　翁艺斌，刘双星，李兴春，等. 中、欧企业层面温室气体排放核算对比研究[J]. 油气与新能源，2021（8）：22-25.

[14]　尹晓娜，王波，李冬，等. 温室气体二氧化碳排放源强计算方法探讨[C]//中国环境科学学会. 中国环境科学学会学术年会论文集. 北京：中国环境科学出版社，2010：1046-1048.

[15]　岳曼，常庆瑞，王飞，等. 土壤有机碳储量研究进展[J]. 土壤通报，2008，39（5）：1173-1178.

[16]　郑颖. 企业温室气体排放核算标准发展现状及政策建议分析[J]. 环境与发展，2019（4）：223-224.

第6章 碳市场

【学习目标】碳市场是以市场机制推动温室气体减排的重大制度创新，通过碳市场，可以有效发挥市场机制控制温室气体排放、促进绿色低碳技术创新。本章介绍碳市场的产生与发展、碳市场理论分析、我国的碳市场。通过本章学习，应该掌握以下内容：①碳市场的内涵与作用；②碳市场发展概况；③碳市场理论基础；④碳市场配额分配；⑤我国的碳市场组成与政策体系；⑥全国碳市场交易政策；⑦温室气体自愿减排交易政策。

在《京都议定书》框架下，碳交易市场作为节能减排的重要举措应运而生。目前，全球碳市场经历十几年的发展，建立了较为成熟的机制。与运用行政手段推动碳减排相比，碳市场利用市场机制配置资源，通过碳排放配额管理，将温室气体控排责任压实到企业，推动企业加强碳排放管理，并利用市场机制发现合理碳价，为企业碳减排提供灵活选择，在降低全社会减排成本的同时带动绿色低碳产业发展。

6.1 碳市场的产生与发展

6.1.1 国外碳排放权交易发展概况

6.1.1.1 碳市场源于排污权交易

排污权交易起源于美国。美国经济学家戴尔斯于 1968 年将科斯的产权理论引入环境污染治理领域，形成了排污权交易的概念，并首先被美国国家环境保护局（EPA）用于大气污染源及河流污染源管理，美国从 1977 年开始建立排污权交易政策体系，而后德国、英国、澳大利亚等国家也相继进行了排污权交易的实践。

碳市场又称为碳排放权交易，是一种排污权交易。在一个碳市场体系中，政府设定某一区域或某一行业的碳排放总量，并以碳配额的形式发放给各个碳排放主体，并允许排放主体在碳市场中进行交易。通过市场化手段，将碳减排问题转化为企业的内部需求，企业可以根据碳排放权市场价格、企业碳产生量及碳减排成本确定合适的碳排放量，实现碳减排目标。

6.1.1.2　全球应对气候变化促成了碳市场

碳排放权交易的雏形来源于 1992 年制定的《联合国气候变化框架公约》（以下简称《公约》），《公约》确立了国际合作应对气候变化的基本原则，发达国家和发展中国家在减排义务上"共同但有区别责任"，《公约》明确了发达国家应率先减排，并有义务向发展中国家提供资金及技术支持。

1997 年 12 月，在日本京都召开的《公约》第 3 次缔约方大会达成了《京都议定书》，《京都议定书》明确了发达国家在 2008—2012 年的阶段性减排义务，并允许采取碳交易的方式实现减排目标。难以完成减排任务的国家，可以从其他国家购入富余的额度，以达到碳减排目标。《京都议定书》实施后，发达国家开始建立碳市场，并从发展中国家购买核证减排量，碳市场成为全球共同应对气候变化的有效措施。2005 年，欧盟碳排放权交易系统建立，成为全球建立最早也是发展最成熟的碳市场。到 2009 年 3 月，全球建成了 4 个碳交易市场：欧盟排放权交易制（European Union Greenhouse Gas Emission Trading Scheme，EU ETS）、英国排放权交易制（UK Emissions Trading Group，UK ETG）、芝加哥气候交易所（Chicago Climate Exchange，CCX）和澳大利亚国家信托（National Trust of Australia，NSW）。

2009 年 12 月，哥本哈根气候大会召开，达成了《哥本哈根协议》，维持了发展中国家与发达国家在减排义务上的"共同但有区别责任"的原则。在该原则下，在发达国家实行强制减排和发展中国家实行自愿减排方面取得了积极进展。

2015 年 12 月，第 21 届联合国气候变化大会上通过了《巴黎协定》，并于 2016 年 11 月 4 日正式实施。该协定提出了全球平均气温的上升幅度不超过 2℃并努力控制在 1.5℃以下的目标。会议要求各方加强气候变化威胁的全球应对，在 21 世纪下半叶实现温室气体净零排放。碳交易作为重要政策工具，是通过市场机制实现碳总量调控与减排，促进清洁低碳发展的重要创新实践。碳市场是碳排放定价的重要方式，已经在越来越多的国家和地区开始采用。随着各国碳排放权交易体系的不断完善，国际间合作减排将会带来更大的经济效益。

6.1.2　我国碳排放权交易的发展概况

与欧美发达国家的碳市场相比，我国碳市场起步较晚。我国碳市场建设经历了以下三个阶段。

第一阶段（2005—2012 年）：清洁发展机制（CDM）阶段。清洁发展机制是指在发展中国家执行温室气体减排项目，允许其缔约方（发达国家）与非缔约方（发展中国家）转让碳减排量。作为最大的基于项目的监管机制，清洁发展机制为高收入国家的公共和私营部门提供了从低收入或中等收入国家的碳减排项目中购买碳信用额的机会。我国主要通过参与《京都议定书》下的清洁发展机制项目，构建中国清洁发展机制，开展碳排放权交易业务。我国注册的 CDM 项目主要分布在水电、风电、工业废气及余热回收、垃圾填埋气和煤层气回收等领域。主要项目包括替代燃料、农业（甲烷和氧化亚氮减排项目）、工业过程（水泥生产等二氧化碳减排项目、氢氟碳化物、二氧化碳减排项目或六氟化硫减排项目）、碳汇项目（仅适用于造林和再造林项目）。2005—2012 年，我国清洁发展机制项目处于快速发展期，7 年内注册备案项目 3791 个。2011 年，国家发展改革委发布的《关于开展碳排放权交易试点工作的通知》，在北京、天津、上海、深圳、重庆五个城市与广东、湖北两省开展碳交易试点；2012 年，《温室气体自愿减排交易管理暂行办法》发布，进一步明确了自愿减排量交易机制、碳交易原则、碳交易流程。

第二阶段（2013—2020 年）：碳市场试点阶段。2013 年 6 月 18 日，深圳正式开始了碳市场交易。2013—2014 年，上海、北京、广东、天津、湖北、重庆六个碳市场相继开启交易。2016 年 12 月 22 日，福建碳市场开启交易，成为我国第八个碳交易市场。2014 年，《碳排放权交易管理暂行办法》出台，我国碳交易市场的基本运行框架初步统一；2017 年 12 月，《全国碳排放权交易市场建设方案（电力行业）》印发。

第三阶段（自 2021 年起）：建设全国统一的碳市场阶段。2021 年 7 月 16 日，全国性碳交易市场正式开始运行。我国的碳市场由地方试点转向建设全国统一的碳市场。我国碳市场是目前全球规模最大的碳市场，共纳入发电行业重点排放单位 2162 家，有效提升了企业"排碳有成本、减碳有收益"的低碳发展意识。截至 2023 年 9 月 28 日，全国碳市场碳排放配额（CEA）累计成交量 28966.72 万 t，累计成交额 142.42 亿元。

6.2 碳市场理论分析

6.2.1 碳税与碳市场

碳税和碳市场是两种重要的基于市场的碳定价政策，碳定价是应对气候变化的重要手段，已得到广泛应用。据世界银行 2020 年资料，有 61 个国家和地区采用或计划采用碳定价工具，其中 31 个采用碳市场，30 个采用碳税。

碳税属于价格政策，源于庇古税。主管部门规定税率，碳排放单位根据其碳边际减排成本与碳税率的比较来确定减排量。当碳边际减排成本高于碳税率时，企业没有减排意愿；当碳边际减排成本低于碳税率时，企业会主动减排。市场确定减排量，由此造成减排量的不确定性。

碳市场源于科斯定理，属于总量控制政策，主管部门确定碳排放总量，并将碳排放指标分配给企业。企业碳产生量大于排放指标时，企业会考虑进行碳减排或到市场购买碳排放指标。市场的碳排放指标的供求状况形成碳交易价格，由此会出现交易价格的不确定性。

在完全竞争市场条件下，碳税和碳市场可以达到相同的政策效果。现实中的不确定性因素使得两种政策都不能达到理论最优效果，价格和数量政策工具需要根据特定环境进行合理选择。学界对碳税和碳市场各自的优势开展了长期研究，支持碳税的学者认为，碳减排的边际成本曲线一般相较于边际损失曲线斜率较大，碳税在不确定性下社会净福利一般更高，碳税还能提供更稳定的价格信号，具有更低的行政总成本、更强的政策灵活性、更易与其他气候政策相互协调等优势，其税收收入能继续服务减排活动，产生潜在的"双重红利"。支持碳市场的学者认为，碳市场的成本不确定性能够通过在短期设置价格限制、在长期建立跨期存储和借贷机制等方式得到缓解；排放税一般会存在政治阻力，碳市场更受政策制定者的青睐；碳市场的国际合作机制还能激励发展中国家参与减排，提高全球减排效率。

另外，也有学者提出了碳税和碳市场结合的混合政策。通过碳市场设置配额价格的上限、下限或上下限，能够在市场价格大幅震荡时起到类似税收的作用，降低减排成本的不确定性。混合政策的有效性和适用性仍有待实践检验。

理论上，碳市场更适用于现阶段中国国情。目前，我国还没有出台碳税政策，碳市场已经开始实施。现阶段不选择碳税的主要原因如下：第一，碳税对所有企业征税，可能影响企业利润和行业竞争力；第二，碳税存在减排不确定性，较高的碳税存在较大政治阻力，而较低的碳税又难以实现我国的减排目标；第三，碳税的征收与使用存在较大争议。而 2005 年开始的清洁发展机制以及后来的温室气体自愿减排市场为碳市场的实施奠定了基础，欧盟等地的碳市场以及我国 7 个试点碳市场的成功运行也为全国碳市场的建设提供了经验和动力。

6.2.2　碳排放权交易理论基础

（1）经济外部性理论

经济外部性理论是 20 世纪初（1910 年）由著名经济学家马歇尔提出的。随后，他的学生，英国经济学家庇古丰富和发展了外部不经济性理论。经济外部性（externality）又称外在性、外部效应、外在因素等。外部性的定义有许多种，庇古在其所著的《福利经济学》中指出："经济外部性的存在，是因为当 A 对 B 提供劳务时，往往使其他人获得利益或受到损害，可是 A 并未从受益人那里取得报酬，也不必向受损者支付任何补偿。"

简单地说，外部性就是实际经济活动中，生产者或消费者的活动对其他消费者和生产者产生的超越活动主体范围的影响。它是一种成本或效益的外溢现象。根据外部性影响的结果，外部性可以分为外部经济性（external economy）和外部不经济性（external diseconomy）。对外界造成好的影响称为外部经济性，如植树造林、治理大气污染、教育等活动均能够产生外部经济性；对外界造成坏的影响称为外部不经济性，如向大气排放温室气体、乱采滥伐森林、草原过度放牧等活动均会产生外部不经济性。

气候变化主要是由能源、工业、交通和土地利用等经济活动产生的温室气体排放造成的，也是温室气体排放的外部不经济性的结果。气候变化的外部不经济性是由于私人成本社会化，因而要解决这一问题，必须使私人成本内部化，或者说，应该使外部不经济性内部化。庇古税和碳市场是将温室气体产生的外部不经济性内部化的有效途径。

（2）科斯定理

经济外部性问题的根源是资源的产权不明晰。如果产权明晰，市场机制可以实现资源合理配置。根据科斯定理，当产权明晰且交易成本为零或很低时，经济的外部性问题可以通过当事人的谈判来实现资源配置的帕累托最优。根据环境经济学理论，温室气体确权后，具有稀缺性、排他性、竞争性及可交易性，可以进入交易市场，形成碳交易市场。温室气体引起的外部不经济性问题，也可以利用科斯定理寻求解决路径：将温室气体的排放作为可交易的产权，即碳排放权或碳排放指标，排放单位可以在碳市场进行碳排放权交易。通过市场机制，可以实现资源配置最优，完成温室气体减排。

（3）排污权交易理论

排污权交易起源于美国。美国经济学家戴尔斯于 1968 年最先提出了排污权交易理论，并首先被美国国家环境保护局用于大气污染源及河流污染源管理。面对二氧化硫污染日益严重的现实，美国国家环境保护局为解决通过新建企业发展经济与环保之间的矛盾，在实现《清洁空气法》所规定的空气质量目标时提出了排污权交易的设想，引入了"排放减少信用"这一概念，并围绕排放减少信用，从 1977 年开始，先后制定了一系列政策法规，允许不同工厂之间转让和交换排污削减量，这也为企业针对如何进行费用最小的污染削减提供了新的选择。而后德国、英国、澳大利亚等国家相继开展了排污权交易的实践。

碳排放权交易是排污权交易的延伸，是排污权相关理论在碳排放领域的具体运用。碳排放权是赋予有关碳排单位向大气排放一定量二氧化碳的权利，碳排放权交易是对碳排放权进行交易的制度模式。政府向企业分配或出售初始碳排放配额，并根据总体碳减排目标设定企业的碳排放限额。企业根据初始碳排放配额、碳减排技术以及自身减排成本等因素，选择自主减排或购买碳排放配额，以降低每单位碳排放所需成本。

6.2.3 碳市场覆盖范围与配额分配

温室气体主要包括二氧化碳、甲烷、氧化亚氮、氢氟碳化物、全氟化碳和六氟化硫，理想的碳市场应该覆盖所有的温室气体。受减排技术、经济成本、管理效率和社会公平等因素制约，全球各地的碳市场覆盖温室气体范围有较大差异，有的碳市场只覆盖二氧化碳，而有的碳市场覆盖了更多的温室气体。

从行业看，全球各碳市场一般依据行业的碳排放规模、减排潜力、碳排放监测（统计）等因素确定覆盖的碳排放行业，大多数碳市场将高耗能的电力、能源密集型工业行业纳入碳市场。新西兰以农业为主，近一半的温室气体排放来源于农林牧渔业，因此将农业部门纳入碳市场。美国加利福尼亚州排放量最大的部门为交通部门，因此美国加利福尼亚州碳市场通过管控运输燃料供应商的方式覆盖交通部门碳排放，与国内试点碳市场覆盖的行业范围有较大差异（表 6-1）。

碳市场配额分配的方法主要有免费分配和有偿分配。有偿分配有更高的经济效率，但存在可能影响企业竞争力、政治接受度较低等缺点。在实践中，大多数碳市场采取免费分配与拍卖相结合的配额分配方式（表 6-2）。我国的碳市场是以免费分配方式为主，同时进行了有偿分配的尝试，一般采用碳排放指标拍卖方式，拍卖比例大多在 5%以下。

表 6-1　部分国际碳市场与国内试点碳市场覆盖行业的范围比较

碳市场	覆盖行业	覆盖气体	准入门槛	覆盖比例
欧盟	发电、工业、航空	CO_2、N_2O、PFCs	25 MW 以上火电设施；其他行业和产品门槛各异	约 40%
美国加利福尼亚州	发电、工业、建筑、交通	CO_2、CH_4、N_2O、SF_6、HFCs、PFCs、NF_3 和其他氟化气体	年碳排放量超过 2.5 万 tCO_2	约 80%
美国区域温室气体减排行动	发电	CO_2	容量等于或大于 25 MW 的化石燃料发电机组	约 10%
韩国	发电、工业、建筑、航空、废物处理	CO_2、CH_4、N_2O、SF_6、HFCs、PFCs	设施年碳排放量超过 2.5 万 tCO_2，公司年排放量超过 12.5 万 tCO_2，包括间接排放	约 70%
新西兰	农业、发电、工业、交通、建筑	CO、CH_4、N_2O、SF_6、HFCs、PFCs	行业门槛各异，普遍较低	约 50%
中国试点地区	发电、工业、建筑、航空、服务业（北京、上海、深圳）	CO_2（重庆还覆盖了 CH_4、N_2O、SF_6、HFCs、PFCs）	试点门槛各异，大多为 0.3 万～2.6 万 tCO_2，非工业部门门槛较低	覆盖比例各异，20%～60%
中国（全国碳市场）	发电	CO_2	设施年碳排放量超过 2.6 万 tCO_2	约 40%

资料来源：张希良，余润心，翁玉艳. 中外碳市场制度设计比较[J]. 环境保护，2022（22）：16-20.

表 6-2　部分国际碳市场与我国碳市场的配额分配方法比较

碳市场	免费分配	有偿分配
欧盟	第一、二阶段绝大部分配额免费发放；第三阶段之后工业行业根据碳泄漏风险程度发放免费配额	第三阶段后发电行业的配额原则上全部拍卖，航空业拍卖比例为 15%
美国加利福尼亚州	能源密集型与出口贸易型行业（EITE）至 2030 年前全部免费分配，但免费配额每年下降 4%；公共服务设施、大学、垃圾发电等获得免费分配	发电行业委托拍卖，私有电力的委托比例为 100%，公有电力企业可以自行决定委托比例；交通行业（燃料供应商）配额 100%委托拍卖；天然气供应商配额 50%以上委托拍卖，至 2030 年提升至 100%；非 EITE 工业行业配额 100%拍卖
韩国	第一阶段全部免费分配；第二阶段之后 EITE 和公共部门全部免费分配	除了全部免费分配的部门，第二阶段其他部门的配额拍卖比例均为 3%，第三阶段拍卖比例均为 10%
新西兰	渔业和林业获得一次性免费配额；EITE 根据排放强度分别发放 90%或 60%的免费配额	电力部门、交通运输业和非 EITE 的配额全部拍卖
中国试点地区	大部分配额免费发放	广东的部分工业行业的拍卖比例为 4%，新建项目拍卖比例为 6%；深圳的配额总体实施 3%拍卖；其他地区以不定期拍卖为主
中国（全国碳市场）	全部免费分配	—

资料来源：张希良，余润心，翁玉艳. 中外碳市场制度设计比较[J]. 环境保护，2022（22）：16-20.

6.3 我国的碳市场

6.3.1 我国的碳市场建设概况

我国的碳市场有地方碳市场和全国碳市场，2013—2014 年，北京、上海、天津、重庆、深圳以及湖北、广东 7 个省市先后出台了碳排放权交易的文件，开始进行碳市场交易试点。2020 年 12 月 31 日，生态环境部发布了《碳排放权交易管理办法（试行）》，2021 年 2 月启动了全国碳市场。目前，我国已经建立了碳市场政策体系（表 6-3）。

表 6-3　我国的碳市场政策

发布时间	政策文件	主要内容
2005 年 10 月 12 日	国家发展改革委、科技部、外交部、财政部：《清洁发展机制项目运行管理办法》	规定了我国清洁发展机制实施条件、管理办法、实施范围、程序
2011 年 8 月 3 日	国家发展改革委、科技部、外交部、财政部：《清洁发展机制项目运行管理办法（修订）》	拓宽了基金的使用范围
2011 年 10 月 29 日	国家发展改革委：《关于开展碳排放权交易试点工作的通知》	在北京、上海、天津、重庆、深圳以及湖北、广东7个省市开展碳排放权交易试点工作
2011 年 11 月 22 日	国务院新闻办：《中国应对气候变化的政策与行动（2011）》白皮书	总结了"十一五"期间的成果，制定了"十二五"期间的目标和任务
2013 年 11 月 12 日	中共中央：《中共中央关于全面深化改革若干重大问题的决定》	明确将推行碳排放权交易制度、建设全国碳市场列为全面深化改革的重点任务
2013—2014 年	《上海市碳排放管理试行办法》（2013 年 11 月）；《北京市发展和改革委员会关于开展碳排放权交易试点工作的通知》（2013 年 11 月）；《广东省碳排放管理试行办法》（2013 年 12 月）；《天津市碳排放权交易管理暂行办法》（2013 年 12 月）；《深圳市碳排放权交易管理暂行办法》（2014 年 3 月）；《湖北省碳排放权管理和交易暂行办法》（2014 年 4 月）；《重庆市碳排放权交易管理暂行办法》（2014 年 4 月）	北京、上海、天津、重庆、深圳以及湖北、广东 7 个省市的碳排放权交易管理暂行办法
2014 年 12 月 10 日	国家发展改革委：《碳排放权交易管理暂行办法》	规定了碳排放权交易市场的建设、运行、监管等事项
2016 年 1 月 11 日	国家发展改革委：《关于切实做好全国碳排放权交易市场启动重点工作的通知》	明确建立碳排放权交易制度体系的目标，为 2017 年全面启动全国碳排放权交易市场做好充分准备
2017 年 12 月 4 日	国家发展改革委：《关于做好 2016、2017 年度碳排放报告与核查及排放监测计划制定工作的通知》	扎实做好全国碳排放权交易市场建设相关工作，完善配额分配方法，夯实数据基础，确保数据质量
2017 年 12 月 18 日	国家发展改革委：《全国碳排放权交易市场建设方案（发电行业）》	分三阶段稳步推进发电行业碳排放权交易市场建设工作

发布时间	政策文件	主要内容
2019 年 5 月 29 日	生态环境部：《大型活动碳中和实施指南（试行）》	鼓励大型活动组织者依据本指南对大型活动实施碳中和，并主动公开相关信息，接受政府主管部门指导和社会监督
2021 年 2 月 2 日	国务院：《关于加快建立健全绿色低碳循环发展经济体系的指导意见》	建立健全绿色低碳循环发展的经济体系，确保实现碳达峰、碳中和目标，推动我国绿色发展迈上新台阶
2020 年 12 月 31 日	生态环境部：《碳排放权交易管理办法（试行）》	明确了全国碳市场的定义、重点排放单位、配额设定与分配、交易主体、核查方式、报告与信息披露、监管和违约惩罚等
2021 年 5 月 14 日	生态环境部：《碳排放权登记管理规则（试行）》《碳排放权交易管理规则（试行）》《碳排放权结算管理规则（试行）》	进一步规范全国碳排放权登记、交易、结算活动，保护全国碳排放权交易市场各参与方合法权益
2021 年 10 月 26 日	生态环境部：《关于做好全国碳排放权交易市场第一个履约周期碳排放配额清缴工作的通知》	要求各地的生态环境厅（局）督促发电行业重点排放单位尽早完成全国碳市场第一个履约周期配额清缴
2021 年 10 月 23 日	生态环境部：《关于做好全国碳排放权交易市场数据质量监督管理相关工作的通知》	提高对碳市场数据质量监督管理重要性的认识，开展数据质量自查，做好专项监督执法，建立质量管理长效机制
2022 年 2 月 15 日	生态环境部：《关于做好全国碳市场第一个履约周期后续相关工作的通知》	完成本行政区域全国碳市场第一个履约周期重点排放单位配额清缴完成和处理信息公开相关工作
2022 年 3 月 10 日	生态环境部：《关于做好 2022 年企业温室气体排放报告管理相关重点工作的通知》	明确了 2022 年企业温室气体排放报告管理有关重点工作的时间安排，重点排放单位的重点任务，核查机构的重点任务，省级生态环境主管部门加强数据质量监管
2022 年 6 月 10 日	生态环境部、国家发展改革委、工信部、住建部、交通部、农业农村部、国家能源局：《减污降碳协同增效实施方案》	减污降碳协同增效，实施一体谋划、一体部署、一体推进、一体考核的制度机制
2022 年 12 月 19 日	生态环境部：《企业温室气体排放核算与报告指南 发电设施》《企业温室气体排放核查技术指南 发电设施》	提升碳排放数据质量，完善全国碳排放权交易市场制度机制，增强技术规范的科学性、合理性和可操作性
2023 年 3 月 13 日	生态环境部：《关于做好 2021、2022 年度全国碳排放权交易配额分配相关工作的通知》	2021 年度、2022 年度配额预分配、调整、核定、预支、清缴等各项工作安排
2023 年 7 月 18 日	生态环境部：《关于全国碳排放权交易市场 2021、2022 年度碳排放配额清缴相关工作的通知》	全国碳市场 2021 年度、2022 年度碳排放配额清缴相关工作安排
2023 年 10 月 19 日	生态环境部、国家市场监管总局：《温室气体自愿减排交易管理办法（试行）》	明确了自愿减排交易项目业主、审定与核查、注册登记、交易机构等各方权利、义务和法律责任，以及生态环境主管部门和市场监督管理部门的管理责任
2023 年 10 月 24 日	生态环境部：关于印发《温室气体自愿减排项目方法学造林碳汇（CCER-14-001-V01）》等 4 项方法学的通知	造林碳汇、并网光热发电、并网海上风力发电、红树林营造 4 个领域内温室气体自愿减排项目设计、实施、审定和减排量核算、核查方法

发布时间	政策文件	主要内容
2024 年 1 月 25 日	国务院：《碳排放权交易管理暂行条例》	这是我国应对气候变化领域的第一部专门的法规，首次以行政法规的形式明确了碳排放权市场交易制度。条例对碳排放权交易管理体制机制、交易活动、数据质量保障、惩处违法行为等诸多方面作出了明确规定，为我国碳市场健康发展提供了强大的法律保障

全国碳市场是通过市场机制控制碳排放的政策工具，是重点排放单位对国家分配的碳排放配额进行交易的市场。全国碳市场运行机制框架主要包括碳排放数据核算、报告与核查，碳排放配额分配与清缴制度，碳排放交易与监管制度等（图 6-1）。纳入市场的重点排放单位需每年核算并报告上一年度碳排放相关数据，并接受政府组织开展的数据核查，核查结果作为重点排放单位配额分配和清缴的依据。国家在综合考虑重点排放单位生产排放需求、技术水平和国家减排需要的基础上，给予重点排放单位一定的碳排放配额，作为其获得的规定时期内排放额度，该额度可能大于也可能小于重点排放单位的实际排放需求。重点排放单位在获得配额后，可结合自身实际，通过碳市场对配额进行买卖，但需在履约截止日期前，提交不少于自身排放量的配额用于履约。为保障全国碳市场有效运行，生态环境部组织建立了全国碳排放数据报送与监管系统、全国碳排放权注册登记系统、全国碳排放权交易系统等信息系统。数据报送系统记录重点排放单位碳排放相关数据；注册登记系统记录全国碳市场碳排放配额的持有、变更、清缴、注销等信息，并提供结算服务；交易系统保障全国碳市场配额集中统一交易。

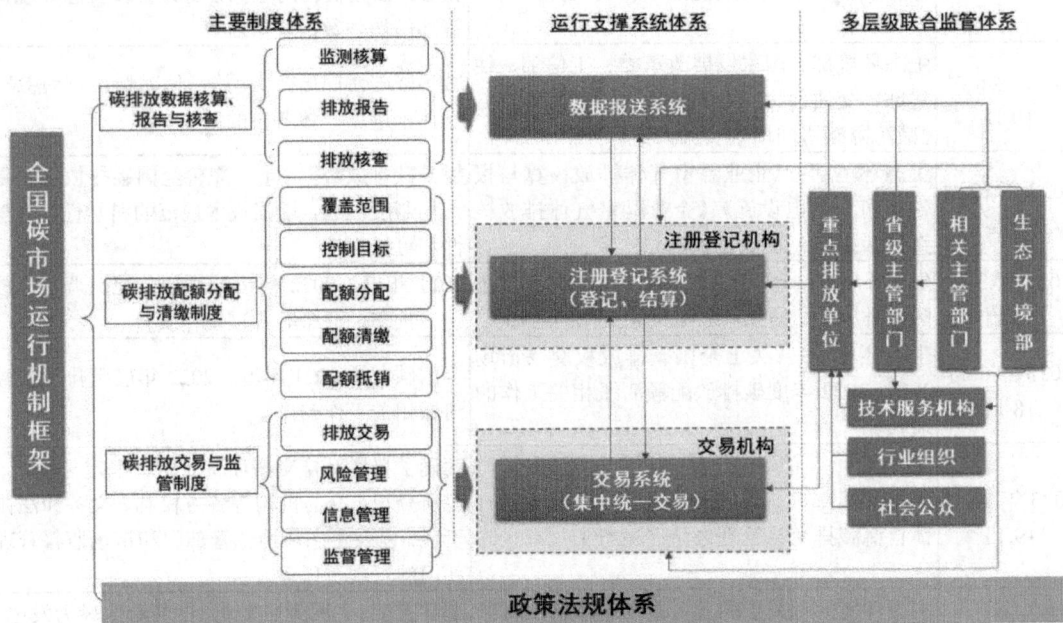

图 6-1 全国碳市场运行机制框架

资料来源：生态环境部. 全国碳排放权交易市场第一个履约周期报告[R]. 2022.12.

根据《碳排放权交易管理办法（试行）》的规定，由生态环境部制定全国碳排放权交易及相关活动的管理规则，加强对地方碳排放配额分配、温室气体排放报告与核查的监督管理，并会同有关部门对全国碳排放权交易及相关活动进行监督管理和指导。省级生态环境部门负责在本行政区域内组织开展碳排放配额分配和清缴、温室气体排放报告的核查等相关活动并进行监督管理。设区的市级生态环境主管部门负责配合省级生态环境主管部门落实相关具体工作，并根据有关规定实施监督管理。重点排放单位报告碳排放数据，清缴碳排放配额，公开交易及相关活动信息，并接受生态环境主管部门的监督管理。全国碳市场通过市场机制形成价格信号，引导碳减排资源的优化配置，从而降低全社会减排成本，推动绿色低碳产业投资，引导资金流动。

6.3.2 我国碳市场交易情况

2021 年 7 月 16 日，全国碳市场开始交易，至 2023 年 9 月，市场成交情况见表 6-4。

表 6-4 全国碳市场成交情况

时间	成交量/万 t	成交额/亿元	时间	成交量/万 t	成交额/亿元
2021 年 7 月	595.19	2.99	2022 年 11 月	729.84	4.036
2021 年 8 月	248.85	1.17	2022 年 12 月	2625.29	14.593
2021 年 9 月	920.86	3.85	2023 年 1 月	25.74	0.143
2021 年 10 月	255.30	1.07	2023 年 2 月	160.00	0.893
2021 年 11 月	2302.97	9.389	2023 年 3 月	130.76	0.689
2021 年 12 月	13555.76	58.14	2023 年 4 月	105.26	0.554
2022 年 1 月	786.25	4.11	2023 年 5 月	123.18	0.694
2022 年 2 月	167.06	0.96	2023 年 6 月	230.24	1.245
2022 年 3 月	70.86	0.4	2023 年 7 月	300.92	1.656
2022 年 4 月	145.05	0.83	2023 年 8 月	1339.77	8.257
2022 年 5 月	225.51	1.28	2023 年 9 月	3557.51	23.387
2022 年 6 月	77.03	0.45	2023 年 10 月	75.27	6.033
2022 年 7 月	49.52	0.28	2023 年 11 月	97.94	7.108
2022 年 8 月	1339.77	8.26	2023 年 12 月	1181.15	8.572
2022 年 9 月	1.08	0.006	合计	29258.04	164.123
2022 年 10 月	96.97	0.52			

资料来源：上海环境能源交易所官方网站。

全国碳市场第一个履约周期（2021 年 7 月 16 日—2022 年 2 月 28 日），全国碳市场碳排放权配额（CEA）整体呈现"V"字形走势，上线交易初期，在主管机构和交易机构的安排下维持了一段时间的高成交期，最高升至 61.07 元/t，随后 CEA 价格从高位迅速回落，最低跌至 38.5 元/t，2021 年 10 月 26 日，生态环境部印发《关于做好全国碳排放权交易市场第一个履约周期碳排放配额清缴工作的通知》后，市场交易热度上升，缺口企业需求集中入场，市场价格快速反弹，最高触及 62.29 元/t。2022 年 3 月 1 日，全国碳市场进入第二个履约周期，CEA 整体呈现波动性下降、价格重心震荡下移再到价格迅速上升的趋势（图 6-2）。

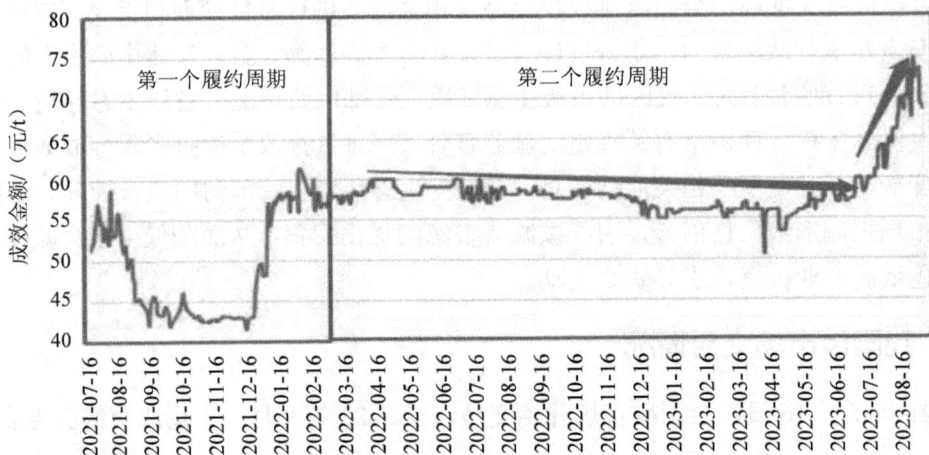

图 6-2　全国碳市场价格走势

资料来源：张文. 全国碳市场价格走势分析及应对建议[J]. 中国电力企业管理，2023（8）：46-49.

全国碳市场上线运行将近两年，价格发现机制作用初步显现。但全国碳市场仍处于起步阶段，尚未成熟，碳市场价格波动明显。全国碳市场与试点省市碳市场价格有较大差异，全国碳市场初步建立，配额分配政策相对宽松，价格相对较低，全国碳市场价格主要运行区间为 55～70 元/t。全国碳市场价格低于广东、北京碳市场的价格运行区间，略高于上海和深圳碳市场运行区间。在国际碳市场来看，低于欧盟、英国及新西兰等主流碳市场价格水平（表 6-5）。

表 6-5　2023 年 8 月 31 日各碳市场收盘价

碳市场	价格	碳市场	价格	碳市场	价格
全国碳市场	68.78 元/t	湖北	45.16 元/t	英国	55.02 英镑/t
天津	34.4 元/t	重庆	27.51 元/t	新西兰	43.1 美元/t
广东	74.12 元/t	北京	128 元/t	韩国	5.46 美元/t
上海	63.5 元/t	福建	33.5 元/t	区域碳污染减排计划（美国）	12.5 美元/t
深圳	61.25 元/t	欧盟	84.86 欧元/t		

资料来源：张文. 全国碳市场价格走势分析及应对建议[J]. 中国电力企业管理，2023（8）：46-49.

6.3.3　全国碳市场政策简介

全国碳排放权交易市场与全国温室气体自愿减排交易市场共同组成我国碳市场体系，下面分别介绍我国的碳排放权交易和温室气体自愿减排交易政策。

6.3.3.1　全国碳排放权交易政策

2020 年 12 月 31 日，生态环境部发布了《碳排放权交易管理办法（试行）》，2021 年 5 月 14 日，生态环境部发布了《碳排放权登记管理规则（试行）》《碳排放权交易管理规则（试行）》《碳排放权结算管理规则（试行）》，这 4 份文件构成我国碳排放权交易政策体系。但这些政策立法位阶较低，权威性不足，难以满足规范交易活动、保障数据质量、惩处违法行为等实际需要。国务院根据党的二十大报告中"健全碳排放权市场交易制度"要求，于 2024 年 1 月发布了《碳排放权交易管理暂行条例》（以下简称《条例》）。《条例》的出台为我国碳市场健康发展提供了法律保障，开启了碳市场法治新局面，对我国"双碳"目标实现和推动全社会绿色低碳转型具有重要的意义。下面重点介绍其主要内容。

（1）总则

出台目的：规范碳排放权交易及相关活动，加强对温室气体排放的控制，积极稳妥推进碳达峰碳中和，促进经济社会绿色低碳发展，推进生态文明建设。

适用范围：适用于全国碳排放权交易市场的碳排放权交易及相关活动。

基本原则：坚持中国共产党的领导，坚持温室气体排放控制与经济社会发展相适应，坚持政府引导与市场调节相结合，遵循公开、公平、公正的原则。

（2）碳排放权交易管理

国务院生态环境主管部门负责碳排放权交易及相关活动的监督管理工作。国务院有关部门负责碳排放权交易及相关活动的有关监督管理工作。

地方人民政府生态环境主管部门负责本行政区域内碳排放权交易及相关活动的监督管理工作，有关部门负责本行政区域内碳排放权交易及相关活动的有关监督管理工作。

全国碳排放权注册登记机构按照国家有关规定，负责碳排放权交易产品登记，提供交易结算等服务。全国碳排放权交易机构按照国家有关规定，负责组织开展碳排放权集中统一交易。

碳排放权交易应当逐步纳入统一的公共资源交易平台体系。

（3）交易范围及配额

交易温室气体种类和行业范围：国务院生态环境主管部门会同国家发展改革委等有关部门根据国家温室气体排放控制目标确定碳排放权交易覆盖的温室气体种类和行业范围。碳排放权交易产品包括碳排放配额和经国务院批准的其他现货交易产品。

交易主体：纳入全国碳排放权交易市场的温室气体重点排放单位（以下简称重点排放单位）以及符合国家有关规定的其他主体。国务院生态环境主管部门会同国务院有关部门制定重点排放单位的确定条件。省、自治区、直辖市生态环境主管部门会同同级有关部门，按照重点排放单位的确定条件制定本行政区域年度重点排放单位名录。

碳排放配额及分配：国务院生态环境主管部门会同国务院有关部门制定年度碳排放配额总量和分配方案，并组织实施。碳排放配额免费分配，逐步实现免费和有偿相结合。省级生态环境主管部门会同同级有关部门向本行政区域内的重点排放单位发放碳排放配额。

（4）排放报告编制与核查

年度排放报告编制：重点排放单位应当采取有效措施控制温室气体排放，使用依法经计量检定合格或者校准的计量器具开展温室气体排放相关检验检测，如实准确统计核算本单位温室气体排放量，编制上一年度温室气体排放报告，并按照规定将排放统计核算数据、年度排放报告报送其生产经营场所所在地省级生态环境主管部门，同时向社会公开其年度排放报告中的排放量、排放设施、统计核算方法等信息。重点排放单位应当对其排放统计核算数据、年度排放报告的真实性、完整性、准确性负责。重点排放单位可以委托依法设立的技术服务机构开展温室气体排放相关检验检测、编制年度排放报告。

排放报告核查：省级生态环境主管部门应当对重点排放单位报送的年度排放报告进行核查，确认其温室气体实际排放量。核查结果应当向社会公开。省级生态环境主管部门可以通过政府购买服务等方式，委托依法设立的技术服务机构对年度排放报告进行技术审核。

（5）碳排放配额清缴

配额清缴：重点排放单位根据省级生态环境主管部门的核查结果，按照规定的时限，足额清缴其碳排放配额。

配额交易：重点排放单位可以通过全国碳排放权交易市场购买或者出售碳排放配额，购买的碳排放配额可以用于清缴。

交易方式：碳排放权交易可以采取协议转让、单向竞价或者符合国家有关规定的其他现货交易方式。

（6）交易管理

交易市场管理平台：国务院生态环境主管部门建立全国碳排放权交易市场管理平台，加强对碳排放配额分配、清缴以及重点排放单位温室气体排放情况等的全过程监督管理。

现场检查：生态环境主管部门和其他负有监督管理职责的部门，可以在各自职责范围内对重点排放单位等交易主体、技术服务机构进行现场检查。现场检查可以采取查阅、复制相关资料，查询、检查相关信息系统等措施。被检查者应当如实反映情况、提供资料，不得拒绝、阻碍。现场检查人员不得少于 2 人，并应当出示执法证件。检查人员依法负有保密义务。

举报：任何单位和个人对违反本条例规定的行为，有权向生态环境主管部门和相关部门举报。接到举报的部门应当依法及时处理。

（7）违法行为惩处

重点排放单位：重点排放单位未按照规定制定并执行温室气体排放数据质量控制方案、未按照规定报送排放统计核算数据及年度排放报告、未按照规定向社会公开年度排放报告中的排放量、排放设施、统计方法等信息、未按照规定保存年度排放报告所涉数据的原始记录和管理台账、未按照规定统计核算温室气体排放量、编制的年度排放报告存在重大缺陷或篡改及伪造数据资料、未按照规定制作和送检样品、未按照规定清缴其碳排放配额等行为，由生态环境主管部门作出责令改正、没收违法所得、罚款、核减其下一年度碳排放配额、责令停产整治、对直接责任人进行处罚等处罚措施。

技术服务机构：对出具不实或者虚假的检验检测报告、报告存在重大缺陷或者遗漏、篡改或伪造数据资料等行为的技术服务机构，生态环境主管部门处以责令改正，没收违法所得，罚款，取消其检验检测资质等处罚。

操纵、扰乱全国碳排放权交易市场的，由国务院生态环境主管部门责令改正，没收违法所得，并处违法所得 1 倍以上 10 倍以下的罚款；没有违法所得或者违法所得不足 50 万元的，处 50 万元以上 500 万元以下的罚款。单位因前述违法行为受到处罚的，对其直接负责的主管人员和其他直接责任人员给予警告，并处 10 万元以上 100 万元以下的罚款。

操纵、扰乱全国碳排放权交易市场秩序的，由国务院生态环境主管部门责令改正，没收违法所得，并处罚款。

（8）实施

本条例自 2024 年 5 月 1 日起施行。

6.3.3.2 温室气体自愿减排交易政策

2023 年 10 月 19 日，生态环境部和国家市场监管总局联合发布了《温室气体自愿减排交易管理办法（试行）》，该管理办法明确了自愿减排交易项目业主、审定与核查、注册登记、交易机构等各方权利、义务和法律责任，以及生态环境主管部门和市场监督管理部门的管理责任。主要内容如下：

交易原则：全国温室气体自愿减排交易及相关活动应当坚持市场导向，遵循公平、公正、公开、诚信和自愿的原则。

交易主体：中华人民共和国境内依法成立的法人和其他组织，可以依照本办法开展温室气体自愿减排活动，申请温室气体自愿减排项目和减排量的登记，可以依照本办法参与温室气体自愿减排交易。

管理机构：生态环境部负责制定全国温室气体自愿减排交易及相关活动的管理要求和技术规范，并对全国温室气体自愿减排交易及相关活动进行监督管理和指导。省级生态环境主管部门负责对本行政区域内温室气体自愿减排交易及相关活动进行监督管理。设区的市级生态环境主管部门配合省级生态环境主管部门对本行政区域内温室气体自愿减排交易及相关活动实施监督管理。市场监管部门、生态环境主管部门根据职责分工，对从事温室气体自愿减排项目审定与减排量核查的机构（以下简称审定与核查机构）及其审定与核查活动进行监督管理。

登记机构：生态环境部组织建立统一的全国温室气体自愿减排注册登记机构和自愿减排注册登记系统，通过该系统受理温室气体自愿减排项目和减排量的登记、注销申请，记录温室气体自愿减排项目相关信息和核证自愿减排量的登记、持有、变更、注销等信息。

交易机构：生态环境部组织建立统一的全国温室气体自愿减排交易机构和全国温室气体自愿减排交易系统，提供核证自愿减排量的集中统一交易与结算服务。

自愿减排项目方法学：生态环境部负责组织制定并发布温室气体自愿减排项目方法学

等技术规范，作为相关领域自愿减排项目审定、实施与减排量核算、核查的依据。

项目申请登记条件：具备真实性、唯一性和额外性；属于生态环境部发布的项目方法学支持领域；于 2012 年 11 月 8 日之后开工建设；符合生态环境部规定的其他条件。

项目审定：申请温室气体自愿减排项目登记的法人或者其他组织（简称项目业主）应按照项目方法学等相关技术规范要求编制项目设计文件，并委托审定与核查机构对项目进行审定。

项目公示：业主申请温室气体自愿减排项目登记前，应当通过注册登记系统公示项目设计文件，同步公示其所委托的审定与核查机构的名称。

审定与核查：审定与核查机构应当按照国家有关规定对申请登记的温室气体自愿减排项目的有关事项进行审定，并出具项目审定报告，上传至注册登记系统，同时向社会公开。

项目登记：审定与核查机构出具项目审定报告后，项目业主可以向注册登记机构申请温室气体自愿减排项目登记。

减排量核算：经注册登记机构登记的温室气体自愿减排项目可以申请项目减排量登记，申请登记的项目减排量应当可测量、可追溯、可核查。按照项目方法学等相关技术规范要求编制减排量核算报告，并委托审定与核查机构对减排量进行核查，并通过注册登记系统公示减排量核算报告。

减排量核查：审定与核查机构应当按照国家有关规定对减排量核算报告进行核查，并出具减排量核查报告，上传至注册登记系统，同时向社会公开。

减排量登记：审定与核查机构出具减排量核查报告后，项目业主可以向注册登记机构申请项目减排量登记；申请登记的项目减排量应当与减排量核查报告确定的减排量一致。注册登记机构对项目业主提交材料的完整性、规范性进行审核，对审核通过的项目减排量进行登记，未通过的不予登记。经登记的项目减排量称为"核证自愿减排量"，单位以"吨二氧化碳当量（tCO_2e）"计。

减排量交易：全国温室气体自愿减排交易市场的交易产品为核证自愿减排量。从事核证自愿减排量交易的交易主体，应当在注册登记系统和交易系统开设账户，自愿减排量的交易应当通过交易系统进行。核证自愿减排量交易可以采取挂牌协议、大宗协议、单向竞价及其他符合规定的交易方式。

审定与核查机构管理：审定与核查机构纳入认证机构管理应公正、独立和有效地从事审定与核查活动。审定与核查机构应当遵守法律法规和市场监管总局、生态环境部发布的相关规定，在批准的业务范围内开展相关活动。审定与核查机构应当加强行业自律，每年向市场监管总局和生态环境部提交工作报告。

监督管理：生态环境部负责指导督促地方对温室气体自愿减排交易及相关活动开展监督检查，省级生态环境主管部门可以会同有关部门，对已登记的温室气体自愿减排项目与核证自愿减排量的真实性、合规性组织开展监督检查，设区的市级生态环境主管部门按照省级生态环境主管部门的统一部署配合开展现场检查。市场监管部门依照法律法规和相关规定，对审定与核查活动实施日常监督检查，查处违法行为。

【思考题】

1. 简述碳市场的理论基础。
2. 简述碳市场的主要功能。
3. 简述国内外碳市场发展历程。
4. 简述我国的碳市场体系。
5. 简述我国碳市场交易政策。

参考文献

[1] 昌敦虎，周继. 中国碳市场建设十年历程：基于政府与市场关系的视角[J]. 可持续发展经济导刊，2022，9（10）：71-73.

[2] 陈骁，张明. 碳排放权交易市场：国际经验、中国特色与政策建议[J]. 上海金融，2022（9）：22-23.

[3] 陈星星. 加快构建中国特色的碳市场制度体系[N]. 中国社会科学报，2022-10-19（3）.

[4] 国家应对气候变化战略研究和国际合作中心. 全国碳市场百问百答[M]. 北京：中国环境出版集团，2022.

[5] 李克国，王滢，李晓亮，等. 低碳经济概论[M]. 北京：中国环境科学出版社，2011.

[6] 李明晖，王恺. 双碳背景下碳市场经济学理论与演化规律研究进展[J]. 油气储运，2023（10）：1242-1248.

[7] 生态环境部. 全国碳排放权交易市场第一个履约周期报告[R]. 2022. 12.

[8] 王东翔. 欧洲碳市场机制对我国碳市场发展的启示[J]. 能源国际，2023（8）：57-59.

[9] 王芳源. 全国碳市场运行特征及趋势[J]. 甘肃科技，2023（8）：58-61.

[10] 夏颖哲. 碳市场：有效推进绿色低碳转型和温室气体减排[J]. 中国财政，2022（15）：7-9.

[11] 张文. 全国碳市场价格走势分析及应对建议[J]. 中国电力企业管理，2023（8）：46-49.

[12] 张希良，黄俊灵. 行稳致远——全国碳市场的"周年"答卷[J]. 中国财政，2022（15）：17-20.

[13] 张希良，余润心，翁玉艳. 中外碳市场制度设计比较[J]. 环境保护，2022（22）：16-20.

[14] 张希良，张达，余润心. 中国特色全国碳市场设计理论与实践[J]. 管理世界，2021（8）：80-95.

[15] 中华人民共和国国务院新闻办公室. 中国应对气候变化的政策与行动[R]. 2021. 10.

[16] 周健，邓一荣，庄长伟. 中国碳交易市场发展进程、现状与展望研究[J]. 环境科学与管理，2020（9）：1-4.

第 7 章 低碳城市建设

【学习目标】低碳城市建设是低碳经济建设的重要组成部分。本章主要介绍低碳城市建设相关知识和国内外低碳城市建设实践与经验。通过本章学习，应该掌握以下内容：①低碳城市的概念；②低碳城市的特征；③低碳城市的建设目标；④低碳城市的核心内容。

城市是一个国家经济和社会发展的中心，又是温室气体排放的主要来源，在应对气候变化和温室气体减排方面，城市发挥着决定性的作用。低碳经济建设，离不开低碳城市的建设和参与。低碳城市是"低碳经济"理念在城市发展中的实际运用。

低碳城市建设是一个复杂的系统工程，碳排放外在表现为各碳排放源的能源利用及二氧化碳排放，但根本上是城市发展模式、生产模式、消费模式等决定了城市二氧化碳排放的总量和结构。有效地控制并减少碳排放不仅取决于单个部门和排放主体的努力，更需要整个城市的经济、空间等发展战略的变革。

7.1 低碳城市概述

7.1.1 低碳城市的由来

以全球变暖为主要特征的气候变化主要由人类活动导致已成为全球共识，严峻的现实状况促使各国政府通力合作，采取有效措施，遏制全球气候的进一步恶化。从 1992 年的《联合国气候变化框架公约》，到 1997 年的《京都议定书》，再到 2007 年的"巴厘岛路线图"，以及随后的波兹南、哥本哈根、坎昆、德班以及多哈等气候变化大会，各国通力合作，加快温室气体减排。

低碳经济概念提出后，"低碳"理念迅速引起国际社会的广泛关注。随后，低碳的理念由经济发展领域扩展到社会生活领域。日本率先提出建设低碳社会，主张低碳不应仅仅停留在经济发展层面，而应扩展到整个社会发展层面。低碳社会的基本理念是争取将温室气体排放量控制在能被自然吸收的范围内，为此需要摆脱以往大量生产、大量消费又大量废弃的社会经济运行模式。2004 年，日本启动"面向 2050 年的日本低碳社会情景"研究计划，并于 2007 年着手全力打造低碳社会。实现途径是通过改变消费理念和生活方式，实施低碳技术和新的制度来保证温室气体排放的减少。目前，低碳城市建设在全球范围内广泛展开。伦敦、东京、纽约等世界级城市先后提出低碳城市建设目标并制定相关规划或行动计划。现阶段国际上进行低碳城市建设可借鉴的案例城市主要为"世界大城市气候领导联盟"（Large Cities Climate Leadership Group，C40）成员。C40 成立于 2005 年，旨在加强国际城市协作，以共同应对气候变化、加快环境友好型科技和低碳城市的发展。目前，成员包括伦敦、纽约、东京、哥本哈根、多伦多、芝加哥、西雅图等 40 个已进入低碳城市建设目标实施阶段的国际大型城市。

城市因其人口、资源、基础设施和工业产业相对集中，成为能源消耗和温室气体排放的主要集中地。城市低碳发展是实现低碳发展的必经之路，也是城市可持续发展和生态文明建设的必由之路。

2008 年 1 月，首届中国和谐城市论坛开幕，指出低碳经济是实现城市可持续发展的必由之路，"低碳城市"首次成为国内会议的主题。同月，国家发展改革委和世界自然基金会共同选定了上海市和保定市作为低碳城市发展项目试点。2010 年，国家发展改革委确定在部分省市开展低碳试点工作，广东、辽宁、湖北、陕西、云南 5 个省，天津、重庆、深圳、厦门、杭州、南昌、贵阳、保定 8 个城市成为首批试点地区。2012 年，国家发展改革委确定了第二批全国试点省市。2017 年 1 月，国家发展改革委将第三批低碳试点范围确定在内蒙古自治区乌海市等 45 个市（区、县）。自 2010 年以来，我国共开展三批 81 个低碳城市试点，涵盖了不同地区、不同发展水平、不同资源禀赋和工作基础的市（区、县）。由此，城市成为我国低碳未来的领导者，成为我国可持续发展的先锋。低碳城市试点政策通过促进城市产业结构升级和提升城市绿色技术创新水平显著降低了城市碳排放量。

7.1.2　低碳城市的概念与特征

7.1.2.1　低碳城市的概念

低碳城市是在保障城市经济增长态势不变、城市居民生活水平应有提高的前提下，化石能源消费及以二氧化碳为主的温室气体排放处于相对较低水平的城市。对于低碳城市的定义，国内外还没有完全统一的认识。现有关于低碳城市的定义主要从以下五个角度提出。

（1）基于经济发展角度

世界自然基金会（WWF）认为，低碳城市是指城市在经济高速发展的前提下，保持能源消耗和二氧化碳排放处于较低的水平。刘中文等认为低碳城市是以科学发展观为指导，走可持续发展之路，实现人口、资源、经济、社会和环境的协调发展。李增福、郑友环认为低碳城市的内涵必须把握两个方面：一方面城市必须保持经济的高速发展，另一方面必须保持能源低消耗和二氧化碳低排放。殷乾亮提出低碳城市是以习近平生态文明思想为指导思想，采取低能耗、低污染、低排放的低碳经济发展模式和低碳生活方式的城市。阳海港认为，低碳城市是以可持续发展观为指导，以降低碳排放量为目标的城市发展模式，低碳城市强调人类、社会和自然环境的和谐统一，是低碳经济在市政规划建设中的实践应用。

（2）基于城市空间和规划角度

《2009 年中国可持续发展战略报告——探索中国特色的低碳道路》将其定义为，以城市空间为载体发展低碳经济，实施绿色交通和建筑，转变居民的消费观念，创新低碳技术，从而最低限度地减少碳排放。何永等认为，城市低碳发展，是指通过合理的城市规划和土地利用规划、使用可再生等替代能源、提高建筑能效和交通现代化、建立以高能效和低排放为特征的产业布局，使城市的经济增长与化石能源使用脱钩。

（3）基于低碳生活的理念角度

付允等认为低碳城市就是通过在城市发展低碳经济，创新低碳技术，改变生活方式，最大限度减少城市的温室气体排放，彻底摆脱以往大量生产、大量消费和大量废弃的社会经济运行模式，形成结构优化、循环利用、节能高效的经济体系，形成健康、节约、低碳的生活方式和消费模式，最终实现城市的清洁发展、高效发展、低碳发展和可持续发展。刘志林等认为低碳城市应理解为"通过经济发展模式、消费理念和生活方式的转变，在保证生活质量不断提高的前提下，实现有助于减少碳排放的城市建设模式和社会发展方式"。周潮等认为低碳城市是指在经济、社会、文化等领域全面进步，人民生活水平不断提高的前提下，通过经济发展模式、消费理念和生活方式的低碳转变，降低二氧化碳排放量，建设低碳排放的宜居模式城市，实现社会可持续发展。季予恒认为低碳城市是一种全新的发展理念和模式，它将可持续发展理念融入城市规划建设中，把人与自然和谐相处作为基础和前提，是一个系统工程，需要政府、企业和居民共同参与。

（4）基于宏观和微观综合角度

诸大建认为，低碳城市的内涵包括两个方面的含义：从发展目标来看，最终达到经济增长及能源消耗增长与二氧化碳排放脱钩；从具体过程来看，低碳城市包括三个方面的内容，用可再生能源替代化石能源等高碳性的能源，大幅提高化石能源的利用效率，包括提高工业能效、建筑能效和交通能效等，通过碳捕集与封存技术吸收经济活动所排放的二氧化碳。邱鹏认为低碳城市是一种新型的经济发展模式，其以可持续发展理念为依据，以城市为载体，在保证经济发展和社会进步的基本前提下，要求政府、企业和个人转变传统的产业结构、增长方式和消费模式，推动生产、生活、生态联动发展。袁晓玲等认为低碳城市就是以低碳经济为发展模式及方向、以低碳生活为理念和行为特征、以低碳社会为建设标本和蓝图，通过改变"大量生产、大量消费和大量废弃"的社会经济运行模式，优化能源结构、节能减排、循环利用，最大限度地减少温室气体排放，建立资源节约型、环境友好型社会，建设良性的可持续的能源生态体系。

（5）基于碳排放流程的角度

《中国低碳生态城市发展战略》指出，低碳城市的构建应从源头低碳化、过程低碳化和末端低碳化入手。源头低碳化是从源头上改变能源供给，加速从"碳基能源"向"低碳能源"和"氢基能源"转变，是实现低碳发展的根本；过程低碳化是指经济发展低碳化（实行循环经济和清洁生产的生产过程低碳化、优化产业结构）和社会发展低碳化（交通、建筑、消费）；末端低碳化是指从末端捕集、封存和回收二氧化碳。

7.1.2.2　低碳城市的特征

低碳城市具有经济性、系统性、阶段性和区域性等特点。

（1）经济性

经济性是以最少的资源和能源投入换取最大的经济产出，也就是经济的高效化和集约化。低碳城市具有经济性，需通过不断创新技术，从源头、过程到末端等各流程，在工业、交通、建筑、生活等各领域，实现低能耗、低污染、低排放、高效能、高效益以及高效率。

（2）系统性

系统性主要是指城市是一项由经济、社会、人口、科技、资源和环境等子系统组成的系统工程。不能一味追求经济的发展，而忽视能源、环境等子系统，也不能一味追求环境优美、能源少用甚至不用而舍弃经济发展。

（3）阶段性

低碳城市具有阶段性，这是不同城市所处的国情以及市情所决定的。初级阶段，城市碳排放量相对减少，即单位碳排放量减少，同时，碳排放的增长速度小于城市生产总值的增长速度；中级阶段，城市碳排放量绝对减少；高级阶段，城市零排放。

（4）区域性

区域性是指发展低碳城市必须考虑所在区域的特点，不同国家、不同地区在建设低碳城市的过程中都要根据自己的实际情况走不同的低碳化道路。

7.1.3　低碳城市的建设目标

低碳城市的建设目标是，在制定实施低碳的政策和规划的基础上，城市经济增长和碳基能源消费实现脱钩，通过广泛应用低碳技术，减少各种废弃物和温室气体的排放，低碳理念和行为贯穿生活和消费过程等。

7.1.4　低碳城市的核心内容

低碳城市是低碳经济发展的重要载体，按照低碳经济发展的核心思想、城市碳排放的主要途径和城市发展涉及多方面，低碳城市的核心内容有低碳规划、低碳产业、低碳能源、低碳交通、低碳建筑、低碳生活、碳捕集与封存、其他低碳技术等。

（1）低碳规划

低碳城市建设周期长，涉及内容广泛，需要以城市规划作为指导，城市规划对低碳城市的建设至关重要。要构建科学有效的温室气体减排战略，首先需要以清晰的目标作为前提。政府往往需依据本市人口资源和环境条件，明确中长期减排目标，然后在总目标下，将减碳目标分解到工业、建筑、基础设施、交通及居民生活等各主要领域，同时制定各主要领域的减碳实施方案。

低碳城市规划与传统城市规划有所不同。传统城市规划主要包括人口预测、城市布局、工业用地布局、交通等内容；低碳城市规划主要强调的是如何使城市实现低碳。低碳城市规划在产业选择上，要选择低能耗的产业，在产业选择和布局上应作出更加系统的规定；在城市交通上，应作出更加细致的安排，包括交通形式的调整、就业与居住的平衡等。

（2）低碳产业

通常来说，第二产业的碳排放强度远高于第一产业和第三产业。近年来，我国第二产业的比重一直接近 50%，第三产业比重仅为 40%，而发达国家第二产业比重一般小于 30%，第三产业比重达 70% 以上。单位第二产业增加值能耗是第三产业的 3～4 倍。因此，低碳城市应该大力发展现代服务业和现代农业，积极进行技术改造，使建筑、冶金、化工等传统高耗能工业向新型低碳工业转变。

（3）低碳能源

低碳城市应该使用水能、风能、太阳能、潮汐能、生物质能、核能等清洁、可再生能源，逐步提高新能源在能源结构中的比例，减少对煤、石油的依赖。可再生能源属于清洁能源，是未来能源系统的希望。世界各国发展可再生能源的经验已经证明，这是一个具有无限发展前景，代表人类未来能源的一个领域。

（4）低碳交通

低碳城市应构建低碳交通系统，可以通过实施"公交优先"和"清洁能源交通运输装备推广应用"等发展战略，加大对公共交通的投入、建设城市轨道交通、宣传低碳出行、鼓励城市居民利用公共交通工具出行，同时对交通工具使用的能源标准进行严格规范，提高机动车尾气排放标准，严格汽车市场准入制度，实施机动车辆排污许可制度，鼓励生产和使用节能环保型车辆，鼓励使用天然气等清洁燃料。

（5）低碳建筑

建筑能耗碳排放是城市碳排放的重要组成部分。低碳城市发展低碳建筑，因地制宜选择户型和建筑材料，积极采用地热能、水热能、太阳能等可再生能源，推广节能门窗、墙体保温隔热、建筑物遮阳等建筑节能产品与技术，充分利用自然光和风来增加光照度和通风，减少使用人工空调制冷和供暖负荷。建造材料中尽量选用环保型墙体材料和其他建筑节能材料。发展绿色建造首先要对既有建筑进行节能改造，对传统的居住建筑、大型公共建筑和党政机关办公楼进行节能改造。

（6）低碳生活

建设低碳城市并不仅仅是政府和企业的事情，需要广大市民的积极配合，选择低碳的生活方式。低碳生活，是指生活作息时所耗用的能量尽量减少，从而降低碳排放特别是二氧化碳排放量；尽量减少使用消耗能源多的产品，从而减少对大气的污染，减缓生态恶化；市民出行应该尽量选择公共交通或自行车；居民形成低碳消费观念，优先选择低碳产品、节能电器和节能灯，尽量不使用一次性用品和塑料袋。

（7）碳捕集与封存

建设低碳城市，减缓温室效应，除了减少温室气体的排放，还有一个手段就是增加碳捕集与封存。低碳城市应加大森林与绿地发展空间，采用建设森林公园、都市绿色长廊、绿色社区、城郊生态绿化带等措施，以及合理配置植物，增加乔木树种，增加高固碳树种比例等技术，使得绿地面积扩大，绿地结构优化，绿化从注重视觉效果为主转向视觉与生态功能兼顾。加强对湿地的分级保护，通过恢复湿地的水文条件和种植水生植物来创造和恢复植物碳库和土壤碳库。实施最严格的耕地保护制度，推进土地节约集约利用，保护好土壤碳汇。

（8）其他低碳技术

低碳城市的产业、建筑、交通等都离不开低碳技术，如煤的清洁高效利用技术、油气资源和煤层气的勘探开发、可再生能源及新能源开发利用技术。发展低碳技术既可以建设低碳城市，又可以实现城市经济发展方式的根本性转变。

7.2　国外低碳城市建设实践与经验

7.2.1　纽约低碳发展实践

纽约市位于纽约州东南部哈得逊河口东岸，濒临大西洋，由皇后区、布鲁克林区、布朗克斯区、曼哈顿区和史坦顿岛 5 个区组成，是美国最大的城市和海港。作为沿海城市，纽约极易遭受气候变化的不利影响。科学家预言，21 世纪纽约将受到升温、海平面上涨、洪水及资源耗竭等的威胁。因此，2002 年，纽约正式加入了当地环境理事会（The International Council for Local Environmental Initiatives，ICLEI）发起的城市间气候保护行动（Cities for Climate Protection Campaign，CCP），并于 2006 年成立了专门办公机构，负责城市长期远景规划和可持续发展能力建设，积极开展减少温室气体排放工作。

纽约市采用 ICLEI 组织标准化的计算方法连续 4 年编制了城市温室气体清单。该清单的编制既报告了二氧化碳，也报告了甲烷和氧化亚氮等温室气体，排放源既包括了化石燃料燃烧等直接排放，也包括了外购电力、蒸汽产生的排放，但不包括航空和水运导致的温室气体排放。2005 年，纽约市温室气体排放总量为 5830 万 tCO_2e，2009 年温室气体排放总量为 4930 万 tCO_2e，比 2005 年下降 15.4%。其中居民生活排放占比为 35%、商业排放占比为 27%、工厂排放占比为 8%、行政机构排放占比为 8%，即建筑耗能碳排放占总排放的 78%，道路和轨道交通耗能碳排放占总排放的 20%。为此，纽约市减排目标是 2030 年温室气体排放量比 2005 年下降 30%，而市政部门 2017 年相较于 2006 年减排 30%，建立更"绿"、更伟大的纽约。

为实现"规划纽约 2030"计划，纽约市主要采取以下四大措施：能源供给方面，通过电厂改建等方式提高能源效率，通过发展清洁能源发电等方式来控制能源消费，政府机关、工商业、居民等多领域采取有力措施提高能源使用效率；交通方面，提高公共交通速度，大力发展快速公交系统，实施地铁与公交车免费换乘系统，提高地铁的使用效率，提高私家车的燃料效率，推行清洁车辆的使用；建筑方面，通过能源审计分析对建筑进行照明和供热制冷系统的改造，对新建筑物和现有建筑物改造进行调试从而降低能耗；废弃物方面，纽约市批准"固体废物管理规划"，提高有机废物的利用率。

7.2.2　伦敦低碳发展实践

伦敦位于英格兰东南部，跨泰晤士河下游两岸，距河口 88 km，海轮可直达，由伦敦市和其他 32 个伦敦自治市组成，是英国最大的港口城市。与纽约一样，伦敦作为沿海城市也易遭受气候变化的不利影响。为此，伦敦市就应对全球气候变化提出了一系列低碳伦敦的行动计划：2004 年《伦敦规划》（*London Plan*）、《今天行动、守候未来——伦敦市长能源战略和应对气候变化行动方案》（*Mayors Energy Strategy and Climate Change Action Plan—Action Today for Protection Tomorrow*）、2007 年颁布的《市长应对气候变化的行动计划》（*The Mayor's Climate Change Action Plan*），2010 年，这些政策演变为伦敦市应对气候变化新的战略《气候变化减缓和能源战略》（*Climate Change Mitigation and Energy Strategy*）。

伦敦也加入了当地环境理事会 ICLEI 组织，并采用该组织的清单编制方法测算了伦敦 2006 年温室气体排放量。英国是低碳城市规划和实践的先行者，英国政府提出 2050 年二氧化碳相对 1990 年减排 60%。伦敦设定了 2025 年二氧化碳相对 1990 年减排 60%，其意愿是成为改善区域和全球环境的全球领跑者。

7.2.3　东京低碳发展实践

东京位于日本本州岛东部，是日本的首都，也是日本的海陆空交通的枢纽。作为《京都议定书》的发源地，东京地方政府于 2002 年出台环境草案，提出 2010 年比 1990 年碳排放下降 6%，2005 年经过修订后于 2007 年制定了《东京气候变化对策方针》。

东京市根据 ICLEI 组织确定的方法连续编制了 2001 年、2004 年、2005 年的城市温室气体清单，并通过对比找出减排的重点和相关领域。2007 年，东京明确提出到 2020 年碳排放比 2000 年下降 25%的目标。

为实现上述减排目标，围绕少用非再生能源和多用可再生能源的原则，东京制定了相关行动方案。企业方面，东京市为排放量很高的工商企业设定排放上限，通过碳排放权交易制度，促进企业节能减排；家庭方面，开展一系列降低家庭能源消费措施，如建立家用电器能效标志制度、开展消除白炽灯泡行动、推广太阳能产品走进千家万户；建筑方面，提高节能建筑比重、制定建筑节能技术指标；交通方面，降低车辆使用率、制定汽车燃料效率标准、鼓励使用环保和绿色燃料。

7.2.4　新加坡低碳发展实践

新加坡是世界上第一个颁布并实施"碳排放权交易"制度的国家。1965 年，新加坡独立，迅速工业化带来国内经济高速增长的同时，也带来了严重的环境污染问题。1967 年，时任总理李光耀便将生态环境保护确定为继经济建设和国防之后的第三大政策重点。从那时起，气候环境治理被正式确立为政府的核心工作，通过采取政府干预、法制建设和国民环境教育等多种措施，使经济与环境协调发展。

新加坡主要采取的措施有：一是重视城市规划设计。新加坡的长期规划分为两部分：

概念计划和总体规划。概念计划指导新加坡未来 40～50 年的发展，涵盖满足长期人口经济增长需要的战略用地和交通，非常重视对自然环境的保护和自然资源的高效利用。总体规划将概念计划中制定的广泛、长期战略转化为更详细的实施计划。为了让居民享受更多的绿色空间，城市绿化将建筑与屋顶花园相结合，将企业工厂、商业区和住宅区与公共交通网络相连接，在提高土地利用率的同时，保护有限的公共绿地空间和自然区域。二是建设智能城市交通。新加坡政府寻求利用技术和管理来改善公共交通，减少汽车出行需求和交通领域碳排放。在新加坡，部分片区被设计成汽车精简区，鼓励公众乘坐公共交通、步行和自行车出行，并通过无车星期天、无车街道等活动项目来促进汽车精简目标的达成。三是注重自然资源循环利用。新加坡自然资源匮乏，水和大多数工业原材料都依赖进口。为解决城市用水问题，新加坡制定了以国内集水、进口原水、新生水和海水淡化为基本内容的"四个水龙头"（Four National Taps）战略。四是引导公众参与。新加坡通过开展多种形式创新活动，引导公众参与的同时，不断提高公民环境素质。五是严格依法管理。新加坡生态环境方面的立法以预防为主，强调事前控制。通过制定严格的法律及全程问责制度，最大限度保护生态环境。法律法规条例内容详尽、权责明确、处罚透明。新加坡于 1968 年颁布了《环境公共卫生法》，2007 年颁布了《环境保护与管理法》，并通过"2030 年新加坡绿色蓝图"（Singapore Green Plan 2030）和"描绘新加坡低碳和适应气候的未来"（Charting Singapore's Low-Carbon and Climate Resilient Future）等一系列措施，积极推动低碳发展，不断降低碳排放。

总结国外城市低碳发展，存在以下共性：其一，气候驱动是其背景。欧美发达城市提出低碳行动有源于能源安全考虑，更多的是源于其沿海的地理位置极易受气候环境的影响。其二，数据先行是其基础。无论是纽约市还是东京市均借助了专业的碳盘查软件分领域、分年度地对本市温室气体清单的排放情况进行前期的测算，为城市低碳发展科学的决策奠定基础。其三，全球联合是其平台。各个城市政府认为，要应对气候变化带来的挑战，在全球层面联合开展行动是非常重要的，这既有利于分享各自的经验，又可以获得技术和资金支持。其四，全面推进是其路径。国外城市的低碳发展是后工业化的低碳发展，因此，从一开始就不仅限于工业领域，而从交通、建筑、家庭等多领域全面推进城市低碳发展。

7.3 国内低碳城市建设实践与经验

2009 年 12 月，中国政府在哥本哈根谈判会议上正式向国际社会承诺到 2020 年实现单位 GDP 二氧化碳排放相对 2005 年降低 40%～45%的目标，这立即引起了中国城市有关国际承诺目标对自身发展的影响以及如何应对的思考。

在随后的第九届中国经济论坛上，全国 40 个城市市长共同签署《哈尔滨宣言》，倡议中国所有城市在未来 10 年采取积极有效的措施，实现单位 GDP 二氧化碳排放比 2005 年下降 40%～45%。

为积极探索城市低碳发展的有效途径，国家发展改革委 2010 年确定在南昌等 5 省 8 市开展低碳试点。2012 年，国家发展改革委确定第二批国家低碳省区和低碳城市试点，包括北京、上海等 29 个城市和省区。上述试点中除海南为省区外，其余 28 个均为城市。2017 年 1 月，国家发展改革委将第三批低碳试点范围确定在内蒙古自治区乌海市等 45 个市（区、县）。

至此，我国已确定了 6 个省区低碳试点，81 个低碳试点城市，也就是说，我国 31 个省（自治区、直辖市）中，除湖南、宁夏、西藏和青海外，每个地区至少有一个低碳试点城市。至此，低碳试点已经基本在全国全面铺开。

7.3.1 优化能源结构，强化市场手段，加强生态韧性——北京市、烟台市低碳发展实践

北京市制定实施了"绿色北京"发展战略及一系列措施行动，碳排放总量大幅下降，生态环境质量显著改善。

北京市低碳城市建设中，探索开展碳排放"双控"制度与目标责任制。北京早在2013 年北京市人民代表大会常务委员会发布的《关于北京市在严格控制碳排放总量前提下开展碳排放权交易试点工作的决定》中，提出了"科学设立年度碳排放总量控制目标，严格碳排放管理，确保控制目标实现和碳排放强度逐年下降""实施碳排放配额管理和碳排放权交易制度"，并将碳排放总量达峰目标写入本地区"十三五"规划纲要。

北京市持续推进能源清洁高效利用，坚持能源清洁化战略，大力削减供暖、工业、发电等领域的用煤量，煤炭消费总量由高峰期的超过 3000 万 t 降至 2022 年的不足 100 万 t。针对能耗较高的建筑领域，北京市积极发展绿色建筑，大力推进建筑节能改造，通过提高标准、节能管理、余热回收、供热改造等措施，推动降低建筑的能耗和碳排放水平。北京市坚持"公交优先、慢行优先、绿色优先"理念，加快建设低碳便利的公共交通体系。针对工业污染物排放，北京市持续调整优化产业结构，不断提升生态系统韧性。同时，北京市还加快发展光伏、风电、地热等本地可再生能源，大幅提升外调绿电规模，使可再生能源消费占比大幅增加。氢能作为一种新能源，正在得到越来越多的关注。全国首个氢能碳减排项目已在北京市落地。北京市发布了全国首个面向车用氢能领域的碳减排方法学，鼓励交通领域降碳减污。基于此方法学，大兴区相关企业牵头，借助京津冀智慧氢能大数据平台，实时监控氢燃料电池汽车运行情况、核算减碳成效。北京市的金风科技亦庄智慧园区集可再生能源、智能微网、智慧水务、绿色农业和运动健康等功能于一体，打造了可感知、可思考、可执行的绿色园区生态系统。在风电、光伏和多种形式储能在内的智能微网等绿色能源的助力下，该园区成为通过可再生能源辅以碳抵销方式实现"碳中和"的智慧园区。

北京市生态环境部门不断健全完善试点碳市场工作机制，形成了政策制度完善、参与主体多元、交易活跃度高、碳价激励约束作用显著的碳排放权交易体系。2023 年 10 月，北京市政府将出租车行业纳入试点碳市场履约范围，还开展了 2022 年度碳排放配额有偿竞价发放，通过市场化手段促使企业主动减少碳排放。

依托试点碳市场，北京市创新性打通了碳普惠和碳交易。碳普惠平台收集的公众低碳出行碳减排量，经审定后，可在北京市试点碳市场交易，用于重点碳排放单位配额清缴抵销或主动履行减碳社会责任。北京市发布了 MaaS 低碳出行碳减排项目评估方法，平台企业积极响应，实施低碳出行项目。公众也可以根据实际自行选择碳普惠平台，完成碳普惠注册后，低碳出行即可实时获得碳减排量。获得的减排量既可用于植树、修桥、低碳冬奥建设等公益性活动，也可在平台上兑换购物代金券、视频会员、公交地铁充值卡等激励。

2022 年以来，北京市低碳试点工作全面推进，国家速滑馆低碳技术综合应用项目、北京城市副中心智慧能源服务保障中心被动式近零碳（能耗）示范项目等 12 个项目获评为先进低碳技术试点优秀项目。

与北京市相似，烟台市也以新旧动能转换为核心开展低碳城市建设。烟台市发出了山东第一度核电、第一度海上风电、全球深远海漂浮式海上光伏第一度电。烟台拥有漫长的海岸线，风能、太阳能等新能源资源总量非常丰富。除了海上光伏，烟台的风电、LNG 项目、储能项目也齐头并进。规划到 2035 年，烟台清洁能源装机容量将突破 6000 万 kW，年发清洁电力超过 2900 亿 kW·h，相当于烟台市目前全社会用电量的近 5 倍。

7.3.2　突破碳排放关键源，建设低碳城市——上海市、贵阳市低碳发展实践

上海作为中国最大的城市，也是全球发展最快的城市之一，其城区建筑密度大、人口密度高，建筑在城市运行过程中正在消耗越来越多的能源资源。2008 年，世界自然基金会（WWF）确定上海作为中国低碳城市发展项目试点城市，探索其低碳建筑发展模式。WWF与上海市城乡建设与交通委员会、上海市建筑科学研究院合作，重点对建筑的能源消耗情况进行调查、统计，旨在为建筑领域节能寻求低碳发展的解决方案，并于 2011 年出版了《2050 上海低碳发展路线图报告》。

2010 年，上海市将建设低碳城市与世博会紧密相连，世博园区从选址、规划开始，到设计、建设、运营等全过程，上海始终贯彻"低碳"理念，从源头上减少碳排放。另外，上海也积极落实"碳补偿"措施，尽可能抵消世博会的额外碳排放。由于开展期间将有7000 万中外宾客前来参观，根据初步估计，将会产生 900 万 t 左右的二氧化碳排放量。主办方将通过节能减排技术自行承担 150 万 t 碳排放，其余 750 万 t 排放将通过上海环境能源交易所的自愿减排交易机制和交易平台由客户自行支付购买。

借助世博会，上海市对园区内原有的工艺落后、能源利用效率低下的部分工业企业实施关闭，部分通过实施异地搬迁实现技术升级改造，从而实现产业低碳发展。借助世博会，上海市传递了上海人低碳发展的信心和勇气，世博会向全世界发出了"绿色出行看世博"倡议：国内、外长途参观者，若要乘坐飞机，建议直接或间接购买碳信用额度，抵消因飞行所产生的碳排放；长三角周边的中短途参观者，建议优先选择火车、轮船和长途客车；若为周边地区参观者，建议采用停车换乘方式。借助世博会的后续效应，上海市以世博低碳理念、世博低碳技术推进低碳城市建设。2010 年确定在"十二五"期间，建设崇明、临港和虹桥商务区 3 个低碳示范区。

与上海相似，贵州贵阳等城市也走了一条以碳排放的关键源为突破口，并借助国际会议（展）扩大城市低碳影响力，从而推动城市低碳发展的道路。贵阳曾经是一座污染严重的"酸雨城市"，汽车尾气排放是其空气污染的一个重要原因。2005年，贵阳开始推行公交车"油改气"工作。2009年，生态文明贵阳会议启动，定位于推进经济发展方式转变，成为各界交流生态文明理念、展示生态文明成果、探讨绿色发展合作的重要平台。2010年，贵阳市发布了《贵阳市低碳发展行动计划纲要（2010年—2020年）》，推动了贵阳在能源、工业、建筑、交通等多个领域的低碳转型。

7.3.3 全方位多角度推进城市低碳发展——杭州市、厦门市低碳发展实践

杭州市是中国最大的经济圈——长三角的副中心城市，杭州市在低碳城市建设道路上一直走在全国前列。通过创建"全国文明城市"、打造"国内最清洁城市"和建设"健康城市"三项活动，杭州市全国宜居城市的品牌影响力不断扩大。尤其是2008年，杭州市委十届四次会议率先提出建设低碳城市的战略设想。2009年12月29日，杭州市委十届七次会议通过了《关于建设低碳城市的决定》（市委〔2009〕37号），提出到2020年，全市单位生产总值的二氧化碳排放比2005年下降50%左右。从内容上看，这份决定共有50个段落，被称为"低碳新政50条"，从产业、交通、建筑、生活、环境和社会等六个方面进行全方位综合规划。国务院提出我国2020年控制温室气体排放行动目标后，杭州市主动落实党中央决策部署，积极向国家发展改革委申请开展低碳试点工作，于2010年7月成为国家低碳试点首批城市。"十二五"规划中，杭州市继续贯彻低碳理念，发布了《杭州市"十二五"低碳城市发展规划》，为城市低碳发展明确重点领域和任务。

与杭州一样，厦门等一些国内较为发达的城市基于城市良好的经济发展基础，从一开始就全方位多角度推进城市低碳发展。2009年12月开始，厦门市对各领域碳排放的测算结果显示，2005年，厦门市交通领域的二氧化碳排放量是288.69万t，交通领域的二氧化碳排放量占全市总排放量的18%，建筑领域的二氧化碳排放量是449.05万t，生产领域的二氧化碳排放量已达987.91万t。为此，2010年1月完成《厦门市低碳城市总体规划纲要》（以下简称《纲要》），重点从碳排放量90%以上的生产、交通、建筑三大领域探索低碳发展模式。

7.3.4 低碳发展"五化"——南昌市低碳发展实践

借鉴国内外已有的低碳发展经验，南昌市探索了一条颇具特色的低碳发展道路。

一是致力于低碳发展产业化。与发达国家后工业时期的低碳发展不同，中国需要探索的是一条工业化过程中的低碳发展道路。根据江西省委、省政府要求南昌"成为带动全省发展的核心增长极"的战略定位，南昌市按照"传统产业低碳化、低碳产业支柱化"的思路，加快转变经济发展方式，坚持第二产业和第三产业"双业并举"，传统产业和新兴产业"两轮驱动"，大力发展先进制造业、现代服务业、生态高效农业和绿色建筑业，加快打造"千亿产业集群"。现代服务业迅速发展，服务外包、总部经济、商务会展文化创意

等新的经济形态大量涌现。一大批节能低碳项目落户南昌市。

二是致力于低碳发展可视化。低碳生态经济的发展不能仅仅体现在枯燥的统计数据上，更重要的是让城市"低碳化"可以耳闻目睹、触手可及。为此，南昌市着手推进了高新区低碳产业示范区、湾里生态园林示范区、红谷滩生态人居与现代服务业示范区、进贤军山湖低碳农业与生态旅游示范区等四个低碳经济示范区的建设；不同的区域体现不同的特色，实现差异化发展。湾里区不仅依靠丰富传统的登山观光旅游产业，而且充分利用森林资源，加快发展碳汇产业，提升碳汇能力，每年提供 8000 万 m^3 的负氧离子，承担南昌"绿肺"功能。红谷滩新区执行更加严格的建筑标准和建筑技术，大力推广太阳能发电、发热项目及节能设备，降低碳排放量，提高人居质量，厚田沙漠光伏太阳能发电站成功并网发电；启动了"森林城乡、花园南昌"建设，连续三年投入巨资建设城乡绿色生态系统，围绕点为绿色公园、线为绿色长廊、面为绿色板块的工作布局，快速推进速生树木的种植，重点实施都市森林公园、都市绿色长廊、城乡森林板块、城郊生态绿化"四大工程"；大力推进建筑节能和可再生能源应用，所有新建建筑均严格执行节能强制性标准，低碳住宅小区悄然兴起，紫金城、新地阿尔法等住宅小区被评为国家可再生能源示范工程，南昌市也被评为国家可再生能源建筑应用示范城市。

三是致力于低碳发展国际化。低碳也是南昌实现内陆城市扩大开放的有效途径。南昌市借助低碳的东风，积极与英国碳信托基金、美国能源基金会、奥地利国家联邦交通创新部、奥地利国家技术研究院等机构，开展低碳产业、低碳城市、低碳规划等方面的合作与交流。在与奥地利的合作中，还有一个主要项目就是岩棉生产项目，建成后南昌将成为全国规模最大、全球技术领先的岩棉生产基地。低碳发展国际化，不仅为南昌引进了技术、资金和项目，也极大地提升了南昌的知名度，使南昌在更高的平台上融入低碳发展潮流。

四是致力于低碳发展品牌化。南昌市精心培育南昌低碳发展的两大品牌：一是世界低碳与生态经济大会。世界低碳与生态经济大会已经成为全球低碳合作、技术交流、理论研讨的一个重要平台。二是南昌独特的城市形象品牌——"鄱湖明珠·中国水都"，森林、清水、湿地是被国际社会广泛认同的低碳元素，也是低碳生态城市的三大核心元素。南昌不仅拥有梅岭国家森林公园，还有一江两河八湖，水域面积达到 28%，湿地面积达到 55%。南昌市还充分利用独特的山水优势，大力建设"森林城乡""袖珍花园"。

五是致力于低碳发展惠民化。南昌市注重把低碳发展与市民生活有机结合起来，大力倡导绿色低碳的生产生活方式。建设智能交通、生态医院、生活垃圾焚烧发电等一大批让百姓直接受益的低碳项目。开展"低碳体验"行动，投放免费公共自行车、建设便民服务站点，日节省燃油 8000 L，减少二氧化碳排放约 50 t。在赣江两岸建成多条城市慢行系统，在城区积极推广太阳能一体化建筑、太阳能集中供热工程，在农村和小城镇大力普及户用太阳能热水器推行了"绿色照明"行动，在城市公共场所安装 LED 节能路灯，为市民大规模换发节能照明灯。实施"绿色门槛"行动，不仅在招商引资中坚持"三个坚决不搞"，而且先后查处环保违法企业 800 余家，关停严重污染企业 29 家。与此同时，南昌市还将低碳理念融入城市规划，进一步优化城市布局，逐步形成"一江两岸、多中心组团式、网络化"的城市结构，努力建设"半小时交通生活圈"，减少市民"钟摆式"的交通需求，从而缓解交通拥堵，减少交通碳排放。

【思考题】

1. 什么是低碳城市？低碳城市要实现的目标是什么？
2. 建设低碳城市，可以从哪几个方面着手？
3. 请以你家乡城市为例，根据该城市特点，制定一套低碳城市建设方案。

参考文献

[1] 曹瑾. 国外低碳生态城市的建设经验及启示[J]. 河西学院学报，2023，39（4）：104-110.

[2] 陈飞，诸大建. 低碳城市研究的理论方法与上海实证分析[J]. 城市发展研究，2009，16（10）：71-79.

[3] 付允，刘怡君，汪云林. 低碳城市的评价方法与支撑体系研究[J]. 中国人口·资源与环境，2010，20（8）：44-47.

[4] 付允，汪云林，李丁. 低碳城市的发展路径研究[J]. 科学对社会的影响，2008（2）：5-10.

[5] 郭丰，任毅. 低碳城市试点政策能够促进城市低碳发展吗？[J]. 当代经济管理，2024，46（3）：26-37.

[6] 何永，王如松，阳文锐，等. 低碳城市规划中的技术界定与方法集成[J]. 建设科技，2012（12）：48-53.

[7] 华凌. 北京：讲好绿色低碳故事[N]. 科技日报，2024-01-09（8）.

[8] 季予恒. 低碳城市规划建设的关键问题研究[J]. 城市建设理论研究（电子版），2023（33）：199-201.

[9] 姜鸿，张艺影. 论地方中等城市建设低碳城市的路径——以江苏常州为例[J]. 常州大学学报（社会科学版），2011，12（4）：42-47.

[10] 蒋长流，张燕. 应对"双碳"目标的城市低碳消费模式与政策激励[J]. 中南林业科技大学学报（社会科学版），2023，17（4）：1-11.

[11] 李增福，郑友环. "低碳城市"的实现机制研究[J]. 经济地理，2010，30（6）：949-954.

[12] 刘志林，戴亦欣，董长贵，等. 低碳城市理念与国际经验[J]. 城市发展研究，2009，16（6）：1-7，12.

[13] 刘中文，高朋钊，张序萍. 我国低碳城市发展战略模式研究[J]. 科技进步与对策，2010，27（22）：67-70.

[14] 陆小成. 城市更新视域下低碳创新型社会构建研究——以北京为例[J]. 生态经济，2024，40（1）：63-69，77.

[15] 路超君. 中国低碳城市发展阶段与路径研究[D]. 开封：河南大学，2017.

[16] 孟醒. 国际低碳城市发展实践与经验启示[J]. 北京规划建设，2011（5）：33-36.

[17] 倪外，曾刚. 低碳经济视角下的城市发展新路径研究——以上海为例[J]. 经济问题探索，2010（5）：38-42.

[18] 邱鹏. 探索低碳城市建设新路径——瑞典经验借鉴及启示[J]. 西南民族大学学报（人文社科版），

2010，31（10）：167-170.

[19]　生态环境部应对气候变化司. 国家低碳城市试点工作进展评估报告[R]. 2023. 7.

[20]　孙长波. 绿色低碳，烟台拓下最美底色[J]. 走向世界，2024（4）：32-37.

[21]　孙桂娟，殷晓彦，孙相云，等. 低碳经济概论[M]. 济南：山东人民出版社，2010.

[22]　王新玉. 低碳城市和生态文明城市建设模式的差异性研究——以贵阳市建设实践为例[J]. 生态经
济，2015，31（9）：19-22，67.

[23]　吴绍博. 绿色低碳高质量发展的烟台答卷[N]. 山东商报，2023-09-29（11）.

[24]　阳海港. 低碳城市理念下市政规划设计策略分析[J]. 城市建筑空间，2022，29（7）：223-225.

[25]　佚名. 烟台入选国家首批碳达峰试点城市[J]. 走向世界，2023（52）：9.

[26]　殷乾亮. 生态文明与工业文明冲突下的低碳城市建设思路[J]. 江西社会科学，2011，31（1）：85-89.

[27]　袁晓玲，仲云云. 中国低碳城市的实践与体系构建[J]. 城市发展研究，2010，17（5）：42-47，58.

[28]　张征华. 城市低碳发展理论与实证研究[D]. 南昌：南昌大学，2014.

[29]　郑石明，尤朝春. 中国低碳城市试点政策扩散模式及减污效应[J]. 中国软科学，2023（10）：98-108.

[30]　郑义，孙长波. 烟台，向全球分享"低碳"经验[J]. 走向世界，2023（52）：14-17.

[31]　周潮，刘科伟，陈宗兴. 低碳城市空间结构发展模式研究[J]. 科技进步与对策，2010，27（22）：56-59.

[32]　周冯琦，陈宁，刘召峰，等. 低碳城市建设与碳治理创新——以上海为例[M]. 上海：上海社会科学
院出版社，2016.

[33]　朱俐娜. 北京获全国低碳城市试点评估第一[N]. 中国城市报，2023-12-11（7）.

第 8 章　低碳生活

【学习目标】低碳生活是缓解当前全球气候变化的重要途径之一，目前世界各国都在倡导与推行。本章首先介绍低碳生活提出的背景、内涵、特点、现实意义等，其次介绍低碳生活的影响因素和减排潜力，最后介绍低碳生活的力量基础和实现路径。通过本章的学习，了解和掌握以下内容：①了解低碳生活提出的背景和基本内涵，理解低碳生活的特点、现实意义；②掌握低碳生活的理论基础和低碳生活的实现途径。

8.1　低碳生活概述

8.1.1　低碳生活提出的背景

2009 年 12 月，全球气候大会在"低碳之城"丹麦首都哥本哈根召开，发展低碳经济成为各国共识。低碳生活是低碳经济的重要组成部分和社会基础，是缓解当前全球气候变化的重要途径之一，目前世界各国都在倡导与推行。联合国环境规划署《2022 排放差距报告》指出，当前家庭消费温室气体排放量约占全球排放总量的 2/3，加快转变公众生活方式已成为减缓气候变化的必然选择。从我国碳排放结构来看，26%的能源消费直接用于公众生活，由此产生的碳排放占比超过 30%。中国科学院一项研究报告也显示，工业过程、居民生活等消费端碳排放占比已达 53%。由此看来，低碳生活对碳排放的贡献不容忽视。

在碳中和国际行动影响力不断扩大的背景下，越来越多的国家通过参与碳中和等气候行动强化其减排力度。截至 2020 年 6 月 12 日，已有 125 个国家承诺 21 世纪中叶前实现碳中和的目标，其中不丹和苏里南已经实现了碳中和目标，英国、瑞典、法国、丹麦、新西兰、匈牙利等国将碳中和目标写入法律，欧盟、西班牙、智利和斐济等国家和地区提出了相关法律草案。低碳生活作为世界各国实现碳中和目标不可或缺的一部分，有利于减缓全球气候变暖和环境恶化的速度，只有增强全球人民的节约意识、环保意识、生态意识，遏制奢侈浪费和不合理消费，把低碳生活理念转化为人类的自觉行动，推动生活方式和消费模式的转变，才能为全球碳减排带来积极影响。减少碳排放，倡导和践行低碳生活，已成为全人类发展的必然选择和应尽的责任。

社会的发展，将人类推进到了从工业文明时代向生态文明时代转折的时期，大力倡导低碳经济、建设生态文明，成为这一时期的主旋律。在我国，"低碳生活"是实现我国"双碳"目标在生活领域的重要举措，也是实现生态文明的前提与基础。中华传统文化中的生态哲学思想，为实现"低碳生活"提供了坚实的哲学基础与思想源泉。党的二十大报告提出，倡导绿色消费，推动形成绿色低碳的生产方式和生活方式，努力建设人与自然和谐共生的现代化。发展低碳生活方式、构建低碳社会不仅是政府的责任，也是每一个公民都应践行的责任。

8.1.2 低碳生活基本内涵

低碳生活是个新概念，目前概念还不统一。低碳生活是指减少二氧化碳的排放，就是低能量、低消耗、低开支的生活态度和生活方式。低碳生活是低碳经济的社会基础，是一种可持续发展的生活方式。低碳生活行为代表了一种更健康、更自然、更安全和更可持续的生活，是一种符合时代潮流的生活方式。低碳生活以生态价值观为指导，在日常生活中主动积极地约束自己的行为，尽量减少二氧化碳的排放量，节约资源、保护环境，是一种简单、简约、健康的绿色生活行为模式。同时低碳生活方式也是一种生活理念，尊重自然，爱护生态，保护环境，促进人与自然的和谐发展，崇尚天人合一与身心的均衡发展。低碳生活的内涵表现在以下几个方面。

（1）低碳生活是一种生活理念

"低碳生活"虽然是个新概念，但它反映的却是世界可持续发展的老问题，它反映了人类因气候变化而对未来生存与发展的担忧。一百多年来，以大量矿石能源消耗和大量碳排放为标志的工业化过程不仅让发达国家的生产力和科技水平遥遥领先于发展中国家，也令它们的生产与生活方式长期以来习惯于"高碳"模式，并形成了全球的"样板"，从而在碳排放上也遥遥领先于发展中国家，最终导致其自身和全世界被"高碳"所笼罩。在首次石油危机，继而在气候快速变化成为问题以后，才引起发达国家对高耗能生产消费模式的重新审视，并对"低碳生活"理念幡然醒悟，并达成了广泛的共识：要减少碳排放，减缓气候变化的速度，保护好人类赖以生存和发展的资源基础和美好家园。保证人类社会的可持续发展，就必须遵循自然规律，约束不合理的生产活动和消费行为，使人们的行为限制在自然和生态允许的限度内。低碳生活就是人类返璞归真地进行人与自然的活动，是可持续发展理念在人们行为中的具体体现。

（2）低碳生活是一种科学、高尚的生活态度

改善和丰富人民的生活，不仅指提高消费水平，还包括提高生活质量。而生活质量表现在物质生活、精神文化生活、人居和生存环境、社会公共设施和公共服务的享有等各个方面。低碳生活不以牺牲生活质量、减少生活内容、降低人的欲望为目的、为代价，而是对过度奢华、过度复杂的摒弃，是尝试为快节奏生活带来的沉重心理负担减负、将自己融入自然和社会、活出生活本真的生活方式，它所追求的不只是物质生活的富有，而是适度、实用、舒心、科学的物质生活和充实的精神生活以及高尚的精神境界。这种生活方式不是吝啬，而是一种公德，是人类文明进步的体现；不是迫于无奈，而是一种快乐，一种无悔的选择。

（3）低碳生活方式是一种追求健康、文明、绿色的生活时尚

过度消费不仅会造成巨大的浪费，对生态环境产生不利影响，还会影响消费者的健康。美国学者威廉·H.鲍伊尔指出，据现在估计，人的自然长寿年龄应该在 90 岁左右，但大多数美国人至少少活了 20 年。人们早亡的原因主要是滥用食物，其中高脂肪是 40%男性癌症患者和 60%女性癌症患者的主要致病因素。美国约翰斯·霍普金斯大学医学院证实，降低肉品摄取量，可降低四大疾病——癌症、心脏病、糖尿病、肥胖症的罹患率。此外，过量的烟、酒、饮料等消费都对人体健康无益。

在生活的行为方式上，低碳生活提倡的是"勤"，如多用手洗衣服，少使用洗衣机；多以步行或自行车出行，少使用汽车等。在这些力所能及的行为活动中，既可以实现节能减排的目标，又可以锻炼身体，强化体质，同时还可以增加生活的乐趣，丰富生活的内容。

在物质消费上，低碳生活追随现代社会风靡的绿色消费时尚，提倡消费那些满足人类需要且与自然环境和谐一致的绿色产品。所谓绿色产品，是指那些生产和使用对环境和人体健康无害且在其生命周期终结时，可以回收再利用的产品。例如，选择用天然纤维制作的服装，使用节能灯和节能电器，建设节能住宅，反对使用一次性消费品、高耗能消费品以及不可回收和高污染物品等。

（4）低碳生活是一种环境保护责任

低碳生活的提出，是可持续发展问题的深入与细化，它反映了人类由于气候变化而对未来发展产生的忧虑，并由此认识到气候变化中的过量碳排放是在人类生产和消费过程中出现的，要减少碳排放就要相应优化、约束某些消费和生产活动。低碳生活是当代消费者以对社会和后代负责任的态度，也是在消费过程中积极实现低能耗、低污染和低排放的一种文明导向。

低碳生活作为可持续的绿色生活方式，是协调经济社会发展和保护环境的重要途径，它既不同于因贫困和物质匮乏而引起的消费不足，也不同于因富裕和物质丰富而引起的消费过度，而是一种不追奢、不尚侈、不求量的健康、平实、理性和收敛的消费方式，既充分享受现代物质文明的成果，又同时考虑为人类的发展储蓄应有的空间和资源。

总之，低碳生活是高尚的伦理观和价值观的体现，是一种崇高的社会责任意识和科学的生活态度，是对绿色文明时尚的追求，是一种健康、良好的生活习惯。

低碳生活虽然主要集中于生活领域，主要靠人们自觉转变观念并加以践行，但也需要政府营造一个助推的制度环境，包括制定长远战略，出台鼓励科技创新、节能环保等的政策，实施财政补贴、绿色信贷等措施；还需要企业、全民积极跟进，改变目前的被动状态，自觉跟上低碳生活发展的步伐，加入推进低碳生活的"集体行动"。

8.1.3　低碳生活的特点

今天我们倡导的低碳生活，既有别于农业社会简单、落后的低碳生活，也不同于工业社会那种消费主义主导的高碳生活，而是在理念、结构、方式、内容、性质、环境等方面均有特色的新型低碳型生活方式。

（1）消费理念的生态化

人类高消耗的生产方式、高消费的生活方式和对待自然功利化的价值观是环境问题产生的根源。低碳生活要求人们树立生态消费观。这种消费观要求人们把保持良好的生态环境作为指导生活消费行为的最高准则，主张消费者购入对环境负担少的商品，人们不再以大量消耗资源的方式来求得生活的舒适，而是为了保障经济、社会、生态环境的协调与可持续发展自觉地节约资源。生态消费观符合人类的终极利益，是 21 世纪人类消费理念的必然走向。

（2）消费结构的合理化

消费结构是人们消费的各种消费对象的比例关系。低碳生活消费的合理结构主要是指把消费和消费者的收入联系起来，合理安排好用于生存消费、发展消费和享受消费的比重，使既定的收入获得最佳的消费效益，反对无度的、结构失衡的消费习惯。

人的需要是有层次性的，大致可以分为物质需要和精神需要。美国心理学家马斯洛把人的需要由低到高分为生理需要、安全需要、爱与归属的需要、获得尊重的需要和自我实现的需要 5 个层次，其中前两个层次主要表现为物质层面的需要，后三个层次主要表现为精神层面的需要。按照人的需要可以把人们的生活分为物质生活和精神生活，满足人们需要的消费也分为物质消费和精神消费，其中物质消费是基础。

（3）消费水平的适度性

消费水平是指人们在消费过程中对物质和文化需求的满足程度。它表明一定时间内人们的物质和文化消费所达到并能维持的一种状态。消费水平相对过低和过高都是不可持续的。因为消费又是社会大生产过程中的一个重要环节，是生产的直接目的和动力。增加物质资料消费，可以推动物质产品生产规模扩大；增加劳务服务消费，可以促使社会分工发展，增加工作岗位，并进一步提高社会生产效率。但是，如果消费不足，就无法提供人类正常生活所必需的消费品，从而抑制人的体魄和智力的发展，进而影响生产的发展，最终影响经济的发展并危及人类社会的发展。相反，若将消费作为人们生活的唯一目的，永无节制的消费则会造成资源浪费和环境污染，并将遭到自然的报复，甚至带来毁灭性的灾难。所以，我们提倡的低碳生活，既不是"过度消费"，也不是"消费不足"，而是适度消费，即从人类总体来讲，要把人类的消费需求的水平控制在地球承载能力范围之内；从人类个体来讲，要以人的生理需求为界限，倡导健康理性的、有节制的消费。

（4）消费方式的绿色化

所谓消费方式，是指在一定的生产发展水平和生产力关系条件下，消费者与消费资料相结合以实现需要满足的方法和形式，是消费的自然形式和社会形式的有机统一。绿色消费是一种无害于环境和人类的消费，它要求人类应以对其他物种和地球产生影响最小的方式来生活，提倡那些满足人类需要且与自然环境和谐一致的绿色产品。例如，重视保持和享受绿色食品的天然风味与营养；钟情手感柔软、透气性好的棉、麻、丝、毛等天然衣物；追求清新、幽雅并与山水相映的居住环境；重视消费环境的优雅和品位高低；提倡健身与健心结合的运动方式，如球类活动、游泳、冲浪、保龄球、高尔夫球、形体训练、攀岩、漂流、潜水、探幽等；提倡徒步或自行车出行等。同时也注重消费过程中废物排放减量化、无害化和回收利用，不造成环境污染。正像国外学者认为的绿色消费就是要做到"5R"，即节约资源，减少污染（Reduce）；绿色生活，环保选购（Reevaluate）；重复利用，多次使用（Reuse）；分类回收，循环再生（Recycle）；保护自然，万物共存（Rescue）。绿色消费的这些特点正是低碳生活所要求的。

（5）消费性质的公平性

消费性质是由生产性质所决定的，指的是在现存的生产关系下消费的代内公平性与代际公平性。低碳生活必须坚持公平性原则，要求任何人都不应该因自身的消费而危及他人的生存和消费。在商品或服务的消费中，不仅要兼顾代内其他人的利益，还要充分考虑不损害后代人满足其消费需要的能力，公平分配自然资源和无污染的自然空间，绝不能吃祖宗饭、断子孙粮。

（6）生活环境的优越性

生活环境是指人们生活赖以实现的社会和自然环境，如人口密度、消费品和服务保证程度、城市面积、绿化面积、废弃物排放量及其处理情况、周围河流、湖泊水质情况、饮水卫生情况、环境卫生设施情况等。生活环境的好坏对人们的生活产生直接的影响。要使人们的生活实现低碳化，就要健全和优化环境保障体系。

8.1.4 低碳生活的现实意义

8.1.4.1 低碳生活是缓解能源和资源危机的需要

进入 2000 年后，世界人口开始呈爆发式增长，现在已经达到 80 亿。随着人口的激增和消费水平的提高，人类对地球资源的需要量也越来越多。但是，地球环境的空间不会增加，资源的储量和再生能力有限。因此，人类对环境的压力与冲击就变得越来越大。

2023 年，世界资源研究所（WRI）最新研究显示，在人口总和占世界人口 1/4 的 25 个国家中，每年都面临极大的用水压力；每年全球至少有一半人口在水资源高度紧张的环境中度过 1 个月或更长时间。自 1960 年以来，全球对水资源的需求增加了 1 倍多，预计到 2050 年，全球对水资源的需求将增加 20%～25%。

联合国粮食及农业组织发布的《2022 全球粮食危机报告》显示：2021 年，53 个贫困国家和地区的约 1.93 亿人经历了危机级别或更严重的粮食不安全状况，与 2020 年创纪录的人数相比，又增加了近 4000 万人，创下六年来新高。

全球 80% 的人口居住在化石燃料净进口国家和地区，这意味着，在减少化石燃料消费方面，大部分人面对的挑战和机遇是一致的。自 2022 年 2 月 24 日俄乌爆发冲突以来，全球能源市场遭遇一次大的能源危机。俄罗斯是能源超级大国，在全球石油、天然气、煤炭领域均具有举足轻重的地位，欧洲高度依赖俄油气资源特别是管道天然气。美西方对俄全面制裁和西方企业抵制俄能源产品，以及俄欧在天然气贸易卢布结算上的对抗，显然会导致俄油气出口严重受阻和产能大幅下降，而石油输出国组织（OPEC）的石油增产意愿不足，导致全球能源供应短缺矛盾急剧恶化，全球能源价格大幅飙涨。国际原油价格从俄乌冲突前 90 多美元/桶一度飙升至 130 多美元/桶，目前仍在 110 美元/桶左右的高位波动；液化天然气价格一路飙升，欧洲荷兰产权转让设施（TTF）基准价格一度超过 70 美元/百万英热单位[①]；国际煤炭价格升至 300 美元/t，创历史新高。中国是最大的能源进口国，全球能源的供应短缺和价格飙涨势必威胁到中国的能源安全。

低碳生活有助于节约能源和资源。传统生活方式通常消耗大量能源，如煤炭、石油和天然气等，而这些能源的使用对环境造成了严重的污染。低碳生活强调节约能源和资源的重要性，通过改变生活方式，如选择乘坐公共交通工具、合理使用电器设备、减少不必要的能源消耗等，可以有效减少能源和资源的浪费，提高能源利用效率。

8.1.4.2　低碳生活是实现碳达峰碳中和的需要

随着全球经济的快速发展，人们生活水平的不断提高，消费质量也发生了明显改善，以冰箱、洗衣机、电视机、手机、计算机、空调、汽车、住房等高耗能消费为特征的产品大量进入人们的生活。从规模上看，2012—2021 年，我国社会消费品零售总额从 20.6 万亿元增长到 44.1 万亿元，年均增长接近 9%，成为仅次于美国的全球第二大消费市场。从结构上看，人民群众的消费水平和生活品质也有了显著提升，每百户居民拥有彩电 121 台、冰箱 102 台、手机 254 部。然而，为满足这些产品的生产和消费，人类对煤炭、石油、天然气、森林等为代表的能源开采也达到史无前例的水平。从已有研究报告、人们日常碳排放和低碳生活减排的潜力数据来看，气候变化已经不再只是政府官员、专家学者和环保者关心的问题，而是与我们每个人息息相关。

公众生活方式改变是温室气体减排不可或缺的一部分，社会全面动员、企业积极行动、全民广泛参与是实现生活方式和消费模式绿色转变的重要推动力。从国际上看，美国、德国、日本等发达国家人均用能分别为 9.9 t、5.5 t 和 5.2 t，而我国目前约为 3.5 t。当前，我国仍处于工业化、城镇化深化发展阶段，人均用能还有较大提升空间。只有引导全民广泛参与、自觉节水节电、践行低碳出行、杜绝粮食浪费，才能以更低的能耗和碳排放水平实现更高质量的经济增长。由此看来，低碳生活是实现"双碳"目标、推动人与自然和谐共生的必然要求。

8.1.4.3　低碳生活是实现生态文明社会的需要

党的十七大报告中首次提出建设生态文明的概念，党的十八大报告将生态文明建设纳入"五位一体"中国特色社会主义总体布局，要求把生态文明建设放在突出地位，融入经济建设、政治建设、文化建设、社会建设各方面和全过程。随后发布的《中共中央　国务院关于加快推进生态文明建设的意见》，将生态文明建设上升到了制度层面。党的十八大报告也提出，着力推进绿色发展、循环发展、低碳发展，这是"低碳发展"首次出现在党

---

① 1 英热单位约等于 1055 J。

代会报告中。党的十九大、党的二十大报告更进一步强调，要加快发展方式绿色转型；倡导绿色消费，反对奢侈浪费和不合理消费，推动形成绿色低碳的生产方式和生活方式；开展创建节约型机关、绿色家庭、绿色学校、绿色社会和绿色出行等行动。

生态文明建设的一个主要任务，就是要消除工业文明的高碳标志，步入低碳、发达的生态文明社会。

低碳生活是生态文明社会建设的客观要求，是生态文明社会的前提与基础。生态文明建设与每个人的生产生活都密不可分，它关系到每个人生活环境的建设，而这一建设的关键在于转变生活生产方式。"低碳生活"的理念倡导低能量、低消耗、低开支，从思想到行动改变每个人的生产和生活方式，可以说，它是推进生态文明建设的重要途径和有力保障，是生态文明建设的现实需要。

8.2 低碳生活的影响因素

影响低碳生活的因素是多方面的，它们往往并不是单独起作用，而是各种因素共同发挥作用。其中，主要的影响因素有科技水平，社会心理、政策、法规及制度，以及消费者收入水平。

8.2.1 科技水平因素的影响

就对人类消费的影响来讲，科学技术是一把"双刃剑"。一方面，科技进步在提高人们的生活水平、促进消费模式转变和减少经济增长对环境的影响方面发挥着十分重要的作用；另一方面，先进的技术应用不当，对人类生活的负面影响和对生态环境的破坏作用也是非常显著的。例如，飞机、汽车的发明和大量使用使人们的出行更加方便、快捷、舒适，但是由于人体活动的减少会影响健康，大量消耗燃料后排放的废气又污染了环境；食品加工技术的发展使人们的饮食结构优化并为人们的饮食带来了方便，但各种食品添加剂的发明和大量使用又成为当今食品安全的一大隐患。总体来讲，科技进步的积极作用是主要的，因为产生的消极影响可以通过技术创新加以改进或克服。

8.2.2 社会心理因素的影响

社会心理、文化传统和价值观对消费模式会产生十分重要的影响，进而影响对产品的需求。例如，崇尚节俭还是追求炫耀的价值观，是以我为中心还是尊重自然、尊重他人的伦理观，都直接影响着生活方式。现代社会普遍流行一种对现代化和经济发展的错误理解，把现代化建设等同于经济增长，又把经济增长等同于物质消费的增加，促进消费增加就是促进经济增长，从而大肆宣传和鼓励消费，甚至把物质消费看作个人经济成就和个人地位的象征，把成功看作物质财富和消费的增加，认为"越多越好"。在这种观念的指导下，各种各样的奢侈浪费型消费大为流行。这种消费模式必然会加大对生态环境的破坏，具有明显的不可持续性。

8.2.3　政策、法规及制度因素的影响

国家经济政策会直接或间接影响人们的生活消费。例如，20 世纪 90 年代，我国将汽车产业作为主导产业并加以扶持，促进了我国汽车产业的快速发展，现在轿车已经开始走进平常百姓家庭，并成为一些家庭成员出行的主要交通工具；近年来实施的家电下乡、汽车下乡补贴政策，大大促进了家用电器在农村的普及以及汽车的消费；一些发达国家对节能产品和清洁能源消费的补贴政策，促进了节能产品生产和消费以及清洁能源产业的迅速发展。通过立法、建立管理体系或制度来影响和引导消费，一直是世界各国的通行做法。例如，一些国家对私人汽车征收二氧化碳排放税，对工艺老化、高能耗产品实行淘汰制。我国对奢侈品征收高额消费税，不少地方对水价、电价实行梯度制等，以限制人们对奢侈品、高能耗产品的消费，从而减少生活消费中的资源浪费和对环境的破坏，并引导人们形成科学合理消费的良好习惯。

8.2.4　消费者收入水平的影响

消费都是以收入水平作为基本支撑，消费者都会根据自身的经济收入来决定消费对象和消费方式。如果人们的收入水平低，无论是选择消费对象还是选择消费方式，首先关注的是根据自己的收入水平满足基本的需求，而不是碳的高低和对环境的影响。只有当收入水平达到一定的程度，人们才会开始关注其消费行为如何才会对自然和社会更加有益。一项研究结果也充分说明了这一点：在月收入为 800～2000 元、2001～4000 元、4001～6000元、6000 元以上四组收入阶层中，选择商品有无绿色标志的比例分别为 14.5%、17.25%、23.3%、41.7%。但是一些高价位的高碳产品（如牛肉、奶制品）和动物产品（如羽毛制品），也是高收入人群青睐的对象。所以，对于低碳消费意识淡薄的高收入消费者，消费商品和服务更注重价位和质量，环保因素关注度较低。

除以上提到的 4 个方面的主要影响因素外，还有诸多因素（如民族特点、消费习惯、人口状况、资源状况、自然地理和环境状况等）都会不同程度地影响消费模式的转变。

8.3　低碳生活减排的潜力

8.3.1　日常生活中的碳排放

大气中排放的温室气体不仅来自工业、农业等生产领域，而且来自生活消费领域的也占有相当大的比例。联合国环境规划署发布的《2020 排放差距报告》显示，出行、居住、饮食等对碳排放贡献最大，分别占日常生活能源总碳排放的 17%、19%、20%。据测算，我国居民生活碳排放量占总排放量的 45%以上，发达国家居民生活碳排放占比为 60%～80%。随着生活水平的提高，未来我国居民个人生活行为将导致二氧化碳排放量所占的比重还会进一步提高。

（1）居家生活中的碳排放

据测算，我国年人均二氧化碳排放量为 2.7 t，而生活在城市里的居民，由于居住的楼房或公寓维修、取暖和空调使用等，每人每年平均排放 3～10 t 的二氧化碳。一个城市居民如果有 40 m² 的居住面积，开 1.6 L 汽车上下班，一年乘飞机 12 次，二氧化碳排放量 1 年就能达到 2611 t 左右。农村居民居住条件较差，居民生活能耗较低。有关人员对湖南省居民消费方式研究的结果表明，农村居民生活行为消耗的能源和排放的二氧化碳分别为城市的 33.8% 和 36.5%。居家的碳排放主要来自集中供暖、家电照明能源消耗、做饭能源消耗、居家装修使用的各种材料的间接能源消耗。在我国，1 kW·h 的二氧化碳排放量是 752 g。居家装修时每使用 1 m³ 的木材就相当于排放 568 kg 二氧化碳，每使用 1 kg 铝材就相当于排放 21 kg 二氧化碳。

（2）服饰行为中的碳排放

IEA 发布的《全球能源回顾：2021 年二氧化碳排放》报告指出，2021 年，全球能源领域二氧化碳排放量达到 363 亿 t，同比上涨 6%，创下历史最高纪录。仅服装行业的碳排放量就占了约 10%，是仅次于石油的第二大污染源。研究发现，一条约 400 g 的涤纶裤，假设它在我国台湾地区生产原料，在印度尼西亚制作成衣，最后运到英国销售，预计其使用寿命两年，共用 50℃ 温水的洗衣机洗涤过 92 次，洗后用烘干机烘干，再平均花 2 min 熨烫。这样算来，它"一生"所消耗的能量大约是 200 kW·h，相当于排放 47 kg 的二氧化碳，是其自身重量的 117 倍。

对一个家庭来讲，洗衣机每次洗净衣服的用电量大约为 1.2 kW·h，将衣服甩干的用电量为 3.5 kW·h，这样，每洗一次衣服就会间接排放 2 kg 的二氧化碳。

以最常见的纯棉和化纤面料的服装计算，我们的衣柜一年因新添服装而排放的二氧化碳至少有 1000 kg。按照每季只买两件 T 恤（250 g/件）、两件衬衫（250 g/件）、两件外套（500 g/件）计算，不经任何染色印花处理，每件纯棉服装的碳排放量总计约为 224 kg，化纤服装的碳排放总量约 1504 kg。一旦选择了有颜色和图案的服装，再加上皮革、羊毛等服装，你衣柜里每年新添服装的碳排放量远不止 1000 kg。

（3）饮食中的碳排放

食物消费涉及生产、加工、存储、运输、流通、处理等环节，这些过程均伴随着能源的投入和温室气体的排放。有研究显示，与食物消费相关的温室气体的排放量已达到人类活动产生的温室气体的 25% 左右。在食物碳排放量中，生产环节占食物排放量的 68%，食物交通运输占 5%。一个家庭中食物碳排放量占比为 10%～30%，这个比例在低收入家庭中会更高。

粮食产生的排放主要由二氧化碳、氮氧化物和甲烷组成，它们主要来自粮食生长过程。研究表明，中国 2013 年玉米、小麦、水稻生产过程中碳足迹水平很高：生产 1 kg 玉米碳足迹为 0.48 kg 二氧化碳，生产 1 kg 小麦碳足迹为 0.75 kg 二氧化碳，生产 1 kg 水稻碳足迹为 1.6 kg 二氧化碳。

联合国粮食及农业组织的数据显示，畜牧业制造了全球近 1/5 的温室气体，每年产生的升温效应，相当于 71 亿 t 二氧化碳当量，其中牛是最大的气体制造者。牛是反刍动物，牛在食用牧草之后，在胃肠道消化过程中会排出大量的温室气体甲烷。阿根廷研究人员发现，牛群的甲烷气体排放量在空气中的含量虽然比二氧化碳少，但它引起气温升高的效力却是二氧化碳的 23 倍。饲养一头牛每年要产生 70～120 kg 的甲烷，那么排放二氧化碳排放量分别为 1610 kg 和 2760 kg。根据专家们的计算，每生产 1 kg 牛肉，相当于产生 34.6 kg 的二氧化碳。羊肉产生 17.4 kg 二氧化碳，猪肉产生 6.35 kg 二氧化碳，鸡肉产生 4.57 kg 二氧化碳。有了这个数据，我们就不难知道，具体到个人，如何达到减少 1 kg 的减排目标。少吃 0.25 kg 的鸡肉，就可以轻松达到减排 1 kg 的二氧化碳。而这对我们的生活水平不会有什么影响，甚至还有好处。

碳酸饮料是现代人生活不可或缺的饮品，但从饮料的包装和饮品的生产、运输和销售链条以及包装的处置都会产生碳排放。以可乐为例，一罐可乐大约含有 6 g 的二氧化碳，一部分在打开可乐罐的时候逃逸到大气中，一部分在人们喝到肚子里之后又从口中呼出。再考虑生产、运输、销售链条中的碳排放和包装物整个生命周期中的碳排放，初步估算每生产 1 t 可乐产生的碳足迹为 34.95 kg。

（4）出行中的碳排放

"行"是人们生存与生活的必要行为。随着人们生活水平的提高和生活节奏的加快，人们出行的方式也逐渐由步行、自行车、公交车为主转向以自驾车、公务车、出租车为主。机动车数量的增加必然造成燃料消耗量和二氧化碳排放量的增加。国际环保机构绿色和平东亚分部发布的《低碳竞速 2023——全球车企气候行动与环境表现排名》报告指出，2022 年全球道路交通领域的碳排放量达到全球总碳排放量的 17.9%，其中乘用车的排放量占比最高。在美国，交通运输所排放的二氧化碳占总排放量的 33%。2021 年，由生态环境部、中国人民大学和滴滴发展研究院联合发布的《数字出行助力碳中和》报告指出，交通行业二氧化碳排放量约占全国总碳排放量的 10%。据科学测算，人均行驶百公里，私家车的碳排放量为 21.6 kg，飞机的碳排放量为 12.2 kg，高铁的碳排放量为 1.4 kg，地铁的碳排放量为 1.3 kg，自行车的碳排放量为 0.01 kg，步行的碳排放量为 0。可见，道路交通在交通全行业碳排放中的占比最高。因此，选择合适的出行工具对节能减排尤为重要。

日常生活都直接或间接地伴随着能源的消耗和碳的排放。虽然每个人甚至每个家庭浪费能源和增加碳排放的数量看似很小，但是，将全球 80 多亿人口、数亿个家庭的总量加起来，就是一个惊人的数字。

8.3.2 低碳生活的减碳潜力

注重生活中的节能降耗，减少资源和能源的浪费，加强废弃物资的资源化利用，是节能减排的重要措施。

（1）日常行为中节能减排的潜力

——在保证生活需要的前提下，每人每年少买一件不必要的衣服可节能约 2.5 kg 标准煤，相应减排 6.4 kg 二氧化碳。

——如果每月用手洗代替一次洗衣机洗衣，每台洗衣机每年可节能约 1.4 kg 标准煤，相应减排 3.6 kg 二氧化碳。另外，少用 1 kg 洗衣粉，可节能约 0.28 kg 标准煤，相应减排 0.72 kg 二氧化碳。

——每台冰箱每天减少 3 min 的冰箱开启时间，一年可省电量 30 kW·h，相应减少二氧化碳排放 30 kg；及时给冰箱除霜，每年可以节电 184 kW·h，相应减少二氧化碳排放 177 kg。

——如果每台空调在国家提倡的 26℃基础上调高 1℃，每年可节电 22 kW·h，相应减排二氧化碳 21 kg。

——如果全国每个人都能做到用完电器随手拔掉插头，全国每年就能省电量 180 亿 kW·h。

——少浪费 0.5 kg 粮食（以水稻为例），可节能约 0.18 kg 标准煤，相应减排二氧化碳 0.47 kg。

——少生产 1 个塑料袋节能 0.04 g 标准煤，减排二氧化碳 0.1 g。如果全国减少 10% 的塑料袋使用量，那么每年可以节能约 1.2 万 t 标准煤，减排二氧化碳 3.1 万 t。

——在公园中慢跑取代在跑步机上运动 45 min，可省近 1 kg 的温室气体排放量。

——如果全国有 10% 的纸张做到双面打印、复印，每年就可减少耗纸约 5.1 万 t，节能 6.4 万 t 标准煤，相应减排二氧化碳 16.4 万 t。

（2）选择和消费低能耗产品或服务减排的潜力

——以 11 W 节能灯代替 60 W 白炽灯、每天照明 4 h 计算，1 支节能灯 1 年可节电约 71.5 kW·h，相应减排二氧化碳 68.6 kg。

——一台节能空调比普通空调每小时少耗电 0.24 kW·h，按全年使用 100 h 保守估计，可节电 24 kW·h，相应减排 23 kg 二氧化碳。

——每个家庭安装 2 m^2 的太阳能热水器，就可以满足全年 70% 的生活热水需要。

——骑自行车或步行代替驾车出行 100 km，可以节约油约 9 L。

——混合动力车可省油 30% 以上，每辆普通轿车每年可因此节油约 378 L，相应减排二氧化碳 832 kg。

——汽车耗油量通常随排气量上升而增加。排气量为 1.3 L 的车与 2.0 L 的车相比，每年可节油 294 L，相应减排二氧化碳 647 kg。

——英国剑桥大学制造研究所的研究表明，一件 250 g 的纯棉 T 恤在其"一生"中大约排放 7 kg 二氧化碳，是其自身重量的 28 倍。而环境资源管理公司的计算结果是：一件涤纶裤子一生中排放的二氧化碳，是其自身重量的 117 倍。

——每使用 1 t 循环纸张和纸板，就可以减少 1.4 t 二氧化碳排放。

2022 年 5 月，我国首个消费端碳减排量化标准《公民绿色低碳行为温室气体减排量化导则》正式实施。这是对消费端行为碳减排量化团体标准的首次探索，填补了公民绿色行为碳减排量化评估标准的空白，有助于指导相关方对碳减排行为进行评估测算。该导则推荐了涉及衣、食、住、行、用、办公、数字金融等 7 大类共 40 项绿色低碳行为，为测算、评估公民绿色行为的碳减排量提供了一把"标尺"。例如，服装领域的绿色低碳行为包括旧衣回收、使用可持续原材料生产的衣被等；饮食领域包括减少一次性餐具、植物基肉类替代传统肉类、光盘行动、小份/半份餐食等；居住领域包括使用清洁能源及绿色节能产品、节约用水、节约用电、生活垃圾分类等。

8.4　低碳生活的理论基础

8.4.1　生态文明是低碳生活的哲学基础

党的十七大报告中首次提出建设生态文明的科学理念，党的十八大将生态文明建设纳入"五位一体"中国特色社会主义总体布局。建设生态文明，根本在于生产方式和生活方式转型，其中"低碳经济"和"低碳生活"将成为建设"生态文明"最有力的突破口。

生态文明是继原始文明、农业文明、工业文明之后，人类文明发展的一个新的阶段，是人类文明发展的历史趋势。生态文明是人类为保护和建设美好生态环境而取得的物质成果、精神成果和制度成果的总和，是贯穿经济建设、政治建设、文化建设、社会建设全过程和各方面的系统工程，反映了一个社会的文明进步状态。生态文明是人类在利用自然界的同时又主动保护自然界、积极改善和优化人与自然关系而取得的物质成果、精神成果和制度成果的综合。显然，生态文明将会对人们之间如何相互作用以及人与自然其他部分之间如何相互作用进行约束。低碳生活与生态文明的根本和核心是一致的。实现低碳生活，应该把它与建设生态文明有机地结合起来，相互促进。

低碳生活是生态文明的基础，倡导低碳生活是生态文明建设的着力点，而生态文明建设则是建设低碳生活的落脚点和归宿。首先，推行低碳生活，能推进能源经济革命，改变能源结构，把经济活动对自然环境的影响降到尽可能小的程度，有利于推动工业文明向生态文明的转型，形成符合生态文明的可持续发展经济模式。其次，推行低碳生活要求树立生态文明的技术创新价值观，提高能源使用效率，有利于保护生态环境。再次，低碳生活要实现，核心是新能源的开发、生产、利用，追求绿色 GDP，实现节能减排，促进能源技术、减排技术、产业结构、制度创新以及人类生存生活方式、经济发展观念的根本性转变，实现可持续发展。生态文明的核心恰恰也是遵循可持续发展。最后，推行低碳生活可以改变人们的消费模式，有利于实现生活消费方式向生态文明变革。

8.4.2　可持续发展是低碳生活的社会学基础

可持续发展是当今社会发展的重要基石和指导原则。1987 年，《我们共同的未来》将"可持续发展"定义为"既满足当代人的需要，又不对后代人满足其需要的能力构成危害的发展"。这一定义得到广泛的接受，并在 1992 年联合国环境与发展大会上通过《里约宣言》取得共识。我国学者则补充认为，可持续发展是"不断提高人群生活质量和环境承载能力的、满足当代人需求又不损害子孙后代满足其需求能力的、满足一个地区或一个国家需求又未损害别的地区或国家人群满足其需求能力的发展"。可持续发展具有三个方面的特征：一是人类的公平性，包括代内公平、代际公平、公平分配有限资源；二是经济和社会的持续性，但不能超越资源与环境的承载能力；三是人与自然的共同性。

自 1997 年党的十五大把可持续发展战略确定为我国"现代化建设中必须实施"的战略以来，我国一直高度重视可持续发展战略，2007 年党的十七大报告将可持续发展战略作为发展中国特色社会主义三大基本战略之一，写进《中国共产党章程》。党的十八大以来，以习近平同志为核心的党中央多次强调要毫不动摇坚持可持续发展战略。可持续发展的关键是人的全面发展，人的全面发展是实现人与自然和谐发展的前提和归宿。实现可持续发展需要有新的价值取向、新的发展模式。

低碳生活是可持续发展的新模式，是可持续发展的根本途径和必然选择。各国提倡低碳生活、发展低碳经济，外因是应对全球气候变化可能带来的不利影响，内因则是长期可持续的能源战略需要，环境保护是二者的结合点。换言之，低碳生活旨在降低人类对传统化石能源的依赖程度，从而在保证各国能源安全的同时，减少温室气体排放，保护环境，实现环境、经济和社会的持续、健康、协调发展。

8.4.3 气候变暖是低碳生活的环境学基础

从工业革命开始，化石燃料被大规模使用，人类已经向大气中排放了过多的二氧化碳和其他一些温室气体。二氧化碳等温室气体增加导致的温室效应已经显现出来，使全球气候迅速变暖。1990 年，联合国政府间气候变化专门委员会（IPCC）发布第一次全球气候评估报告，首次向全世界系统性地揭示了人类在工业革命以后的温室气体排放对地球气候系统产生的显著影响。到目前为止，IPCC 共发布六次气候评估报告，IPCC 第六次报告指出：基于多项研究，对工业革命以来的气候变化进行了归因。自然因子和气候系统的内部变率对一百多年来气候变化的贡献几乎为零，是人类活动造成了 1850 年至今的几乎所有全球温升。世界气象组织（WMO）发布的《2024 年温室气体公报》显示二氧化碳、甲烷和氧化亚氮的大气水平在 2023 年均创下了新高，2023 年的二氧化碳浓度为（420.0±0.1）ppm[①]，甲烷为（1934±2）ppb[②]，氧化亚氮为（336.9±0.1）ppb，分别是工业革命前（人类活动开始破坏大气中这些气体的自然平衡之前）水平的 1.5 倍、2.65 倍和 1.25 倍。

全球变暖可能带来一系列危害，如极地冰原融化、海平面上升、淹没较低洼的沿海陆地、冲击低地国及多数国家沿海精华区，并造成全球气候变迁，导致不正常暴雨、干旱现象以及沙漠化现象扩大，对于生态体系、水土资源、人类活动与生命安全等都会造成很大的伤害。因此，发展低碳经济，倡导低碳生活，控制温室气体的排放总量，成为世界各国的共同选择。

---

① 1 ppm=10^{-6}。

② 1 ppb=10^{-9}。

8.4.4　公共外部性是低碳生活的经济学基础

外部性往往是在缺乏相关交易的情况下，当社会成员（包括组织或个人）在从事经济活动时，其经济行为影响了他人的福利，却没有得到相应补偿或承担相应义务的经济行为。英国世界银行前首席经济学家 Nicolas Stern 曾指出："不断加剧的温室效应将会严重影响全球经济发展，其严重程度不亚于世界大战和经济大萧条。要求世界各国必须从国内生产总值中拨出 1%，约合 1840 亿英镑对抗全球变暖，否则全球经济将付出比治理这一问题高 5～20 倍的代价。世界每排放 1 t 二氧化碳，会造成至少 85 美元的破坏。"这就是温室气体排放所带来的外部性的经济损失，构成了社会总成本的一部分。

第一，低碳领域的外部性体现为公共外部性，即地球生态环境及气候是全球性的公共物品，涉及的不仅是生产者和消费者的利益，还关系到主权国家之间的利益。第二，资源耗竭和气候恶化留给后代的只能是灾难。因此，低碳领域的外部性还体现为代际的外部性，发展低碳需要克服代际外部性，实现可持续发展。第三，低碳发展不仅要面对生产的外部性，还要面对消费的外部性。这就必然要求从生产和消费两方面解决外部不经济的问题，从而将人与自然的低碳协调与经济均衡发展有机结合起来。第四，在低碳外部性产生前，是无法产生任何交易行为的。第五，低碳经济中外部性存在产权的缺失，使事后的补偿和谈判存在困难。

由于低碳领域的外部性是一种在消费上具有非排他性和非竞争性的公共产品。公共产品的非竞争性使配置资源的价格机制失去作用，产生了"公地悲剧"；而公共产品具有消费的非排他性也会使消费者产生"搭便车"的动机和行为。这一方面工业化社会的化石能源的排放引起了气候变化这一"公地悲剧"，而另一方面基于"搭便车"动机，导致减排的国际谈判往往陷入僵局，难以形成一致意见。

经济学理论以外部性和公共品性质来解释低碳经济领域的市场失灵，经常采用的是政府管制、税收、补贴、碳基金等手段。但科斯认为外部效应往往不是一方侵害另一方的单向问题，而具有相互性，并以"交易成本"取代"外部性"。在交易费用为零的情况下，庇古税根本没有必要，通过交易成本的选择和私人谈判，产权的适当界定和实施来实现外部性内部化。在交易费用不为零的情况下，解决外部效应的内部化问题要通过各种政策手段的成本—收益的权衡比较才能确定，庇古税只是制度安排选择之一。总之，与产权有关的外部性理论认为市场就可以解决外部性问题，政府干预并不是一定必要和可行的。

低碳经济中存在多边外部性，解决这些外部性问题的办法：一是政府干预，二是碳交易。在碳交易中，无论产权如何界定，通过相应的机制设计，碳交易也可以达到低碳经济的福利最优。因此，从经济学的角度分析，只要有合理的制度安排，碳排放就可以通过政府干预或者碳交易市场机制达到帕累托最优。

8.4.5　低碳技术是低碳生活的工程技术基础

低碳技术是指以能源及资源的清洁高效利用为基础，以减少或消除二氧化碳排放为基本特征的技术，广义上也包括以减少或消除其他温室气体排放为特征的技术。低碳技术可分为三个类型：第一类是减碳技术，是指高能耗、高排放领域的节能减排技术，煤的清洁高效利用、油气资源和煤层气的勘探开发技术等。第二类是无碳技术，如核能、太阳能、风能、生物质能等可再生能源技术。第三类是去碳技术，典型的是二氧化碳捕集与封存。

发展低碳技术是世界各国迈向绿色发展的必由之路。《"十四五"规划和2035年远景目标纲要》中提出，要构建市场导向的绿色技术创新体系，实施绿色技术创新攻关行动。国务院印发的《2030年前碳达峰行动方案》中明确提出，加快推广应用先进适用绿色低碳技术、开展示范应用。

低碳生活离不开低碳技术和低碳产品的支持。新低碳产品的不断推出，将为低碳消费方式和低碳生活创造条件。

8.5 低碳生活理念与低碳生活的实现途径

低碳生活既是一种生活方式，也是一种生活理念，更是一种可持续发展的环保责任。2022年1月，由国家发展改革委等部门联合印发的《促进绿色消费实施方案》明确，吃、穿、住、行、用、游等领域绿色低碳消费转型的工作重点，同时指出，一些消费领域依然存在浪费和不合理消费现象，促进绿色消费长效机制尚需完善。要在全社会普及低碳消费，需要确立低碳生活理念，在政府的主导下，通过意识形态领域的观念变革和经济、法律等手段的引导以及环境建设，才能得以实现。

8.5.1 低碳生活理念

低碳生活的主旨就是倡导绿色消费，反对奢侈浪费和不合理消费，物质消费与精神消费相协调。其核心理念是：消费有理，节俭有德，浪费可耻。

8.5.1.1 消费有理

"消费有理"有三个方面的要义：一是承认消费的必要性；二是注重消费的科学性；三是讲求消费的合理性。

人类最基本的权利就是生存权。人们为了生存就必然要消费，因而消费是人类生存的基本手段。随着经济的发展和社会的文明进步，人们的消费水平、消费内容、消费方式也将随之发生变化，这是人类社会发展的必然趋势。提倡低碳生活并不是刻意限制或反对消费，而是以提高生活质量为核心的适度消费。只有不断提高消费质量和消费水平，扩大消费规模，才能开拓和繁荣消费市场，进而促进经济的健康发展，为构建低碳型小康社会提供物质保障。

消费的科学性，就是根据经济和社会发展水平，从实际出发，自觉地运用科学知识指导消费，实现以最少的生活资料消耗获取最大的功效，并且在消费过程中实现排放的废弃物最少甚至为零的目标。

消费的合理性表现为三个层次：一是充分满足消费者自身必要的消费需求，遏制贪婪的欲求，特别是要注重文化、教育、体育等精神需求的满足；二是消费资源分配在当代人之间及代际人之间的公平性与合理性，缩小当代人之间的消费差距，反对不顾及后代人的利益而肆意掠夺的消费行径；三是协调好消费与自然的关系，将人类自身的消费限定在自然允许的范围之内，不以牺牲环境为代价来满足人们无限的欲求。

8.5.1.2　节俭有德

"俭，德之共也；侈，恶之大也。"古往今来，"勤俭节约"体现了中华民族的价值取向和道德风尚，留下了"历览前贤国与家，成由勤俭破由奢"的历史警思。

提倡节俭朴实的生活，不是简单抑制生活消费，追求不坐车、不用电、节衣缩食的"苦行僧"的生活，也不是重新回到物质短缺时期的"温饱型"消费，更不是回到农业社会的"适应型"消费，而是在不降低生活质量、减少不必要和不合理消费的前提下所进行的资源和能源的节约。

人们厉行节俭的生活作风，并不是迫于某种压力，也不是出于某种无奈，更不是为了某种个人利益，而是以全人类的大局和长远利益为出发点，自觉地为应对全球气候变化、保护人类赖以生存的生态环境尽责，是生态伦理观和社会道德观的具体体现，是一种为人类社会可持续发展谋社稷、为人类生活谋福利的崇高精神境界。

8.5.1.3　浪费可耻

"俭则约，约则百善俱兴；侈则肆，肆则百恶俱纵。"党的十八大以来，习近平总书记高度重视厉行勤俭节约、反对铺张浪费问题。2013 年以来，习近平总书记接连多次就餐饮吃喝浪费问题作出重要批示，联想到我国还有为数众多的困难群众，各种浪费现象的严重存在令人十分痛心。浪费之风务必狠刹！要加大宣传引导力度，大力弘扬中华民族勤俭节约的优秀传统，大力宣传节约光荣、浪费可耻的思想观念，努力使厉行节约、反对浪费在全社会蔚然成风。

生活中的浪费有两种表现形式：一是对资源利用不当；二是没有节制。无论是哪一种形式的浪费，都使得资源没有很好发挥应有的效用，并对生态环境造成直接或间接的危害，同时也对社会环境造成不良的影响。尤其是少数消费者的"炫耀型""奢侈型"和"腐败型"等不良消费行为，对社会的危害极大。一方面，引发人们相互攀比，引起从众效应，使消费主义思潮泛滥，并使得一些好逸恶劳的追随者走向不劳而获的犯罪道路，一些意志薄弱的党政领导者利用其掌管的财政、人事权力大肆挥霍、疯狂敛财，走上与人民为敌的道路。另一方面，人为地制造了社会贫富阶层的分化与隔阂，引发社会矛盾，影响社会的安定与和谐。

由此可见，在人们的衣、食、住、用、行等基本生活需要得到较好的满足后，奢侈无度、铺张浪费的生活方式既不利于身体健康和生活质量的提高，还会破坏生态环境，污染社会环境，这违背了生态伦理道德和社会公德，与建设节约型小康社会的要求背道而驰。

我们倡导低碳生活，建设低碳型社会，就必须以此为耻，以此为戒。

8.5.2 低碳生活实现途径

实现低碳生活是一项系统工程，需要政府、企事业单位、社区、学校、家庭和个人的共同努力。低碳生活虽然主要集中于生活领域，主要靠人们自觉转变观念加以践行，但也需要政府营造一个助推的制度环境，包括制定长远战略，出台鼓励科技创新、激励与约束、法律法规等政策，建设有利于低碳生活的环境才能得以实现。

8.5.2.1 把低碳生活纳入国民教育体系

教育在碳达峰碳中和建设中要发挥基础性和先导性作用。国民教育体系主要是指国家通过制度或法律的形式，向公民所提供的不同层次、不同形态和不同类型的教育服务系统。把低碳发展和低碳生活纳入国民教育体系，就是将低碳发展和低碳生活的理念全面纳入学前教育、初等教育、中等教育和高等教育各个层次，贯穿普通教育、职业教育和继续教育各个领域，发挥好教育系统人才培养、科学研究、社会服务、文化传承的功能。为此，教育部印发了《绿色低碳发展国民教育体系建设实施方案》（教发〔2022〕2号），把绿色低碳发展和低碳生活的理念全面融入国民教育体系各个层次和领域，培养践行绿色低碳理念、适应绿色低碳社会、引领绿色低碳发展的新一代青少年，全面提升国民低碳生活素质，为实现碳达峰碳中和目标奠定坚实思想和行动基础。

8.5.2.2 向社会公众宣传低碳生活理念

当前阶段，除把低碳生活理念纳入国民教育体系外，面向社会公众的宣传教育也不容忽视。政府要充分利用线上和线下两种途径积极向社会各界，包括企事业、基地、园区、社区、乡村、个人等宣传低碳生产、低碳生活的意义与作用，倡导低碳生活理念，营造低碳生活氛围。宣传低碳生活的理念可以从朴素、节约、惜物、体劳、互助等理念开始，这些理念既符合中国传统价值观的要求，又在现实中具体可行。宣传低碳生活的理念也可以从全球气候变化、能源危机、资源危机和环境污染等方面入手，目的是让社会了解人类所面临的生态危机的危害性和严峻性，起到警示教育的作用。还可以从一个人、一个家庭、一个单位、一个社区的节能减排实际行动数据宣传报道，让广大公民明白节能减排是化解全球气候变化、生态危机的根本途径，与每个人息息相关。

宣传的时间以全国低碳日、六五环境日、世界地球日等宣传节点为契机，组织类型多样、主题丰富的宣传活动，推动形成人人、事事、时时、处处崇尚低碳生活的良好社会氛围，发挥社会公众在低碳发展中的重要作用。

8.5.2.3 政府行为引领低碳生活

不可否认，我国广大城市居民和乡村居民长期以来形成的生活习惯和消费模式，在短期内确实难以改变。在这种惯性生活模式下，推行低碳生活也可能会带来不便。这时就需要政府发挥主导作用和引领作用，率先示范，引领广大居民践行低碳生活。践行低碳生活，政府部门要做好在产业结构调整、能源结构调整、低碳产业发展规划、垃圾分类与资源化利用、节能办公、低碳交通、低碳消费、低碳采购等方面下功夫，为老百姓的低碳行为创造有利条件。例如，住房建筑的节能系统，在开发商建楼时就须建好，让老百姓有条件使用高效的供暖和制冷系统，只有政府和企业提前规划好，老百姓的低碳意识才能真正落地。

2021 年 11 月，国家机关事务管理局、国家发展改革委、财政部、生态环境部联合印发《深入开展公共机构绿色低碳引领行动促进碳达峰实施方案》（以下简称《方案》），《方案》明确提出总体目标：到 2025 年，全国公共机构用能结构持续优化，用能效率持续提升，年度能源消费总量控制在 1.89 亿吨标准煤以内，二氧化碳排放总量控制在 4 亿吨以内，在 2020 年的基础上单位建筑面积能耗下降 5%、碳排放下降 7%，有条件的地区 2025 年前实现公共机构碳达峰、全国公共机构碳排放总量 2030 年前尽早达峰。随后，湖南、贵州、广西、河北等地的城市也都印发了相关实施方案。实施方案关键在落实，政府在低碳发展和低碳生活方面做好了，老百姓就会跟着做。

每个人的生活都与碳排放息息相关，每个人都在影响着地球环境变化，但是对一些普通百姓来说，"低碳生活"似乎既遥远又陌生，低碳理念还需加强。因此，政府部门的提倡与引领尤为重要，相关部门应起到"穿针引线"和引领示范作用，大力引导社会各界积极参与低碳生活。

8.5.2.4　利用法制手段，引导公众低碳生活

为实现"双碳"目标，在加强道德约束的基础上，必须发挥法治力量，通过完善法律规章制度引导公众降碳减排。一方面政府要出台政策和法规鼓励公民和社会组织实行低碳消费，如制定奖励措施，通过减免税费、提供财政补贴等措施引导消费者节能减排，实现低碳生活。在生活方面，通过财政补贴方式加大节能灯的推广力度，鼓励家电"以旧换新"，还通过财政补贴推广高效节能空调、冰箱等。在交通方面，通过适当地减免购车税、燃油税等方法来鼓励消费者购买和使用新能源汽车。另一方面通过税收、行政处罚等政策手段，抑制消费主体的高碳生活方式，如对部分污染重，油耗未达标的汽车进行取缔、罚款或一定的交通限制。

在政府层面，规范政府采购低碳行为，确定购买循环经济产品的法定比例，优先采购经过生态设计或通过环境标志认证的产品。同时，适当量化公众绿色消费法律义务，在《中华人民共和国消费者权益保护法》中规定，在消费活动中消费者应优先选购绿色低碳产品的义务。

8.6 低碳生活案例分析

8.6.1 国外低碳生活案例分析

——哥本哈根低碳出行

哥本哈根是丹麦的政治、经济和文化中心，位于丹麦西兰岛东部，面积约 90 km²，2022 年总人口约 64.4 万人。20 世纪 60 年代，哥本哈根曾与大部分城市一样，面临机动车数量增长、交通拥堵等问题；到 20 世纪 70 年代，石油危机促使丹麦政府开始发展清洁能源、对石油消费施以重税并大力推广骑行文化。

哥本哈根骑行文化历史悠久，被国际自行车联盟授予"自行车城"称号。2022 年自行车数量为 74.5 万辆，人均超过一辆自行车。在"碳中和"目标提出以前，已经通过《骑行战略（2002—2012 年）》等规划，初步构建起城市骑行网络。在哥本哈根，骑自行车游览市容市貌和市内旅游景点是最好的选择。哥本哈根设有贯穿全城的自行车专用道以及专供自行车使用的快车道，还为游客准备了免费市内自行车，游客可以在全市 110 个自行车租车点中的任意一个，留下 20 克朗的押金租用一辆自行车，在任何一个租车点归还车辆，并取回押金。此外，还可以在自行车店租赁自行车，价格为每天 75 克朗左右。游客也可以选择参加有导游引路的自行车游览团，全年无休，但需要预订。在哥本哈根，自行车可以被带上轮渡、火车和长途客车，但需另外付费。

丹麦成人几乎人均一辆轿车，但是人们为了环保，将轿车入库，上班、上学、购物、郊游等短途出行都骑自行车，远一点的以乘坐公交车、地铁、轮渡、短途火车的方式为主。丹麦人常常有车不开，因为对丹麦人而言，自行车不仅是一种交通工具，更是一种时尚又健康的生活方式。

有报道说，丹麦王储出行有时也骑自行车，更不用说王储以下的高官和公务员、律师、教师、学生了。据统计，86%的议会议员骑自行车出行，许多跨国公司的高层管理人员也都骑自行车上下班。哥本哈根市民每年人均自行车行驶距离长达 900 km，因此，哥本哈根市民每年的人均二氧化碳排放量只有 5 t，相当于德国人的一半。丹麦的儿童一般在学龄前就学会了骑自行车。

在哥本哈根，有 37%的人骑自行车上班，58%的哥本哈根市民每天会固定使用自行车。哥本哈根市区第一条自行车道建成于 1920 年前后，如今哥本哈根已拥有超过 510 km 的自行车专用道，而且这个数字还在不断扩大，因为哥本哈根道路建设法规的最新规定是：城市中主要道路一定得开辟自行车专用道。

在哥本哈根，自行车的平均速度为 15 km/h，而汽车平均速度仅为 27 km/h。丹麦交通管理局对自行车绿色通道的设计，使骑车人速度可以维持在 20 km/h，且不受红灯的干扰。另外，十字路口的自行车停靠线比汽车停靠线靠前 5 m，自行车可以在汽车右转之前优先通过十字路口。而在部分交通繁忙的区域，自行车道也已被拓宽为双车道来缓解日益增长的交通压力。另外，在丹麦，交通规则也让汽车司机不得不尊重骑车人。按规定，当一个路口只有斑马线而没有红绿灯时，汽车必须让骑车人先行，转弯时也是如此。

为了实现到 2025 年使哥本哈根成为世界上第一个零碳排放城市的宏伟目标，丹麦政府加大了自行车的推广力度，倡导绿色交通，鼓励居民更多地使用公共交通工具和自行车。

另外，丹麦在风能发电、太阳能发电、建筑、供热系统等领域的低碳技术也融入了人们的日常生活，值得各国学习。

8.6.2 国内低碳生活案例分析

——京口路社区——"低碳社区"

京口路社区是生态环境部公布 2022 年绿色低碳典型案例——低碳社区案例之一。京口路社区位于镇江市京口区中部，总面积 2.5 km²，总人口 7000 余人。近年来，社区党委以党建"红"引领低碳"绿"，将低碳理念融入社区规划、建设、管理和居民生活之中，在活动中心设立社区低碳课堂，定期为辖区群众开展低碳教育，举办低碳知识竞赛、系列环保手工坊、"双十一"快递包装重复用等主题活动，吸引 2500 余人次居民参与。京口路社区围绕"四大中心"全面开展低碳文明建设。

低碳生活中心，于 2022 年 7 月立项，12 月建成，占地 500 m²。中心集低碳普及宣传、绿色建筑展示、"双碳"课堂等于一体，设置了激光沙盘展示区、发电互动体验区、"双碳"学堂互动区、低碳书吧畅享区、低碳生活展示区等五大功能体验区，通过场景互动、数字技术等方式科普低碳文化，成为社区居民了解低碳生活、低碳城市、低碳经济的"第二课堂"。

在社区党群服务中心，除了"温馨低碳"提示随处可见，中心还积极组织党员、联合共建单位开展低碳环保活动，同时打造环保低碳宣传长廊，让社区居民在耳濡目染中，将"低碳生活"理念根植于心。

居民生活服务中心打造"低碳书吧"，会定期组织低碳读书会，围绕"低碳生活"每月开展一次宣教活动。记者了解到，自从有了低碳书吧，社区居民常常来书吧里阅读低碳相关书籍，不仅全面提升了大家的"低碳生活"理念，很多居民也以低碳社区建设为己任，积极参与低碳环保工作。

在社会组织孵化中心开设了"绿芽低碳课堂"，同时开展青少年垃圾分类科普活动，在提升孩子劳动能力的同时，将"低碳从娃娃抓起"的理念落到实处。

在城市乡愁忆享中心里，绿地和花园改造获得了居民一致好评。这里多用花、灌木建造屋顶花园，实现四季花卉搭配，屋顶廊架绿化起到了遮阳作用，在这里，"花香四溢"等观花赏花活动将绿色理念"种"入居民心中。

京口路社区的道德、食品、艺术、民生、健康、时间"六大银行"自开展以来，获得社区居民点赞无数。社区创新将"低碳"与道德、食品、艺术和民生这"四大银行"进行融合，将"低碳"这一理念融入居民日常生活。其中，"道德银行"与居民合作制定"5 换

1"需求清单，入驻团队和居民可免费使用社区各类场地，但每活动 5 h 就需提供 1 h 的服务，实现低碳循环；"食品银行"联合爱心企业将临期食品送给困难家庭，创造低碳爱心；"艺术银行"引入社会组织，邀请名师入驻，发挥低碳能量；"民生银行"设立民生基金，每年从社区资产收益中拿出 30 万元，用于助残、助老、助困、助学、助军、助医"六助"服务，共享低碳互助。

此外，社区还在办公楼 4 楼屋顶和自行车停车棚顶安装太阳能面板供电，太阳能电池发电功率约为 25 kW，年发电 25000 kW·h，可满足社区基本用电需求。在办公楼停车场安装电动汽车公用充电桩两台，用于电动汽车充电，进一步降低碳排放，冲销部分碳排放量。

通过低碳社区的建设，低碳理念已融入社区规划、建设、管理和居民生活之中。

【思考题】

1. 简述低碳生活提出的背景与现实意义。
2. 根据低碳生活的减排潜力，计算一个家庭每年可以减少多少碳排放。
3. 结合自己的生活和工作特点，你如何实现低碳生活？

参考文献

[1] 白华兵. 绿色和平报告：全球道路交通碳排量达到全球总排量的 17.9% [EB/OL]. （2023-10-26）[2023-11-18]. https://baijiahao. baidu. com/s?id=1780829819651094455&wfr=spider&for=pc.

[2] 单杉. 江苏镇江：在这里，低碳融入社区生活方方面面[EB/OL]. （2023-02-09）[2023-11-15]. http://www.nbs. cn/news/7/202302/t20230209_656240. html.

[3] 何岸. 天津绿色低碳发展国民教育体系现状、问题和建议[J]. 中国轻工教育，2022，25（5）：6-11.

[4] 澜欣. 家庭生活中的碳排放不容忽视[N]. 中国妇女报，2022-07-08（8）.

[5] 刘少才. 丹麦绿色交通不是童话[N]. 中国环境报，2015-04-09（4）.

[6] 刘思华，朱翔，贺清云，等. 绿色低碳生活[M]. 北京：中国环境出版社，2015.

[7] 鲁瑾瑜. 《科学报告》：中国粮食生产的碳足迹过高[EB/OL]. （2017-06-30）[2023-11-16]. https://www.ccchina.org.cn/Detail.aspx?newsId=68267.

[8] 骆倩雯.《数字出行助力碳中和》研究报告发布：电动汽车成共享出行主力军 [EB/OL]. （2021-06-05）[2023-11-18]. https://baijiahao.baidu.com/s?id=1701696448072733865&wfr=spider&for=pc.

[9] 么新. 全民践行绿色低碳行动 助力实现碳达峰碳中和目标[EB/OL]. （2021-11-15）[2023-11-20]. https://www.ndrc.gov.cn/xxgk/jd/jd/202111/t20211109_1303530.html.

[10] 孟禹言. 依托社区推进低碳生活方式的途径[J]. 开放导报，2011（1）：44-47.

[11] 聂丛笑，权娟. 吃肉会让全球变暖！1 千克牛肉排放 300 千克二氧化碳[EB/OL]. （2017-08-12）[2023-11-16]. http://health.people.com.cn/n1/2017/0802/c404200-29445469.html.

[12] 曲晴. 低碳生活让地球不再"低叹" [N]. 天津日报，2023-07-12（10）.

[13]　王永中. 全球能源危机的成因、演变与影响[EB/OL]. （2022-06-01）[2023-11-18]. http://www.rmzxb. com. cn/c/2022-05-27/3125904.shtml.

[14]　杨冰梅. 践行低碳生活的内容与途径探讨[J]. 绿色科技，2012（8）：186-188.

[15]　杨海泉. 联合国粮农组织发布报告显示——全球粮食危机进一步加剧[EB/OL]. （2023-05-06） [2023-11-18]. https://baijiahao.baidu.com/s?id=1765090652445474805&wfr=spider&for=pc.

[16]　赵婷婷，王梓. 全球四分之一人口面临"极端水危机"[N]. 中国青年报，2023-10-15（3）.

附　录　低碳经济政策汇编

"十四五"时期，我国生态文明建设进入以降碳为重点战略方向、推动减污降碳协同增效、促进经济社会发展全面绿色转型、实现生态环境质量改善由量变到质变的关键时期，全社会的生产方式、生活方式都会产生重要变化。碳达峰碳中和目标的设立为加速中国经济绿色低碳转型提供了巨大动力，对我国经济增长模式产生了极其深远的影响。

本教材梳理了 2020 年以来国家发布的低碳经济的有关政策，供大家参考和学习。

➢ 《中华人民共和国国民经济和社会发展第十四个五年规划和 2035 年远景目标纲要》

2021 年 3 月 11 日，十三届全国人大四次会议表决通过了关于《中华人民共和国国民经济和社会发展第十四个五年规划和 2035 年远景目标纲要》的决议。规划纲要对我国的低碳经济发展战略进行了规划，现节选如下：

第二章　指导方针

第一节　指导思想

高举中国特色社会主义伟大旗帜，深入贯彻党的十九大和十九届二中、三中、四中、五中全会精神，坚持以马克思列宁主义、毛泽东思想、邓小平理论、"三个代表"重要思想、科学发展观、习近平新时代中国特色社会主义思想为指导，全面贯彻党的基本理论、基本路线、基本方略，统筹推进经济建设、政治建设、文化建设、社会建设、生态文明建设的总体布局，协调推进全面建设社会主义现代化国家、全面深化改革、全面依法治国、全面从严治党的战略布局，坚定不移贯彻创新、协调、绿色、开放、共享的新发展理念，坚持稳中求进工作总基调，以推动高质量发展为主题，以深化供给侧结构性改革为主线，以改革创新为根本动力，以满足人民日益增长的美好生活需要为根本目的，统筹发展和安全，加快建设现代化经济体系，加快构建以国内大循环为主体、国内国际双循环相互促进的新发展格局，推进国家治理体系和治理能力现代化，实现经济行稳致远、社会安定和谐，为全面建设社会主义现代化国家开好局、起好步。

第三章　主要目标

按照全面建设社会主义现代化国家的战略安排，2035 年远景目标和"十四五"时期经济社会发展主要目标如下。

第一节　2035 年远景目标

展望 2035 年，我国将基本实现社会主义现代化。经济实力、科技实力、综合国力将大幅跃升，经济总量和城乡居民人均收入将再迈上新的大台阶，关键核心技术实现重大突破，进入创新型国家前列。基本实现新型工业化、信息化、城镇化、农业现代化，建成现代化经济体系。基本实现国家治理体系和治理能力现代化，人民平等参与、平等发展权利得到充分保障，基本建成法治国家、法治政府、法治社会。建成文化强国、教育强国、人才强国、体育强国、健康中国，国民素质和社会文明程度达到新高度，国家文化软实力显著增强。广泛形成绿色生产生活方式，碳排放达峰后稳中有降，生态环境根本好转，美丽中国建设目标基本实现。形成对外开放新格局，参与国际经济合作和竞争新优势明显增强。人均国内生产总值达到中等发达国家水平，中等收入群体显著扩大，基本公共服务实现均等化，城乡区域发展差距和居民生活水平差距显著缩小。平安中国建设达到更高水平，基本实现国防和军队现代化。人民生活更加美好，人的全面发展、全体人民共同富裕取得更为明显的实质性进展。

第二节　"十四五"时期经济社会发展主要目标

——经济发展取得新成效。发展是解决我国一切问题的基础和关键，发展必须坚持新发展理念，在质量效益明显提升的基础上实现经济持续健康发展，增长潜力充分发挥，国内生产总值年均增长保持在合理区间、各年度视情提出，全员劳动生产率增长高于国内生产总值增长，国内市场更加强大，经济结构更加优化，创新能力显著提升，全社会研发经费投入年均增长 7%以上、力争投入强度高于"十三五"时期实际，产业基础高级化、产业链现代化水平明显提高，农业基础更加稳固，城乡区域发展协调性明显增强，常住人口城镇化率提高到 65%，现代化经济体系建设取得重大进展。

——生态文明建设实现新进步。国土空间开发保护格局得到优化，生产生活方式绿色转型成效显著，能源资源配置更加合理、利用效率大幅提高，单位国内生产总值能源消耗和二氧化碳排放分别降低 13.5%、18%，主要污染物排放总量持续减少，森林覆盖率提高到 24.1%，生态环境持续改善，生态安全屏障更加牢固，城乡人居环境明显改善。

第九章　发展壮大战略性新兴产业

着眼于抢占未来产业发展先机，培育先导性和支柱性产业，推动战略性新兴产业融合化、集群化、生态化发展，战略性新兴产业增加值占 GDP 比重超过 17%。

第一节　构筑产业体系新支柱

聚焦新一代信息技术、生物技术、新能源、新材料、高端装备、新能源汽车、绿色环保以及航空航天、海洋装备等战略性新兴产业，加快关键核心技术创新应用，增强要素保障能力，培育壮大产业发展新动能。推动生物技术和信息技术融合创新，加快发展生物医药、生物育种、生物材料、生物能源等产业，做大做强生物经济。深化北斗系统推广应用，推动北斗产业高质量发展。深入推进国家战略性新兴产业集群发展工程，健全产业集群组织管理和专业化推进机制，建设创新和公共服务综合体，构建一批各具特色、优势互补、结构合理的战略性新兴产业增长引擎。鼓励技术创新和企业兼并重组，防止低水平重复建设。发挥产业投资基金引导作用，加大融资担保和风险补偿力度。

第二节　前瞻谋划未来产业

在类脑智能、量子信息、基因技术、未来网络、深海空天开发、氢能与储能等前沿科技和产业变革领域，组织实施未来产业孵化与加速计划，谋划布局一批未来产业。在科教资源优势突出、产业基础雄厚的地区，布局一批国家未来产业技术研究院，加强前沿技术多路径探索、交叉融合和颠覆性技术供给。实施产业跨界融合示范工程，打造未来技术应用场景，加速形成若干未来产业。

第十一章　建设现代化基础设施体系

第三节　构建现代能源体系

推进能源革命，建设清洁低碳、安全高效的能源体系，提高能源供给保障能力。加快发展非化石能源，坚持集中式和分布式并举，大力提升风电、光伏发电规模，加快发展东中部分布式能源，有序发展海上风电，加快西南水电基地建设，安全稳妥推动沿海核电建设，建设一批多能互补的清洁能源基地，非化石能源占能源消费总量比重提高到20%左右。推动煤炭生产向资源富集地区集中，合理控制煤电建设规模和发展节奏，推进以电代煤。有序放开油气勘探开发市场准入，加快深海、深层和非常规油气资源利用，推动油气增储上产。因地制宜开发利用地热能。提高特高压输电通道利用率。加快电网基础设施智能化改造和智能微电网建设，提高电力系统互补互济和智能调节能力，加强源网荷储衔接，提升清洁能源消纳和存储能力，提升向边远地区输配电能力，推进煤电灵活性改造，加快抽水蓄能电站建设和新型储能技术规模化应用。完善煤炭跨区域运输通道和集疏运体系，加快建设天然气主干管道，完善油气互联互通网络。

第三十九章　加快发展方式绿色转型

坚持生态优先、绿色发展，推进资源总量管理、科学配置、全面节约、循环利用，协同推进经济高质量发展和生态环境高水平保护。

第一节　全面提高资源利用效率

坚持节能优先方针，深化工业、建筑、交通等领域和公共机构节能，推动 5G、大数据中心等新兴领域能效提升，强化重点用能单位节能管理，实施能量系统优化、节能技术改造等重点工程，加快能耗限额、产品设备能效强制性国家标准制修订。实施国家节水行动，建立水资源刚性约束制度，强化农业节水增效、工业节水减排和城镇节水降损，鼓励再生水利用，单位 GDP 用水量下降 16%左右。加强土地节约集约利用，加大批而未供和闲置土地处置力度，盘活城镇低效用地，支持工矿废弃土地恢复利用，完善土地复合利用、立体开发支持政策，新增建设用地规模控制在 2950 万亩以内，推动单位 GDP 建设用地使用面积稳步下降。提高矿产资源开发保护水平，发展绿色矿业，建设绿色矿山。

第二节　构建资源循环利用体系

全面推行循环经济理念，构建多层次资源高效循环利用体系。深入推进园区循环化改造，补齐和延伸产业链，推进能源资源梯级利用、废物循环利用和污染物集中处置。加强大宗固体废弃物综合利用，规范发展再制造产业。加快发展种养有机结合的循环农业。加强废旧物品回收设施规划建设，完善城市废旧物品回收分拣体系。推行生产企业"逆向回收"等模式，建立健全线上线下融合、流向可控的资源回收体系。拓展生产者责任延伸制度覆盖范围。推进快递包装减量化、标准化、循环化。

第三节　大力发展绿色经济

坚决遏制高耗能、高排放项目盲目发展，推动绿色转型实现积极发展。壮大节能环保、清洁生产、清洁能源、生态环境、基础设施绿色升级、绿色服务等产业，推广合同能源管理、合同节水管理、环境污染第三方治理等服务模式。推动煤炭等化石能源清洁高效利用，推进钢铁、石化、建材等行业绿色化改造，加快大宗货物和中长途货物运输"公转铁"、"公转水"。推动城市公交和物流配送车辆电动化。构建市场导向的绿色技术创新体系，实施绿色技术创新攻关行动，开展重点行业和重点产品资源效率对标提升行动。建立统一的绿色产品标准、认证、标识体系，完善节能家电、高效照明产品、节水器具推广机制。深入开展绿色生活创建行动。

第四节　构建绿色发展政策体系

强化绿色发展的法律和政策保障。实施有利于节能环保和资源综合利用的税收政策。大力发展绿色金融。健全自然资源有偿使用制度，创新完善自然资源、污水垃圾处理、用水用能等领域价格形成机制。推进固定资产投资项目节能审查、节能监察、重点用能单位管理制度改革。完善能效、水效"领跑者"制度。强化高耗水行业用水定额管理。深化生态文明试验区建设。深入推进山西国家资源型经济转型综合配套改革试验区建设和能源革命综合改革试点。

➢ 中国共产党第二十次全国代表大会报告

2022 年 10 月 16 日，习近平总书记在中国共产党第二十次全国代表大会上作报告，节选如下：

十、推动绿色发展，促进人与自然和谐共生

大自然是人类赖以生存发展的基本条件。尊重自然、顺应自然、保护自然，是全面建设社会主义现代化国家的内在要求。必须牢固树立和践行绿水青山就是金山银山的理念，站在人与自然和谐共生的高度谋划发展。

我们要推进美丽中国建设，坚持山水林田湖草沙一体化保护和系统治理，统筹产业结构调整、污染治理、生态保护、应对气候变化，协同推进降碳、减污、扩绿、增长，推进生态优先、节约集约、绿色低碳发展。

（一）加快发展方式绿色转型。推动经济社会发展绿色化、低碳化是实现高质量发展的关键环节。加快推动产业结构、能源结构、交通运输结构等调整优化。实施全面节约战略，推进各类资源节约集约利用，加快构建废弃物循环利用体系。完善支持绿色发展的财税、金融、投资、价格政策和标准体系，发展绿色低碳产业，健全资源环境要素市场化配置体系，加快节能降碳先进技术研发和推广应用，倡导绿色消费，推动形成绿色低碳的生产方式和生活方式。

（二）深入推进环境污染防治。坚持精准治污、科学治污、依法治污，持续深入打好蓝天、碧水、净土保卫战。加强污染物协同控制，基本消除重污染天气。统筹水资源、水环境、水生态治理，推动重要江河湖库生态保护治理，基本消除城市黑臭水体。加强土壤污染源头防控，开展新污染物治理。提升环境基础设施建设水平，推进城乡人居环境整治。全面实行排污许可制，健全现代环境治理体系。严密防控环境风险。深入推进中央生态环境保护督察。

（三）提升生态系统多样性、稳定性、持续性。以国家重点生态功能区、生态保护红线、自然保护地等为重点，加快实施重要生态系统保护和修复重大工程。推进以国家公园为主体的自然保护地体系建设。实施生物多样性保护重大工程。科学开展大规模国土绿化行动。深化集体林权制度改革。推行草原森林河流湖泊湿地休养生息，实施好长江十年禁渔，健全耕地休耕轮作制度。建立生态产品价值实现机制，完善生态保护补偿制度。加强生物安全管理，防治外来物种侵害。

（四）积极稳妥推进碳达峰碳中和。实现碳达峰碳中和是一场广泛而深刻的经济社会系统性变革。立足我国能源资源禀赋，坚持先立后破，有计划分步骤实施碳达峰行动。完善能源消耗总量和强度调控，重点控制化石能源消费，逐步转向碳排放总量和强度"双控"制度。推动能源清洁低碳高效利用，推进工业、建筑、交通等领域清洁低碳转型。深入推进能源革命，加强煤炭清洁高效利用，加大油气资源勘探开发和增储上产力度，加快规划

建设新型能源体系，统筹水电开发和生态保护，积极安全有序发展核电，加强能源产供储销体系建设，确保能源安全。完善碳排放统计核算制度，健全碳排放权市场交易制度。提升生态系统碳汇能力。积极参与应对气候变化全球治理。

➢ 双碳"1+N"政策体系

中国政府积极响应全球气候变化挑战，制定并实施了一系列碳达峰碳中和政策，以推动绿色低碳发展。2021 年 9 月 22 日，中共中央、国务院率先发布了《关于完整准确全面贯彻新发展理念做好碳达峰碳中和工作的意见》。紧随其后，10 月 24 日，国务院发布了《2030 年前碳达峰行动方案》。两份文件共同构成了贯穿碳达峰、碳中和两个阶段的顶层设计，称为"1"。"N"则包括能源、工业、交通运输、城乡建设等分领域分行业碳达峰实施方案，以及科技支撑、能源保障、碳汇能力、财政金融价格政策、标准计量体系、督察考核等保障方案。同时，各省（区、市）均已制定了本地区碳达峰实施方案。总体上已构建起目标明确、分工合理、措施有力、衔接有序的碳达峰、碳中和政策体系。本节梳理了顶层设计政策文件，供大家参考和学习，其他相关文件见附表。

● **《关于完整准确全面贯彻新发展理念做好碳达峰碳中和工作的意见》**

关于完整准确全面贯彻新发展理念做好碳达峰碳中和工作的意见

（2021 年 9 月 22 日）

实现碳达峰、碳中和，是以习近平同志为核心的党中央统筹国内国际两个大局作出的重大战略决策，是着力解决资源环境约束突出问题、实现中华民族永续发展的必然选择，是构建人类命运共同体的庄严承诺。为完整、准确、全面贯彻新发展理念，做好碳达峰、碳中和工作，现提出如下意见。

一、总体要求

（一）指导思想。以习近平新时代中国特色社会主义思想为指导，全面贯彻党的十九大和十九届二中、三中、四中、五中全会精神，深入贯彻习近平生态文明思想，立足新发展阶段，贯彻新发展理念，构建新发展格局，坚持系统观念，处理好发展和减排、整体和局部、短期和中长期的关系，把碳达峰、碳中和纳入经济社会发展全局，以经济社会发展全面绿色转型为引领，以能源绿色低碳发展为关键，加快形成节约资源和保护环境的产业结构、生产方式、生活方式、空间格局，坚定不移走生态优先、绿色低碳的高质量发展道路，确保如期实现碳达峰、碳中和。

（二）工作原则

实现碳达峰、碳中和目标，要坚持"全国统筹、节约优先、双轮驱动、内外畅通、防范风险"原则。

——全国统筹。全国一盘棋，强化顶层设计，发挥制度优势，实行党政同责，压实各方责任。根据各地实际分类施策，鼓励主动作为、率先达峰。

——节约优先。把节约能源资源放在首位，实行全面节约战略，持续降低单位产出能源资源消耗和碳排放，提高投入产出效率，倡导简约适度、绿色低碳生活方式，从源头和入口形成有效的碳排放控制阀门。

——双轮驱动。政府和市场两手发力，构建新型举国体制，强化科技和制度创新，加快绿色低碳科技革命。深化能源和相关领域改革，发挥市场机制作用，形成有效激励约束机制。

——内外畅通。立足国情实际，统筹国内国际能源资源，推广先进绿色低碳技术和经验。统筹做好应对气候变化对外斗争与合作，不断增强国际影响力和话语权，坚决维护我国发展权益。

——防范风险。处理好减污降碳和能源安全、产业链供应链安全、粮食安全、群众正常生活的关系，有效应对绿色低碳转型可能伴随的经济、金融、社会风险，防止过度反应，确保安全降碳。

二、主要目标

到 2025 年，绿色低碳循环发展的经济体系初步形成，重点行业能源利用效率大幅提升。单位国内生产总值能耗比 2020 年下降 13.5%；单位国内生产总值二氧化碳排放比 2020 年下降 18%；非化石能源消费比重达到 20%左右；森林覆盖率达到 24.1%，森林蓄积量达到 180 亿立方米，为实现碳达峰、碳中和奠定坚实基础。

到 2030 年，经济社会发展全面绿色转型取得显著成效，重点耗能行业能源利用效率达到国际先进水平。单位国内生产总值能耗大幅下降；单位国内生产总值二氧化碳排放比 2005 年下降 65%以上；非化石能源消费比重达到 25%左右，风电、太阳能发电总装机容量达到 12 亿千瓦以上；森林覆盖率达到 25%左右，森林蓄积量达到 190 亿立方米，二氧化碳排放量达到峰值并实现稳中有降。

到 2060 年，绿色低碳循环发展的经济体系和清洁低碳安全高效的能源体系全面建立，能源利用效率达到国际先进水平，非化石能源消费比重达到 80%以上，碳中和目标顺利实现，生态文明建设取得丰硕成果，开创人与自然和谐共生新境界。

三、推进经济社会发展全面绿色转型

（三）强化绿色低碳发展规划引领。将碳达峰、碳中和目标要求全面融入经济社会发展中长期规划，强化国家发展规划、国土空间规划、专项规划、区域规划和地方各级规划的支撑保障。加强各级各类规划间衔接协调，确保各地区各领域落实碳达峰、碳中和的主要目标、发展方向、重大政策、重大工程等协调一致。

（四）优化绿色低碳发展区域布局。持续优化重大基础设施、重大生产力和公共资源布局，构建有利于碳达峰、碳中和的国土空间开发保护新格局。在京津冀协同发展、长江经济带发展、粤港澳大湾区建设、长三角一体化发展、黄河流域生态保护和高质量发展等区域重大战略实施中，强化绿色低碳发展导向和任务要求。

（五）加快形成绿色生产生活方式。大力推动节能减排，全面推进清洁生产，加快发展循环经济，加强资源综合利用，不断提升绿色低碳发展水平。扩大绿色低碳产品供给和消费，倡导绿色低碳生活方式。把绿色低碳发展纳入国民教育体系。开展绿色低碳社会行动示范创建。凝聚全社会共识，加快形成全民参与的良好格局。

四、深度调整产业结构

（六）推动产业结构优化升级。加快推进农业绿色发展，促进农业固碳增效。制定能源、钢铁、有色金属、石化化工、建材、交通、建筑等行业和领域碳达峰实施方案。以节能降碳为导向，修订产业结构调整指导目录。开展钢铁、煤炭去产能"回头看"，巩固去产能成果。加快推进工业领域低碳工艺革新和数字化转型。开展碳达峰试点园区建设。加快商贸流通、信息服务等绿色转型，提升服务业低碳发展水平。

（七）坚决遏制高耗能高排放项目盲目发展。新建、扩建钢铁、水泥、平板玻璃、电解铝等高耗能高排放项目严格落实产能等量或减量置换，出台煤电、石化、煤化工等产能控制政策。未纳入国家有关领域产业规划的，一律不得新建改扩建炼油和新建乙烯、对二甲苯、煤制烯烃项目。合理控制煤制油气产能规模。提升高耗能高排放项目能耗准入标准。加强产能过剩分析预警和窗口指导。

（八）大力发展绿色低碳产业。加快发展新一代信息技术、生物技术、新能源、新材料、高端装备、新能源汽车、绿色环保以及航空航天、海洋装备等战略性新兴产业。建设绿色制造体系。推动互联网、大数据、人工智能、第五代移动通信（5G）等新兴技术与绿色低碳产业深度融合。

五、加快构建清洁低碳安全高效能源体系

（九）强化能源消费强度和总量双控。坚持节能优先的能源发展战略，严格控制能耗和二氧化碳排放强度，合理控制能源消费总量，统筹建立二氧化碳排放总量控制制度。做好产业布局、结构调整、节能审查与能耗双控的衔接，对能耗强度下降目标完成形势严峻的地区实行项目缓批限批、能耗等量或减量替代。强化节能监察和执法，加强能耗及二氧化碳排放控制目标分析预警，严格责任落实和评价考核。加强甲烷等非二氧化碳温室气体管控。

（十）大幅提升能源利用效率。把节能贯穿于经济社会发展全过程和各领域，持续深化工业、建筑、交通运输、公共机构等重点领域节能，提升数据中心、新型通信等信息化基础设施能效水平。健全能源管理体系，强化重点用能单位节能管理和目标责任。瞄准国

际先进水平，加快实施节能降碳改造升级，打造能效"领跑者"。

（十一）严格控制化石能源消费。加快煤炭减量步伐，"十四五"时期严控煤炭消费增长，"十五五"时期逐步减少。石油消费"十五五"时期进入峰值平台期。统筹煤电发展和保供调峰，严控煤电装机规模，加快现役煤电机组节能升级和灵活性改造。逐步减少直至禁止煤炭散烧。加快推进页岩气、煤层气、致密油气等非常规油气资源规模化开发。强化风险管控，确保能源安全稳定供应和平稳过渡。

（十二）积极发展非化石能源。实施可再生能源替代行动，大力发展风能、太阳能、生物质能、海洋能、地热能等，不断提高非化石能源消费比重。坚持集中式与分布式并举，优先推动风能、太阳能就地就近开发利用。因地制宜开发水能。积极安全有序发展核电。合理利用生物质能。加快推进抽水蓄能和新型储能规模化应用。统筹推进氢能"制储输用"全链条发展。构建以新能源为主体的新型电力系统，提高电网对高比例可再生能源的消纳和调控能力。

（十三）深化能源体制机制改革。全面推进电力市场化改革，加快培育发展配售电环节独立市场主体，完善中长期市场、现货市场和辅助服务市场衔接机制，扩大市场化交易规模。推进电网体制改革，明确以消纳可再生能源为主的增量配电网、微电网和分布式电源的市场主体地位。加快形成以储能和调峰能力为基础支撑的新增电力装机发展机制。完善电力等能源品种价格市场化形成机制。从有利于节能的角度深化电价改革，理顺输配电价结构，全面放开竞争性环节电价。推进煤炭、油气等市场化改革，加快完善能源统一市场。

六、加快推进低碳交通运输体系建设

（十四）优化交通运输结构。加快建设综合立体交通网，大力发展多式联运，提高铁路、水路在综合运输中的承运比重，持续降低运输能耗和二氧化碳排放强度。优化客运组织，引导客运企业规模化、集约化经营。加快发展绿色物流，整合运输资源，提高利用效率。

（十五）推广节能低碳型交通工具。加快发展新能源和清洁能源车船，推广智能交通，推进铁路电气化改造，推动加氢站建设，促进船舶靠港使用岸电常态化。加快构建便利高效、适度超前的充换电网络体系。提高燃油车船能效标准，健全交通运输装备能效标识制度，加快淘汰高耗能高排放老旧车船。

（十六）积极引导低碳出行。加快城市轨道交通、公交专用道、快速公交系统等大容量公共交通基础设施建设，加强自行车专用道和行人步道等城市慢行系统建设。综合运用法律、经济、技术、行政等多种手段，加大城市交通拥堵治理力度。

七、提升城乡建设绿色低碳发展质量

（十七）推进城乡建设和管理模式低碳转型。在城乡规划建设管理各环节全面落实绿色低碳要求。推动城市组团式发展，建设城市生态和通风廊道，提升城市绿化水平。合理规划城镇建筑面积发展目标，严格管控高能耗公共建筑建设。实施工程建设全过程绿色建造，健全建筑拆除管理制度，杜绝大拆大建。加快推进绿色社区建设。结合实施乡村建设行动，推进县城和农村绿色低碳发展。

（十八）大力发展节能低碳建筑。持续提高新建建筑节能标准，加快推进超低能耗、近零能耗、低碳建筑规模化发展。大力推进城镇既有建筑和市政基础设施节能改造，提升建筑节能低碳水平。逐步开展建筑能耗限额管理，推行建筑能效测评标识，开展建筑领域低碳发展绩效评估。全面推广绿色低碳建材，推动建筑材料循环利用。发展绿色农房。

（十九）加快优化建筑用能结构。深化可再生能源建筑应用，加快推动建筑用能电气化和低碳化。开展建筑屋顶光伏行动，大幅提高建筑采暖、生活热水、炊事等电气化普及率。在北方城镇加快推进热电联产集中供暖，加快工业余热供暖规模化发展，积极稳妥推进核电余热供暖，因地制宜推进热泵、燃气、生物质能、地热能等清洁低碳供暖。

八、加强绿色低碳重大科技攻关和推广应用

（二十）强化基础研究和前沿技术布局。制定科技支撑碳达峰、碳中和行动方案，编制碳中和技术发展路线图。采用"揭榜挂帅"机制，开展低碳零碳负碳和储能新材料、新技术、新装备攻关。加强气候变化成因及影响、生态系统碳汇等基础理论和方法研究。推进高效率太阳能电池、可再生能源制氢、可控核聚变、零碳工业流程再造等低碳前沿技术攻关。培育一批节能降碳和新能源技术产品研发国家重点实验室、国家技术创新中心、重大科技创新平台。建设碳达峰、碳中和人才体系，鼓励高等学校增设碳达峰、碳中和相关学科专业。

（二十一）加快先进适用技术研发和推广。深入研究支撑风电、太阳能发电大规模友好并网的智能电网技术。加强电化学、压缩空气等新型储能技术攻关、示范和产业化应用。加强氢能生产、储存、应用关键技术研发、示范和规模化应用。推广园区能源梯级利用等节能低碳技术。推动气凝胶等新型材料研发应用。推进规模化碳捕集利用与封存技术研发、示范和产业化应用。建立完善绿色低碳技术评估、交易体系和科技创新服务平台。

九、持续巩固提升碳汇能力

（二十二）巩固生态系统碳汇能力。强化国土空间规划和用途管控，严守生态保护红线，严控生态空间占用，稳定现有森林、草原、湿地、海洋、土壤、冻土、岩溶等固碳作用。严格控制新增建设用地规模，推动城乡存量建设用地盘活利用。严格执行土地使用标准，加强节约集约用地评价，推广节地技术和节地模式。

（二十三）提升生态系统碳汇增量。实施生态保护修复重大工程，开展山水林田湖草沙一体化保护和修复。深入推进大规模国土绿化行动，巩固退耕还林还草成果，实施森林质量精准提升工程，持续增加森林面积和蓄积量。加强草原生态保护修复。强化湿地保护。整体推进海洋生态系统保护和修复，提升红树林、海草床、盐沼等固碳能力。开展耕地质量提升行动，实施国家黑土地保护工程，提升生态农业碳汇。积极推动岩溶碳汇开发利用。

十、提高对外开放绿色低碳发展水平

（二十四）加快建立绿色贸易体系。持续优化贸易结构，大力发展高质量、高技术、高附加值绿色产品贸易。完善出口政策，严格管理高耗能高排放产品出口。积极扩大绿色低碳产品、节能环保服务、环境服务等进口。

（二十五）推进绿色"一带一路"建设。加快"一带一路"投资合作绿色转型。支持共建"一带一路"国家开展清洁能源开发利用。大力推动南南合作，帮助发展中国家提高应对气候变化能力。深化与各国在绿色技术、绿色装备、绿色服务、绿色基础设施建设等方面的交流与合作，积极推动我国新能源等绿色低碳技术和产品走出去，让绿色成为共建"一带一路"的底色。

（二十六）加强国际交流与合作。积极参与应对气候变化国际谈判，坚持我国发展中国家定位，坚持共同但有区别的责任原则、公平原则和各自能力原则，维护我国发展权益。履行《联合国气候变化框架公约》及其《巴黎协定》，发布我国长期温室气体低排放发展战略，积极参与国际规则和标准制定，推动建立公平合理、合作共赢的全球气候治理体系。加强应对气候变化国际交流合作，统筹国内外工作，主动参与全球气候和环境治理。

十一、健全法律法规标准和统计监测体系

（二十七）健全法律法规。全面清理现行法律法规中与碳达峰、碳中和工作不相适应的内容，加强法律法规间的衔接协调。研究制定碳中和专项法律，抓紧修订节约能源法、电力法、煤炭法、可再生能源法、循环经济促进法等，增强相关法律法规的针对性和有效性。

（二十八）完善标准计量体系。建立健全碳达峰、碳中和标准计量体系。加快节能标准更新升级，抓紧修订一批能耗限额、产品设备能效强制性国家标准和工程建设标准，提升重点产品能耗限额要求，扩大能耗限额标准覆盖范围，完善能源核算、检测认证、评估、审计等配套标准。加快完善地区、行业、企业、产品等碳排放核查核算报告标准，建立统一规范的碳核算体系。制定重点行业和产品温室气体排放标准，完善低碳产品标准标识制度。积极参与相关国际标准制定，加强标准国际衔接。

（二十九）提升统计监测能力。健全电力、钢铁、建筑等行业领域能耗统计监测和计量体系，加强重点用能单位能耗在线监测系统建设。加强二氧化碳排放统计核算能力建设，提升信息化实测水平。依托和拓展自然资源调查监测体系，建立生态系统碳汇监测核算体系，开展森林、草原、湿地、海洋、土壤、冻土、岩溶等碳汇本底调查和碳储量评估，实施生态保护修复碳汇成效监测评估。

十二、完善政策机制

（三十）完善投资政策。充分发挥政府投资引导作用，构建与碳达峰、碳中和相适应的投融资体系，严控煤电、钢铁、电解铝、水泥、石化等高碳项目投资，加大对节能环保、

新能源、低碳交通运输装备和组织方式、碳捕集利用与封存等项目的支持力度。完善支持社会资本参与政策，激发市场主体绿色低碳投资活力。国有企业要加大绿色低碳投资，积极开展低碳零碳负碳技术研发应用。

（三十一）积极发展绿色金融。有序推进绿色低碳金融产品和服务开发，设立碳减排货币政策工具，将绿色信贷纳入宏观审慎评估框架，引导银行等金融机构为绿色低碳项目提供长期限、低成本资金。鼓励开发性政策性金融机构按照市场化法治化原则为实现碳达峰、碳中和提供长期稳定融资支持。支持符合条件的企业上市融资和再融资用于绿色低碳项目建设运营，扩大绿色债券规模。研究设立国家低碳转型基金。鼓励社会资本设立绿色低碳产业投资基金。建立健全绿色金融标准体系。

（三十二）完善财税价格政策。各级财政要加大对绿色低碳产业发展、技术研发等的支持力度。完善政府绿色采购标准，加大绿色低碳产品采购力度。落实环境保护、节能节水、新能源和清洁能源车船税收优惠。研究碳减排相关税收政策。建立健全促进可再生能源规模化发展的价格机制。完善差别化电价、分时电价和居民阶梯电价政策。严禁对高耗能、高排放、资源型行业实施电价优惠。加快推进供热计量改革和按供热量收费。加快形成具有合理约束力的碳价机制。

（三十三）推进市场化机制建设。依托公共资源交易平台，加快建设完善全国碳排放权交易市场，逐步扩大市场覆盖范围，丰富交易品种和交易方式，完善配额分配管理。将碳汇交易纳入全国碳排放权交易市场，建立健全能够体现碳汇价值的生态保护补偿机制。健全企业、金融机构等碳排放报告和信息披露制度。完善用能权有偿使用和交易制度，加快建设全国用能权交易市场。加强电力交易、用能权交易和碳排放权交易的统筹衔接。发展市场化节能方式，推行合同能源管理，推广节能综合服务。

十三、切实加强组织实施

（三十四）加强组织领导。加强党中央对碳达峰、碳中和工作的集中统一领导，碳达峰碳中和工作领导小组指导和统筹做好碳达峰、碳中和工作。支持有条件的地方和重点行业、重点企业率先实现碳达峰，组织开展碳达峰、碳中和先行示范，探索有效模式和有益经验。将碳达峰、碳中和作为干部教育培训体系重要内容，增强各级领导干部推动绿色低碳发展的本领。

（三十五）强化统筹协调。国家发展改革委要加强统筹，组织落实 2030 年前碳达峰行动方案，加强碳中和工作谋划，定期调度各地区各有关部门落实碳达峰、碳中和目标任务进展情况，加强跟踪评估和督促检查，协调解决实施中遇到的重大问题。各有关部门要加强协调配合，形成工作合力，确保政策取向一致、步骤力度衔接。

（三十六）压实地方责任。落实领导干部生态文明建设责任制，地方各级党委和政府要坚决扛起碳达峰、碳中和责任，明确目标任务，制定落实举措，自觉为实现碳达峰、碳中和作出贡献。

（三十七）严格监督考核。各地区要将碳达峰、碳中和相关指标纳入经济社会发展综合评价体系，增加考核权重，加强指标约束。强化碳达峰、碳中和目标任务落实情况考核，对工作突出的地区、单位和个人按规定给予表彰奖励，对未完成目标任务的地区、部门依规依法实行通报批评和约谈问责，有关落实情况纳入中央生态环境保护督察。各地区各有关部门贯彻落实情况每年向党中央、国务院报告。

- 《2030 年前碳达峰行动方案》

国务院关于印发 2030 年前碳达峰行动方案的通知

国发〔2021〕23 号

各省、自治区、直辖市人民政府，国务院各部委、各直属机构：

现将《2030 年前碳达峰行动方案》印发给你们，请认真贯彻执行。

国务院

2021 年 10 月 24 日

（本文有删减）

2030 年前碳达峰行动方案

为深入贯彻落实党中央、国务院关于碳达峰、碳中和的重大战略决策，扎实推进碳达峰行动，制定本方案。

一、总体要求

（一）指导思想。以习近平新时代中国特色社会主义思想为指导，全面贯彻党的十九大和十九届二中、三中、四中、五中全会精神，深入贯彻习近平生态文明思想，立足新发展阶段，完整、准确、全面贯彻新发展理念，构建新发展格局，坚持系统观念，处理好发展和减排、整体和局部、短期和中长期的关系，统筹稳增长和调结构，把碳达峰、碳中和纳入经济社会发展全局，坚持"全国统筹、节约优先、双轮驱动、内外畅通、防范风险"的总方针，有力有序有效做好碳达峰工作，明确各地区、各领域、各行业目标任务，加快实现生产生活方式绿色变革，推动经济社会发展建立在资源高效利用和绿色低碳发展的基础之上，确保如期实现 2030 年前碳达峰目标。

（二）工作原则。

——总体部署、分类施策。坚持全国一盘棋，强化顶层设计和各方统筹。各地区、各领域、各行业因地制宜、分类施策，明确既符合自身实际又满足总体要求的目标任务。

——系统推进、重点突破。全面准确认识碳达峰行动对经济社会发展的深远影响，加强政策的系统性、协同性。抓住主要矛盾和矛盾的主要方面，推动重点领域、重点行业和有条件的地方率先达峰。

——双轮驱动、两手发力。更好发挥政府作用，构建新型举国体制，充分发挥市场机制作用，大力推进绿色低碳科技创新，深化能源和相关领域改革，形成有效激励约束机制。

——稳妥有序、安全降碳。立足我国富煤贫油少气的能源资源禀赋，坚持先立后破，稳住存量，拓展增量，以保障国家能源安全和经济发展为底线，争取时间实现新能源的逐渐替代，推动能源低碳转型平稳过渡，切实保障国家能源安全、产业链供应链安全、粮食安全和群众正常生产生活，着力化解各类风险隐患，防止过度反应，稳妥有序、循序渐进推进碳达峰行动，确保安全降碳。

二、主要目标

"十四五"期间，产业结构和能源结构调整优化取得明显进展，重点行业能源利用效率大幅提升，煤炭消费增长得到严格控制，新型电力系统加快构建，绿色低碳技术研发和推广应用取得新进展，绿色生产生活方式得到普遍推行，有利于绿色低碳循环发展的政策体系进一步完善。到 2025 年，非化石能源消费比重达到 20% 左右，单位国内生产总值能源消耗比 2020 年下降 13.5%，单位国内生产总值二氧化碳排放比 2020 年下降 18%，为实现碳达峰奠定坚实基础。

"十五五"期间，产业结构调整取得重大进展，清洁低碳安全高效的能源体系初步建立，重点领域低碳发展模式基本形成，重点耗能行业能源利用效率达到国际先进水平，非化石能源消费比重进一步提高，煤炭消费逐步减少，绿色低碳技术取得关键突破，绿色生活方式成为公众自觉选择，绿色低碳循环发展政策体系基本健全。到 2030 年，非化石能源消费比重达到 25% 左右，单位国内生产总值二氧化碳排放比 2005 年下降 65% 以上，顺利实现 2030 年前碳达峰目标。

三、重点任务

将碳达峰贯穿于经济社会发展全过程和各方面，重点实施能源绿色低碳转型行动、节能降碳增效行动、工业领域碳达峰行动、城乡建设碳达峰行动、交通运输绿色低碳行动、循环经济助力降碳行动、绿色低碳科技创新行动、碳汇能力巩固提升行动、绿色低碳全民行动、各地区梯次有序碳达峰行动等"碳达峰十大行动"。

（一）能源绿色低碳转型行动。

能源是经济社会发展的重要物质基础，也是碳排放的最主要来源。要坚持安全降碳，在保障能源安全的前提下，大力实施可再生能源替代，加快构建清洁低碳安全高效的能源体系。

1．推进煤炭消费替代和转型升级。加快煤炭减量步伐，"十四五"时期严格合理控制煤炭消费增长，"十五五"时期逐步减少。严格控制新增煤电项目，新建机组煤耗标准达到国际先进水平，有序淘汰煤电落后产能，加快现役机组节能升级和灵活性改造，积极推进供热改造，推动煤电向基础保障性和系统调节性电源并重转型。严控跨区外送可再生能源电力配套煤电规模，新建通道可再生能源电量比例原则上不低于50%。推动重点用煤行业减煤限煤。大力推动煤炭清洁利用，合理划定禁止散烧区域，多措并举、积极有序推进散煤替代，逐步减少直至禁止煤炭散烧。

2．大力发展新能源。全面推进风电、太阳能发电大规模开发和高质量发展，坚持集中式与分布式并举，加快建设风电和光伏发电基地。加快智能光伏产业创新升级和特色应用，创新"光伏+"模式，推进光伏发电多元布局。坚持陆海并重，推动风电协调快速发展，完善海上风电产业链，鼓励建设海上风电基地。积极发展太阳能光热发电，推动建立光热发电与光伏发电、风电互补调节的风光热综合可再生能源发电基地。因地制宜发展生物质发电、生物质能清洁供暖和生物天然气。探索深化地热能以及波浪能、潮流能、温差能等海洋新能源开发利用。进一步完善可再生能源电力消纳保障机制。到2030年，风电、太阳能发电总装机容量达到12亿千瓦以上。

3．因地制宜开发水电。积极推进水电基地建设，推动金沙江上游、澜沧江上游、雅砻江中游、黄河上游等已纳入规划、符合生态保护要求的水电项目开工建设，推进雅鲁藏布江下游水电开发，推动小水电绿色发展。推动西南地区水电与风电、太阳能发电协同互补。统筹水电开发和生态保护，探索建立水能资源开发生态保护补偿机制。"十四五"、"十五五"期间分别新增水电装机容量4000万千瓦左右，西南地区以水电为主的可再生能源体系基本建立。

4．积极安全有序发展核电。合理确定核电站布局和开发时序，在确保安全的前提下有序发展核电，保持平稳建设节奏。积极推动高温气冷堆、快堆、模块化小型堆、海上浮动堆等先进堆型示范工程，开展核能综合利用示范。加大核电标准化、自主化力度，加快关键技术装备攻关，培育高端核电装备制造产业集群。实行最严格的安全标准和最严格的监管，持续提升核安全监管能力。

5．合理调控油气消费。保持石油消费处于合理区间，逐步调整汽油消费规模，大力推进先进生物液体燃料、可持续航空燃料等替代传统燃油，提升终端燃油产品能效。加快推进页岩气、煤层气、致密油（气）等非常规油气资源规模化开发。有序引导天然气消费，优化利用结构，优先保障民生用气，大力推动天然气与多种能源融合发展，因地制宜建设天然气调峰电站，合理引导工业用气和化工原料用气。支持车船使用液化天然气作为燃料。

6．加快建设新型电力系统。构建新能源占比逐渐提高的新型电力系统，推动清洁电力资源大范围优化配置。大力提升电力系统综合调节能力，加快灵活调节电源建设，引导自备电厂、传统高载能工业负荷、工商业可中断负荷、电动汽车充电网络、虚拟电厂等参与系统调节，建设坚强智能电网，提升电网安全保障水平。积极发展"新能源+储能"、源网荷储一体化和多能互补，支持分布式新能源合理配置储能系统。制定新一轮抽水蓄能电站中长期发展规划，完善促进抽水蓄能发展的政策机制。加快新型储能示范推广应用。深化电力体制改革，加快构建全国统一电力市场体系。到 2025 年，新型储能装机容量达到 3000 万千瓦以上。到 2030 年，抽水蓄能电站装机容量达到 1.2 亿千瓦左右，省级电网基本具备 5%以上的尖峰负荷响应能力。

（二）节能降碳增效行动。

落实节约优先方针，完善能源消费强度和总量双控制度，严格控制能耗强度，合理控制能源消费总量，推动能源消费革命，建设能源节约型社会。

1. 全面提升节能管理能力。推行用能预算管理，强化固定资产投资项目节能审查，对项目用能和碳排放情况进行综合评价，从源头推进节能降碳。提高节能管理信息化水平，完善重点用能单位能耗在线监测系统，建立全国性、行业性节能技术推广服务平台，推动高耗能企业建立能源管理中心。完善能源计量体系，鼓励采用认证手段提升节能管理水平。加强节能监察能力建设，健全省、市、县三级节能监察体系，建立跨部门联动机制，综合运用行政处罚、信用监管、绿色电价等手段，增强节能监察约束力。

2. 实施节能降碳重点工程。实施城市节能降碳工程，开展建筑、交通、照明、供热等基础设施节能升级改造，推进先进绿色建筑技术示范应用，推动城市综合能效提升。实施园区节能降碳工程，以高耗能高排放项目（以下称"两高"项目）集聚度高的园区为重点，推动能源系统优化和梯级利用，打造一批达到国际先进水平的节能低碳园区。实施重点行业节能降碳工程，推动电力、钢铁、有色金属、建材、石化化工等行业开展节能降碳改造，提升能源资源利用效率。实施重大节能降碳技术示范工程，支持已取得突破的绿色低碳关键技术开展产业化示范应用。

3. 推进重点用能设备节能增效。以电机、风机、泵、压缩机、变压器、换热器、工业锅炉等设备为重点，全面提升能效标准。建立以能效为导向的激励约束机制，推广先进高效产品设备，加快淘汰落后低效设备。加强重点用能设备节能审查和日常监管，强化生产、经营、销售、使用、报废全链条管理，严厉打击违法违规行为，确保能效标准和节能要求全面落实。

4. 加强新型基础设施节能降碳。优化新型基础设施空间布局，统筹谋划、科学配置数据中心等新型基础设施，避免低水平重复建设。优化新型基础设施用能结构，采用直流供电、分布式储能、"光伏+储能"等模式，探索多样化能源供应，提高非化石能源消费比重。对标国际先进水平，加快完善通信、运算、存储、传输等设备能效标准，提升准入门槛，淘汰落后设备和技术。加强新型基础设施用能管理，将年综合能耗超过 1 万吨标准煤的数据中心全部纳入重点用能单位能耗在线监测系统，开展能源计量审查。推动既有设施绿色升级改造，积极推广使用高效制冷、先进通风、余热利用、智能化用能控制等技术，提高设施能效水平。

（三）工业领域碳达峰行动。

工业是产生碳排放的主要领域之一，对全国整体实现碳达峰具有重要影响。工业领域要加快绿色低碳转型和高质量发展，力争率先实现碳达峰。

1．推动工业领域绿色低碳发展。优化产业结构，加快退出落后产能，大力发展战略性新兴产业，加快传统产业绿色低碳改造。促进工业能源消费低碳化，推动化石能源清洁高效利用，提高可再生能源应用比重，加强电力需求侧管理，提升工业电气化水平。深入实施绿色制造工程，大力推行绿色设计，完善绿色制造体系，建设绿色工厂和绿色工业园区。推进工业领域数字化智能化绿色化融合发展，加强重点行业和领域技术改造。

2．推动钢铁行业碳达峰。深化钢铁行业供给侧结构性改革，严格执行产能置换，严禁新增产能，推进存量优化，淘汰落后产能。推进钢铁企业跨地区、跨所有制兼并重组，提高行业集中度。优化生产力布局，以京津冀及周边地区为重点，继续压减钢铁产能。促进钢铁行业结构优化和清洁能源替代，大力推进非高炉炼铁技术示范，提升废钢资源回收利用水平，推行全废钢电炉工艺。推广先进适用技术，深挖节能降碳潜力，鼓励钢化联产，探索开展氢冶金、二氧化碳捕集利用一体化等试点示范，推动低品位余热供暖发展。

3．推动有色金属行业碳达峰。巩固化解电解铝过剩产能成果，严格执行产能置换，严控新增产能。推进清洁能源替代，提高水电、风电、太阳能发电等应用比重。加快再生有色金属产业发展，完善废弃有色金属资源回收、分选和加工网络，提高再生有色金属产量。加快推广应用先进适用绿色低碳技术，提升有色金属生产过程余热回收水平，推动单位产品能耗持续下降。

4．推动建材行业碳达峰。加强产能置换监管，加快低效产能退出，严禁新增水泥熟料、平板玻璃产能，引导建材行业向轻型化、集约化、制品化转型。推动水泥错峰生产常态化，合理缩短水泥熟料装置运转时间。因地制宜利用风能、太阳能等可再生能源，逐步提高电力、天然气应用比重。鼓励建材企业使用粉煤灰、工业废渣、尾矿渣等作为原料或水泥混合材。加快推进绿色建材产品认证和应用推广，加强新型胶凝材料、低碳混凝土、木竹建材等低碳建材产品研发应用。推广节能技术设备，开展能源管理体系建设，实现节能增效。

5．推动石化化工行业碳达峰。优化产能规模和布局，加大落后产能淘汰力度，有效化解结构性过剩矛盾。严格项目准入，合理安排建设时序，严控新增炼油和传统煤化工生产能力，稳妥有序发展现代煤化工。引导企业转变用能方式，鼓励以电力、天然气等替代煤炭。调整原料结构，控制新增原料用煤，拓展富氢原料进口来源，推动石化化工原料轻质化。优化产品结构，促进石化化工与煤炭开采、冶金、建材、化纤等产业协同发展，加强炼厂干气、液化气等副产气体高效利用。鼓励企业节能升级改造，推动能量梯级利用、物料循环利用。到 2025 年，国内原油一次加工能力控制在 10 亿吨以内，主要产品产能利用率提升至 80%以上。

6．坚决遏制"两高"项目盲目发展。采取强有力措施，对"两高"项目实行清单管理、分类处置、动态监控。全面排查在建项目，对能效水平低于本行业能耗限额准入值的，按有关规定停工整改，推动能效水平应提尽提，力争全面达到国内乃至国际先进水平。科学评估拟建项目，对产能已饱和的行业，按照"减量替代"原则压减产能；对产能尚未饱和的行业，按照国家布局和审批备案等要求，对标国际先进水平提高准入门槛；对能耗量较大的新兴产业，支持引导企业应用绿色低碳技术，提高能效水平。深入挖潜存量项目，加快淘汰落后产能，通过改造升级挖掘节能减排潜力。强化常态化监管，坚决拿下不符合要求的"两高"项目。

（四）城乡建设碳达峰行动。

加快推进城乡建设绿色低碳发展，城市更新和乡村振兴都要落实绿色低碳要求。

1．推进城乡建设绿色低碳转型。推动城市组团式发展，科学确定建设规模，控制新增建设用地过快增长。倡导绿色低碳规划设计理念，增强城乡气候韧性，建设海绵城市。推广绿色低碳建材和绿色建造方式，加快推进新型建筑工业化，大力发展装配式建筑，推广钢结构住宅，推动建材循环利用，强化绿色设计和绿色施工管理。加强县城绿色低碳建设。推动建立以绿色低碳为导向的城乡规划建设管理机制，制定建筑拆除管理办法，杜绝大拆大建。建设绿色城镇、绿色社区。

2．加快提升建筑能效水平。加快更新建筑节能、市政基础设施等标准，提高节能降碳要求。加强适用于不同气候区、不同建筑类型的节能低碳技术研发和推广，推动超低能耗建筑、低碳建筑规模化发展。加快推进居住建筑和公共建筑节能改造，持续推动老旧供热管网等市政基础设施节能降碳改造。提升城镇建筑和基础设施运行管理智能化水平，加快推广供热计量收费和合同能源管理，逐步开展公共建筑能耗限额管理。到 2025 年，城镇新建建筑全面执行绿色建筑标准。

3．加快优化建筑用能结构。深化可再生能源建筑应用，推广光伏发电与建筑一体化应用。积极推动严寒、寒冷地区清洁取暖，推进热电联产集中供暖，加快工业余热供暖规模化应用，积极稳妥开展核能供热示范，因地制宜推行热泵、生物质能、地热能、太阳能等清洁低碳供暖。引导夏热冬冷地区科学取暖，因地制宜采用清洁高效取暖方式。提高建筑终端电气化水平，建设集光伏发电、储能、直流配电、柔性用电于一体的"光储直柔"建筑。到 2025 年，城镇建筑可再生能源替代率达到 8%，新建公共机构建筑、新建厂房屋顶光伏覆盖率力争达到 50%。

4．推进农村建设和用能低碳转型。推进绿色农房建设，加快农房节能改造。持续推进农村地区清洁取暖，因地制宜选择适宜取暖方式。发展节能低碳农业大棚。推广节能环保灶具、电动农用车辆、节能环保农机和渔船。加快生物质能、太阳能等可再生能源在农业生产和农村生活中的应用。加强农村电网建设，提升农村用能电气化水平。

（五）交通运输绿色低碳行动。

加快形成绿色低碳运输方式，确保交通运输领域碳排放增长保持在合理区间。

1．推动运输工具装备低碳转型。积极扩大电力、氢能、天然气、先进生物液体燃料等新能源、清洁能源在交通运输领域应用。大力推广新能源汽车，逐步降低传统燃油汽车在新车产销和汽车保有量中的占比，推动城市公共服务车辆电动化替代，推广电力、氢燃料、液化天然气动力重型货运车辆。提升铁路系统电气化水平。加快老旧船舶更新改造，发展电动、液化天然气动力船舶，深入推进船舶靠港使用岸电，因地制宜开展沿海、内河绿色智能船舶示范应用。提升机场运行电动化智能化水平，发展新能源航空器。到 2030 年，当年新增新能源、清洁能源动力的交通工具比例达到40%左右，营运交通工具单位换算周转量碳排放强度比2020年下降9.5%左右，国家铁路单位换算周转量综合能耗比2020年下降10%。陆路交通运输石油消费力争2030年前达到峰值。

2. 构建绿色高效交通运输体系。发展智能交通，推动不同运输方式合理分工、有效衔接，降低空载率和不合理客货运周转量。大力发展以铁路、水路为骨干的多式联运，推进工矿企业、港口、物流园区等铁路专用线建设，加快内河高等级航道网建设，加快大宗货物和中长距离货物运输"公转铁"、"公转水"。加快先进适用技术应用，提升民航运行管理效率，引导航空企业加强智慧运行，实现系统化节能降碳。加快城乡物流配送体系建设，创新绿色低碳、集约高效的配送模式。打造高效衔接、快捷舒适的公共交通服务体系，积极引导公众选择绿色低碳交通方式。"十四五"期间，集装箱铁水联运量年均增长15%以上。到2030年，城区常住人口100万以上的城市绿色出行比例不低于70%。

3. 加快绿色交通基础设施建设。将绿色低碳理念贯穿于交通基础设施规划、建设、运营和维护全过程，降低全生命周期能耗和碳排放。开展交通基础设施绿色化提升改造，统筹利用综合运输通道线位、土地、空域等资源，加大岸线、锚地等资源整合力度，提高利用效率。有序推进充电桩、配套电网、加注（气）站、加氢站等基础设施建设，提升城市公共交通基础设施水平。到2030年，民用运输机场场内车辆装备等力争全面实现电动化。

（六）循环经济助力降碳行动。

抓住资源利用这个源头，大力发展循环经济，全面提高资源利用效率，充分发挥减少资源消耗和降碳的协同作用。

1. 推进产业园区循环化发展。以提升资源产出率和循环利用率为目标，优化园区空间布局，开展园区循环化改造。推动园区企业循环式生产、产业循环式组合，组织企业实施清洁生产改造，促进废物综合利用、能量梯级利用、水资源循环利用，推进工业余压余热、废气废液废渣资源化利用，积极推广集中供气供热。搭建基础设施和公共服务共享平台，加强园区物质流管理。到2030年，省级以上重点产业园区全部实施循环化改造。

2. 加强大宗固废综合利用。提高矿产资源综合开发利用水平和综合利用率，以煤矸石、粉煤灰、尾矿、共伴生矿、冶炼渣、工业副产石膏、建筑垃圾、农作物秸秆等大宗固废为重点，支持大掺量、规模化、高值化利用，鼓励应用于替代原生非金属矿、砂石等资源。在确保安全环保前提下，探索将磷石膏应用于土壤改良、井下充填、路基修筑等。推动建筑垃圾资源化利用，推广废弃路面材料原地再生利用。加快推进秸秆高值化利用，完善收储运体系，严格禁烧管控。加快大宗固废综合利用示范建设。到2025年，大宗固废年利用量达到40亿吨左右；到2030年，年利用量达到45亿吨左右。

3. 健全资源循环利用体系。完善废旧物资回收网络，推行"互联网+"回收模式，实现再生资源应收尽收。加强再生资源综合利用行业规范管理，促进产业集聚发展。高水平建设现代化"城市矿产"基地，推动再生资源规范化、规模化、清洁化利用。推进退役动力电池、光伏组件、风电机组叶片等新兴产业废物循环利用。促进汽车零部件、工程机械、文办设备等再制造产业高质量发展。加强资源再生产品和再制造产品推广应用。到 2025 年，废钢铁、废铜、废铝、废铅、废锌、废纸、废塑料、废橡胶、废玻璃等 9 种主要再生资源循环利用量达到 4.5 亿吨，到 2030 年达到 5.1 亿吨。

4．大力推进生活垃圾减量化资源化。扎实推进生活垃圾分类，加快建立覆盖全社会的生活垃圾收运处置体系，全面实现分类投放、分类收集、分类运输、分类处理。加强塑料污染全链条治理，整治过度包装，推动生活垃圾源头减量。推进生活垃圾焚烧处理，降低填埋比例，探索适合我国厨余垃圾特性的资源化利用技术。推进污水资源化利用。到 2025 年，城市生活垃圾分类体系基本健全，生活垃圾资源化利用比例提升至 60%左右。到 2030 年，城市生活垃圾分类实现全覆盖，生活垃圾资源化利用比例提升至 65%。

（七）绿色低碳科技创新行动。

发挥科技创新的支撑引领作用，完善科技创新体制机制，强化创新能力，加快绿色低碳科技革命。

1．完善创新体制机制。制定科技支撑碳达峰碳中和行动方案，在国家重点研发计划中设立碳达峰碳中和关键技术研究与示范等重点专项，采取"揭榜挂帅"机制，开展低碳零碳负碳关键核心技术攻关。将绿色低碳技术创新成果纳入高等学校、科研单位、国有企业有关绩效考核。强化企业创新主体地位，支持企业承担国家绿色低碳重大科技项目，鼓励设施、数据等资源开放共享。推进国家绿色技术交易中心建设，加快创新成果转化。加强绿色低碳技术和产品知识产权保护。完善绿色低碳技术和产品检测、评估、认证体系。

2．加强创新能力建设和人才培养。组建碳达峰碳中和相关国家实验室、国家重点实验室和国家技术创新中心，适度超前布局国家重大科技基础设施，引导企业、高等学校、科研单位共建一批国家绿色低碳产业创新中心。创新人才培养模式，鼓励高等学校加快新能源、储能、氢能、碳减排、碳汇、碳排放权交易等学科建设和人才培养，建设一批绿色低碳领域未来技术学院、现代产业学院和示范性能源学院。深化产教融合，鼓励校企联合开展产学合作协同育人项目，组建碳达峰碳中和产教融合发展联盟，建设一批国家储能技术产教融合创新平台。

3．强化应用基础研究。实施一批具有前瞻性、战略性的国家重大前沿科技项目，推动低碳零碳负碳技术装备研发取得突破性进展。聚焦化石能源绿色智能开发和清洁低碳利用、可再生能源大规模利用、新型电力系统、节能、氢能、储能、动力电池、二氧化碳捕集利用与封存等重点，深化应用基础研究。积极研发先进核电技术，加强可控核聚变等前沿颠覆性技术研究。

4．加快先进适用技术研发和推广应用。集中力量开展复杂大电网安全稳定运行和控制、大容量风电、高效光伏、大功率液化天然气发动机、大容量储能、低成本可再生能源制氢、低成本二氧化碳捕集利用与封存等技术创新，加快碳纤维、气凝胶、特种钢材等基础材料研发，补齐关键零部件、元器件、软件等短板。推广先进成熟绿色低碳技术，开展示范应用。建设全流程、集成化、规模化二氧化碳捕集利用与封存示范项目。推进熔盐储能供热和发电示范应用。加快氢能技术研发和示范应用，探索在工业、交通运输、建筑等领域规模化应用。

（八）碳汇能力巩固提升行动。

坚持系统观念，推进山水林田湖草沙一体化保护和修复，提高生态系统质量和稳定性，提升生态系统碳汇增量。

1. 巩固生态系统固碳作用。结合国土空间规划编制和实施，构建有利于碳达峰、碳中和的国土空间开发保护格局。严守生态保护红线，严控生态空间占用，建立以国家公园为主体的自然保护地体系，稳定现有森林、草原、湿地、海洋、土壤、冻土、岩溶等固碳作用。严格执行土地使用标准，加强节约集约用地评价，推广节地技术和节地模式。

2. 提升生态系统碳汇能力。实施生态保护修复重大工程。深入推进大规模国土绿化行动，巩固退耕还林还草成果，扩大林草资源总量。强化森林资源保护，实施森林质量精准提升工程，提高森林质量和稳定性。加强草原生态保护修复，提高草原综合植被盖度。加强河湖、湿地保护修复。整体推进海洋生态系统保护和修复，提升红树林、海草床、盐沼等固碳能力。加强退化土地修复治理，开展荒漠化、石漠化、水土流失综合治理，实施历史遗留矿山生态修复工程。到 2030 年，全国森林覆盖率达到 25%左右，森林蓄积量达到 190 亿立方米。

3. 加强生态系统碳汇基础支撑。依托和拓展自然资源调查监测体系，利用好国家林草生态综合监测评价成果，建立生态系统碳汇监测核算体系，开展森林、草原、湿地、海洋、土壤、冻土、岩溶等碳汇本底调查、碳储量评估、潜力分析，实施生态保护修复碳汇成效监测评估。加强陆地和海洋生态系统碳汇基础理论、基础方法、前沿颠覆性技术研究。建立健全能够体现碳汇价值的生态保护补偿机制，研究制定碳汇项目参与全国碳排放权交易相关规则。

4. 推进农业农村减排固碳。大力发展绿色低碳循环农业，推进农光互补、"光伏+设施农业"、"海上风电+海洋牧场"等低碳农业模式。研发应用增汇型农业技术。开展耕地质量提升行动，实施国家黑土地保护工程，提升土壤有机碳储量。合理控制化肥、农药、地膜使用量，实施化肥农药减量替代计划，加强农作物秸秆综合利用和畜禽粪污资源化利用。

（九）绿色低碳全民行动。

增强全民节约意识、环保意识、生态意识，倡导简约适度、绿色低碳、文明健康的生活方式，把绿色理念转化为全体人民的自觉行动。

1. 加强生态文明宣传教育。将生态文明教育纳入国民教育体系，开展多种形式的资源环境国情教育，普及碳达峰、碳中和基础知识。加强对公众的生态文明科普教育，将绿色低碳理念有机融入文艺作品，制作文创产品和公益广告，持续开展世界地球日、世界环境日、全国节能宣传周、全国低碳日等主题宣传活动，增强社会公众绿色低碳意识，推动生态文明理念更加深入人心。

2. 推广绿色低碳生活方式。坚决遏制奢侈浪费和不合理消费，着力破除奢靡铺张的歪风陋习，坚决制止餐饮浪费行为。在全社会倡导节约用能，开展绿色低碳社会行动示范创建，深入推进绿色生活创建行动，评选宣传一批优秀示范典型，营造绿色低碳生活新风尚。大力发展绿色消费，推广绿色低碳产品，完善绿色产品认证与标识制度。提升绿色产品在政府采购中的比例。

3. 引导企业履行社会责任。引导企业主动适应绿色低碳发展要求，强化环境责任意识，加强能源资源节约，提升绿色创新水平。重点领域国有企业特别是中央企业要制定实施企业碳达峰行动方案，发挥示范引领作用。重点用能单位要梳理核算自身碳排放情况，深入研究碳减排路径，"一企一策"制定专项工作方案，推进节能降碳。相关上市公司和发债企业要按照环境信息依法披露要求，定期公布企业碳排放信息。充分发挥行业协会等社会团体作用，督促企业自觉履行社会责任。

4. 强化领导干部培训。将学习贯彻习近平生态文明思想作为干部教育培训的重要内容，各级党校（行政学院）要把碳达峰、碳中和相关内容列入教学计划，分阶段、多层次对各级领导干部开展培训，普及科学知识，宣讲政策要点，强化法治意识，深化各级领导干部对碳达峰、碳中和工作重要性、紧迫性、科学性、系统性的认识。从事绿色低碳发展相关工作的领导干部要尽快提升专业素养和业务能力，切实增强推动绿色低碳发展的本领。

（十）各地区梯次有序碳达峰行动。

各地区要准确把握自身发展定位，结合本地区经济社会发展实际和资源环境禀赋，坚持分类施策、因地制宜、上下联动，梯次有序推进碳达峰。

1. 科学合理确定有序达峰目标。碳排放已经基本稳定的地区要巩固减排成果，在率先实现碳达峰的基础上进一步降低碳排放。产业结构较轻、能源结构较优的地区要坚持绿色低碳发展，坚决不走依靠"两高"项目拉动经济增长的老路，力争率先实现碳达峰。产业结构偏重、能源结构偏煤的地区和资源型地区要把节能降碳摆在突出位置，大力优化调整产业结构和能源结构，逐步实现碳排放增长与经济增长脱钩，力争与全国同步实现碳达峰。

2. 因地制宜推进绿色低碳发展。各地区要结合区域重大战略、区域协调发展战略和主体功能区战略，从实际出发推进本地区绿色低碳发展。京津冀、长三角、粤港澳大湾区等区域要发挥高质量发展动力源和增长极作用，率先推动经济社会发展全面绿色转型。长江经济带、黄河流域和国家生态文明试验区要严格落实生态优先、绿色发展战略导向，在绿色低碳发展方面走在全国前列。中西部和东北地区要着力优化能源结构，按照产业政策和能耗双控要求，有序推动高耗能行业向清洁能源优势地区集中，积极培育绿色发展动能。

3. 上下联动制定地方达峰方案。各省、自治区、直辖市人民政府要按照国家总体部署，结合本地区资源环境禀赋、产业布局、发展阶段等，坚持全国一盘棋，不抢跑，科学制定本地区碳达峰行动方案，提出符合实际、切实可行的碳达峰时间表、路线图、施工图，避免"一刀切"限电限产或运动式"减碳"。各地区碳达峰行动方案经碳达峰碳中和工作领导小组综合平衡、审核通过后，由地方自行印发实施。

4. 组织开展碳达峰试点建设。加大中央对地方推进碳达峰的支持力度，选择 100 个具有典型代表性的城市和园区开展碳达峰试点建设，在政策、资金、技术等方面对试点城市和园区给予支持，加快实现绿色低碳转型，为全国提供可操作、可复制、可推广的经验做法。

四、国际合作

（一）深度参与全球气候治理。大力宣传习近平生态文明思想，分享中国生态文明、绿色发展理念与实践经验，为建设清洁美丽世界贡献中国智慧、中国方案、中国力量，共同构建人与自然生命共同体。主动参与全球绿色治理体系建设，坚持共同但有区别的责任原则、公平原则和各自能力原则，坚持多边主义，维护以联合国为核心的国际体系，推动各方全面履行《联合国气候变化框架公约》及其《巴黎协定》。积极参与国际航运、航空减排谈判。

（二）开展绿色经贸、技术与金融合作。优化贸易结构，大力发展高质量、高技术、高附加值绿色产品贸易。加强绿色标准国际合作，推动落实合格评定合作和互认机制，做好绿色贸易规则与进出口政策的衔接。加强节能环保产品和服务进出口。加大绿色技术合作力度，推动开展可再生能源、储能、氢能、二氧化碳捕集利用与封存等领域科研合作和技术交流，积极参与国际热核聚变实验堆计划等国际大科学工程。深化绿色金融国际合作，积极参与碳定价机制和绿色金融标准体系国际宏观协调，与有关各方共同推动绿色低碳转型。

（三）推进绿色"一带一路"建设。秉持共商共建共享原则，弘扬开放、绿色、廉洁理念，加强与共建"一带一路"国家的绿色基建、绿色能源、绿色金融等领域合作，提高境外项目环境可持续性，打造绿色、包容的"一带一路"能源合作伙伴关系，扩大新能源技术和产品出口。发挥"一带一路"绿色发展国际联盟等合作平台作用，推动实施《"一带一路"绿色投资原则》，推进"一带一路"应对气候变化南南合作计划和"一带一路"科技创新行动计划。

五、政策保障

（一）建立统一规范的碳排放统计核算体系。加强碳排放统计核算能力建设，深化核算方法研究，加快建立统一规范的碳排放统计核算体系。支持行业、企业依据自身特点开展碳排放核算方法学研究，建立健全碳排放计量体系。推进碳排放实测技术发展，加快遥感测量、大数据、云计算等新兴技术在碳排放实测技术领域的应用，提高统计核算水平。积极参与国际碳排放核算方法研究，推动建立更为公平合理的碳排放核算方法体系。

（二）健全法律法规标准。构建有利于绿色低碳发展的法律体系，推动能源法、节约能源法、电力法、煤炭法、可再生能源法、循环经济促进法、清洁生产促进法等制定修订。加快节能标准更新，修订一批能耗限额、产品设备能效强制性国家标准和工程建设标准，提高节能降碳要求。健全可再生能源标准体系，加快相关领域标准制定修订。建立健全氢制、储、输、用标准。完善工业绿色低碳标准体系。建立重点企业碳排放核算、报告、核查等标准，探索建立重点产品全生命周期碳足迹标准。积极参与国际能效、低碳等标准制定修订，加强国际标准协调。

（三）完善经济政策。各级人民政府要加大对碳达峰、碳中和工作的支持力度。建立健全有利于绿色低碳发展的税收政策体系，落实和完善节能节水、资源综合利用等税收优惠政策，更好发挥税收对市场主体绿色低碳发展的促进作用。完善绿色电价政策，健全居民阶梯电价制度和分时电价政策，探索建立分时电价动态调整机制。完善绿色金融评价机制，建立健全绿色金融标准体系。大力发展绿色贷款、绿色股权、绿色债券、绿色保险、绿色基金等金融工具，设立碳减排支持工具，引导金融机构为绿色低碳项目提供长期限、低成本资金，鼓励开发性政策性金融机构按照市场化法治化原则为碳达峰行动提供长期稳定融资支持。拓展绿色债券市场的深度和广度，支持符合条件的绿色企业上市融资、挂牌融资和再融资。研究设立国家低碳转型基金，支持传统产业和资源富集地区绿色转型。鼓励社会资本以市场化方式设立绿色低碳产业投资基金。

（四）建立健全市场化机制。发挥全国碳排放权交易市场作用，进一步完善配套制度，逐步扩大交易行业范围。建设全国用能权交易市场，完善用能权有偿使用和交易制度，做好与能耗双控制度的衔接。统筹推进碳排放权、用能权、电力交易等市场建设，加强市场机制间的衔接与协调，将碳排放权、用能权交易纳入公共资源交易平台。积极推行合同能源管理，推广节能咨询、诊断、设计、融资、改造、托管等"一站式"综合服务模式。

六、组织实施

（一）加强统筹协调。加强党中央对碳达峰、碳中和工作的集中统一领导，碳达峰碳中和工作领导小组对碳达峰相关工作进行整体部署和系统推进，统筹研究重要事项、制定重大政策。碳达峰碳中和工作领导小组成员单位要按照党中央、国务院决策部署和领导小组工作要求，扎实推进相关工作。碳达峰碳中和工作领导小组办公室要加强统筹协调，定期对各地区和重点领域、重点行业工作进展情况进行调度，科学提出碳达峰分步骤的时间表、路线图，督促将各项目标任务落实落细。

（二）强化责任落实。各地区各有关部门要深刻认识碳达峰、碳中和工作的重要性、紧迫性、复杂性，切实扛起责任，按照《中共中央 国务院关于完整准确全面贯彻新发展理念做好碳达峰碳中和工作的意见》和本方案确定的主要目标和重点任务，着力抓好各项任务落实，确保政策到位、措施到位、成效到位，落实情况纳入中央和省级生态环境保护督察。各相关单位、人民团体、社会组织要按照国家有关部署，积极发挥自身作用，推进绿色低碳发展。

（三）严格监督考核。实施以碳强度控制为主、碳排放总量控制为辅的制度，对能源消费和碳排放指标实行协同管理、协同分解、协同考核，逐步建立系统完善的碳达峰碳中和综合评价考核制度。加强监督考核结果应用，对碳达峰工作成效突出的地区、单位和个人按规定给予表彰奖励，对未完成目标任务的地区、部门依规依法实行通报批评和约谈问责。各省、自治区、直辖市人民政府要组织开展碳达峰目标任务年度评估，有关工作进展和重大问题要及时向碳达峰碳中和工作领导小组报告。

附表　我国碳达峰碳中和"1+N"政策体系相关文件

附表　我国碳达峰碳中和"1+N"政策体系相关文件

政策分类	发文机构	政策文件	发文时间
顶层设计	中共中央、国务院	《关于完整准确全面贯彻新发展理念做好碳达峰碳中和工作的意见》	2021年9月22日
	国务院	《2030年前碳达峰行动方案》	2021年10月24日
碳达峰十大行动有关文件			
能源绿色转型领域	国家发展改革委等	《"十四五"现代能源体系规划》	2022年1月29日
	国家发展改革委等	《关于完善能源绿色低碳转型体制机制和政策措施的意见》	2022年1月30日
	国家发展改革委等	《氢能产业发展中长期规划（2021—2035年）》	2022年3月23日
	国家发展改革委等	《煤炭清洁高效利用重点领域标杆水平和基准水平》	2022年4月9日
	国家发展改革委等	《"十四五"可再生能源发展规划》	2022年10月21日
	国家能源局	《能源碳达峰碳中和标准化提升行动计划》	2022年9月20日
	国家能源局	《关于进一步规范可再生能源发电项目电力业务许可管理的通知》	2023年10月7日
节能降碳领域	国务院	《"十四五"节能减排综合工作方案》	2021年12月28日
	国家发展改革委等	《高耗能行业重点领域节能降碳改造升级实施指南（2022年版）》	2022年2月3日
	生态环境部等	《减污降碳协同增效实施方案》	2022年6月10日
	国家发展改革委等	《重点用能产品设备能效先进水平、节能水平和准入水平（2022年版）》	2022年11月10日
	国家发展改革委等	《关于统筹节能降碳和回收利用　加快重点领域产品设备更新改造的指导意见》	2023年2月20日
	国家发展改革委等	《重点用能产品设备能效先进水平、节能水平和准入水平（2024年版）》	2024年1月29日
城乡建设碳达峰行动	中共中央办公厅、国务院办公厅	《关于推动城乡建设绿色发展的意见》	2021年10月21日
	住房和城乡建设部	《"十四五"建筑业发展规划》	2022年1月19日
	国务院	《"十四五"推进农业农村现代化规划》	2021年11月12日
	住房和城乡建设部	《"十四五"建筑节能与绿色建筑发展规划》	2022年3月1日
	住房和城乡建设部	《"十四五"住房和城乡建设科技发展规划》	2022年3月1日
	农业农村部、国家发展改革委	《农业农村减排固碳实施方案》	2022年5月7日
	住房和城乡建设部、国家发展改革委	《城乡建设领域碳达峰实施方案》	2022年6月30日
	国家林业和草原局等	《"十四五"乡村绿化美化行动方案》	2022年10月25日

政策分类	发文机构	政策文件	发文时间
交通运输绿色低碳行动	交通运输部	《绿色交通"十四五"发展规划》	2021 年 10 月 29 日
	国务院	《"十四五"现代综合交通运输体系发展规划》	2021 年 12 月 9 日
	交通运输部等	《城市绿色货运配送示范工程管理办法》	2022 年 3 月 14 日
	交通运输部等	《交通领域科技创新中长期发展规划纲要（2021—2035 年）》	2022 年 1 月 24 日
	交通运输部	《绿色交通标准体系（2022 年）》	2022 年 8 月 10 日
	工业和信息化部等	《关于加快内河船舶绿色智能发展的实施意见》	2022 年 9 月 27 日
循环经济助力降碳行动	国家发展改革委等	《"十四五"循环经济发展规划》	2021 年 7 月 1 日
	国家发展改革委等	《关于组织开展废旧物资循环利用体系示范城市建设的通知》	2022 年 1 月 19 日
	工业和信息化部等	《关于加快推动工业资源综合利用的实施方案》	2022 年 1 月 27 日
	国家发展改革委等	《关于加快推进废旧纺织品循环利用的实施意见》	2022 年 3 月 31 日
	国家机关事务管理局等	《关于深入推进公共机构生活垃圾分类和资源循环利用示范工作的通知》	2022 年 8 月 19 日
绿色低碳科技创新行动	国家能源局等	《"十四五"能源领域科技创新规划》	2021 年 11 月 29 日
	科技部等	《科技支撑碳达峰碳中和实施方案（2022—2030 年）》	2022 年 6 月 24 日
	科技部等	《"十四五"生态环境领域科技创新专项规划》	2022 年 9 月 19 日
碳汇能力巩固提升行动	国家林业和草原局等	《关于加快推进竹产业创新发展的意见》	2021 年 12 月 6 日
	国家市场监督管理总局等	《林业碳汇项目审定和核证指南》	2021 年 12 月 31 日
	自然资源部	《海洋碳汇经济价值核算方法》	2022 年 2 月 21 日
	自然资源部	《海洋碳汇核算方法》	2022 年 9 月 26 日
	自然资源部等	《生态系统碳汇能力巩固提升实施方案》	2023 年 4 月 22 日
	生态环境部	《温室气体自愿减排项目方法学 造林碳汇》（CCER-14-001-V01）	2023 年 10 月 24 日
	生态环境部	《温室气体自愿减排项目方法学 红树林营造》（CCER-14-002-V01）	2023 年 10 月 24 日
绿色低碳全民行动	教育部	《加强碳达峰碳中和高等教育人才培养体系建设工作方案》	2022 年 4 月 19 日
	教育部	《绿色低碳发展国民教育体系建设实施方案》	2022 年 10 月 26 日
工业领域碳达峰行动	工业和信息化部	《"十四五"工业绿色发展规划》	2021 年 11 月 15 日
	工业和信息化部等	《关于促进钢铁工业高质量发展的指导意见》	2022 年 1 月 20 日
	工业和信息化部等	《关于"十四五"推动石化化工行业高质量发展的指导意见》	2022 年 3 月 28 日
	工业和信息化部等	《关于产业用纺织品行业高质量发展的指导意见》	2022 年 4 月 12 日
	工业和信息化部等	《工业领域碳达峰实施方案》	2022 年 7 月 7 日
	工业和信息化部等	《加快电力装备绿色低碳创新发展行动计划》	2022 年 8 月 24 日
	工业和信息化部等	《建材行业碳达峰实施方案》	2022 年 11 月 2 日
	工业和信息化部等	《有色金属行业碳达峰实施方案》	2022 年 11 月 10 日
	工业和信息化部	《工业领域碳达峰碳中和标准体系建设指南（2023 版）》（征求意见稿）	2023 年 5 月 22 日

政策分类	发文机构	政策文件	发文时间
	吉林省人民政府	《吉林省碳达峰实施方案》	2022 年 7 月 22 日
	北京市人民政府	《北京市碳达峰实施方案》	2022 年 10 月 11 日
	北京市生态环境局等	《北京市减污降碳协同增效实施方案》	2023 年 9 月 20 日
	上海市人民政府	《上海市碳达峰实施方案》	2022 年 7 月 8 日
	上海市经济和信息化委员会等	《上海市工业领域碳达峰实施方案》	2022 年 12 月 8 日
	天津市人民政府	《天津市碳达峰实施方案》	2022 年 8 月 25 日
	天津市工业和信息化局等	《天津市工业领域碳达峰实施方案》	2022 年 12 月 5 日
	重庆市委、重庆市人民政府	《关于完整准确全面贯彻新发展理念做好碳达峰碳中和工作的实施意见》	2022 年 4 月 21 日
	重庆市经济和信息化委员会等	《重庆市工业领域碳达峰实施方案》	2023 年 1 月 28 日
	重庆市住房和城乡建设委员会	《重庆市城乡建设领域碳达峰实施方案》	2023 年 1 月 12 日
	广东省委、广东省人民政府	《关于完整准确全面贯彻新发展理念推进碳达峰碳中和工作的实施意见》	2022 年 7 月 25 日
	江苏省人民政府	《江苏省碳达峰实施方案》	2022 年 10 月 2 日
	江苏省工信厅等	《江苏省工业领域碳达峰及重点行业碳达峰实施方案》	2023 年 1 月 12 日
各地区梯次有序碳达峰行动	浙江省委、浙江省人民政府	《关于完整准确全面贯彻新发展理念做好碳达峰碳中和工作的实施意见》	2021 年 12 月 23 日
	河南省委、河南省人民政府	《河南省碳达峰实施方案》	2023 年 2 月 6 日
	河南省人民政府	《河南省"十四五"现代能源体系和碳达峰碳中和规划》	2021 年 12 月 31 日
	四川省委、四川省人民政府	《关于完整准确全面贯彻新发展理念做好碳达峰碳中和工作的实施意见》	2021 年 3 月 14 日
	四川省人民政府	《四川省碳达峰实施方案》	2022 年 12 月 31 日
	湖北省人民政府	《湖北省能源发展"十四五"规划》	2022 年 4 月 20 日
	湖北省住房和城乡建设厅	《湖北省城乡建设领域碳达峰实施方案》	2023 年 8 月 14 日
	湖南省人民政府	《湖南省碳达峰实施方案》	2022 年 10 月 28 日
	湖南省工信厅	《湖南省工业领域碳达峰实施方案》	2022 年 12 月 21 日
	安徽省人民政府	《安徽省碳达峰实施方案》	2022 年 9 月 23 日
	安徽省经信厅	《安徽省工业领域碳达峰实施方案》	2022 年 11 月 30 日
	福建省委、福建省人民政府	《关于完整准确全面贯彻新发展理念做好碳达峰碳中和工作的实施意见》	2022 年 8 月 21 日
	福建省发展改革委等	《福建省工业领域碳达峰实施方案》	2023 年 7 月 18 日
	河北省人民政府	《河北省碳达峰实施方案》	2022 年 6 月 19 日
	河北省生态环境厅等	《河北省减污降碳协同增效实施方案》	2023 年 2 月 2 日
	江西省人民政府	《江西省碳达峰实施方案》	2022 年 7 月 8 日
	江西省住房和城乡建设厅等	《江西省城乡建设领域碳达峰实施方案》	2022 年 10 月 24 日

政策分类	发文机构	政策文件	发文时间
各地区梯次有序碳达峰行动	陕西省人民政府	《加快建立健全绿色低碳循环发展经济体系若干措施》	2021 年 9 月 17 日
	陕西省人民政府	《陕西省碳达峰实施方案》	2022 年 7 月 22 日
	广西壮族自治区人民政府	《广西壮族自治区碳达峰实施方案》	2022 年 12 月 29 日
	广西壮族自治区住房和城乡建设厅	《广西壮族自治区城乡建设领域碳达峰实施方案》	2023 年 6 月 16 日
	贵州省委、贵州省人民政府	《贵州省碳达峰实施方案》	2022 年 11 月 4 日
	贵州省人民政府	《关于加快建立健全绿色低碳循环发展经济体系的实施意见》	2022 年 11 月 19 日
	海南省人民政府	《海南省碳达峰实施方案》	2022 年 8 月 9 日
	海南省人民政府	《海南省"十四五"节能减排综合工作方案》	2023 年 1 月 20 日
	黑龙江省人民政府	《黑龙江省碳达峰实施方案》	2022 年 9 月 10 日
	黑龙江省住房和城乡建设厅等	《黑龙江省城乡建设领域碳达峰实施方案》	2022 年 10 月 14 日
	吉林省人民政府	《吉林省碳达峰实施方案》	2022 年 7 月 22 日
	吉林省能源局	《吉林省能源领域 2030 年前碳达峰实施方案》	2023 年 8 月 11 日
	内蒙古自治区党委、内蒙古自治区人民政府	《内蒙古自治区碳达峰实施方案》	2022 年 11 月 19 日
	内蒙古自治区工信厅	《内蒙古自治区工业领域碳达峰实施方案》	2023 年 5 月 4 日
	宁夏回族自治区党委、宁夏回族自治区人民政府等	《宁夏回族自治区碳达峰实施方案》	2022 年 9 月 30 日
	宁夏回族自治区发展改革委	《宁夏回族自治区能源领域碳达峰实施方案》	2023 年 3 月 2 日
	云南省人民政府	《云南省碳达峰实施方案》	2022 年 8 月 11 日
	云南省工信厅等	《云南省工业领域碳达峰实施方案》	2023 年 8 月 7 日
	青海省人民政府	《青海省碳达峰实施方案》	2022 年 12 月 18 日
	青海省发展改革委	《青海省能源领域碳达峰实施方案》	2023 年 8 月 1 日
	山东省人民政府	《山东省碳达峰实施方案》	2022 年 12 月 18 日
	山东省住房和城乡建设厅	《山东省城乡建设领域碳达峰实施方案》	2023 年 5 月 26 日
	辽宁省人民政府	《辽宁省碳达峰实施方案》	2022 年 9 月 12 日
	辽宁省科学技术厅等	《辽宁省科技支撑碳达峰碳中和实施方案（2023—2030 年）》	2023 年 6 月 26 日
	山西省人民政府	《山西省碳达峰实施方案》	2023 年 1 月 5 日
	山西省工信厅	《山西省工业领域碳达峰实施方案》	2023 年 6 月 13 日
	新疆维吾尔自治区工信厅	《新疆维吾尔自治区工业领域碳达峰实施方案》	2023 年 7 月 26 日
	新疆维吾尔自治区农业农村厅等	《自治区农业农村减排固碳实施方案（2022—2030 年）》	2023 年 2 月 8 日